धारा के विपरीत

[आत्मकथा]

धारा के विपरीत

गोविन्द मिश्र

राजकमल प्रकाशन

ISBN : 978-93-94902-12-1

मूल्य : ₹595

पहला संस्करण : 2022

प्रकाशक : राजकमल प्रकाशन प्रा. लि.
1-बी, नेताजी सुभाष मार्ग, दरियागंज
नई दिल्ली-110 002

शाखाएँ : अशोक राजपथ, साइंस कॉलेज के सामने, पटना-800 006
पहली मंजिल, दरबारी बिल्डिंग, महात्मा गांधी मार्ग, प्रयागराज-211 001
36 ए, शेक्सपियर सरणी, कोलकाता-700 017

वेबसाइट : www.rajkamalprakashan.com
ई-मेल : info@rajkamalprakashan.com

मुद्रक : बी.के. ऑफसेट
नवीन शाहदरा, दिल्ली-110 032

DHARA KE VIPREET
Autobiography by Govind Mishra

"किसी राहबर को ख़बर भी न होगी
कि इंसान तन्हा भी एक क़ाफ़िला है।
ये मरने की बातें बहुत बाद की हैं
सलीक़े से जीना भी एक मर्हला है॥"

—शम्सी मीनाई

क्रम

भूमिका

रात/सुबह दो बजे से ही मचमचा रहा था, आलस्यवश बिस्तर पर पड़ा रहा। फिर मचमचाहट की एक तेज़ लहर आई...जो भीतर बलबला रहा है उसे लिख डालने की कसमसाहट फड़फड़ाकर उठी। ख़ुद को याद दिलाया कि यह जो दो बजे ही नींद खुल जाने का सिलसिला है, इसकी बुनियाद तो इलाहाबाद में 'सर सुन्दरलाल हॉस्टल' के कमरा नं. 108 में 1958-59 में पड़ चुकी है...और वह रुक-रुक कर चलता भी रहा है—तभी जाड़े में आठ बजे रात ऊँघ का तेज़ झोंक आता है। तब आठ बजे सो जाता था, निस्तार के लिए जाने की यह सुविधा नहीं थी जो आज है, एक़दम बग़ल में। तब उजाला होने पर ही जाते थे...दो सौ, तीन सौ गज हॉस्टल के पिछवाड़े शौचालय-संकुल में। अब यह सुविधा, फिर भी पड़े हो?

'ख़िलाफ़त' उपन्यास और 'मन्दिर...गाँव किनारे' के लिए कहानियाँ लिखने के बाद कुछ लिखने को था नहीं, तो आराम फरमाने की इच्छा को बल मिला...कि प्रकृति ने आज दो बजे फिर घंटी बजा दी। उठो...फिर दो बजे से चलने की आदत को वापस लाओ। तब जवान थे...अब बूढ़े हो...यह भी सुविधा है, यों कि बुढ़ापे में नींद कम हो जाती है। ईश्वर की कृपा से शरीर सही-सलामत है—तुम्हारे कितने साथी ऊपर जा चुके, कितने बिस्तर से लग गए...तुम्हें भला-चंगा अगर प्रकृति छोड़े हुए है तो क्या इसलिए कि ऊटपटाँग सोचते हुए बिस्तर पर बीमार जैसे पड़े रहो?

लेकिन क्या था जो 2.00 बजे से लिखे जाने के लिए तन रहा था? झलक दिखी थी...यह कि जो समय तुम्हारे ऊपर से गुज़रा है—होश सँभालने से अब तक की उम्र का, इसका लेखा-जोखा करो...क्या हुआ कि देश के क़रीब-क़रीब हर शहर, लोग वैसे नहीं रहे जैसे पहले थे, शहरों की फिजां, लोगों की तासीर, मिज़ाज...सब बदल गए हैं। क्या यह सिर्फ़ समय की रेंग, जनसंख्या में वृद्धि के कारण हुआ...या लोगों के नज़रिये में आए फ़र्क़ की वजह से? तुम्हारा अपना जीवन जो जिया गया उसमें क्या अच्छा, क्या बुरा रहा। अपने जीवन का तो तुम अब कुछ नहीं कर सकते...वह तो गया, लेकिन आगे की पीढ़ियों के लिए वह छोड़ जाओ...शायद किसी को जुगनू

जैसी कोई चमक दिख जाए। उसमें अपना जीवन सँवारने की लौ पैदा हो जाए! गए समय की उम्दा चीज़ों को उठाओ। ख़राब भी क्यों नहीं? इसलिए नहीं कि वह तुम कहीं न कहीं लिख ही चुके होगे...यथार्थपरकता के चलते या व्यक्तिगत स्तर पर उससे निजात पाने के लिए। ख़राब जो छूट गया उसे उठाने से परहेज नहीं, लेकिन तब की अच्छी बातें ज़रूर। तब के अच्छे लोगों को याद करो, जिनका आचरण उनके व्यक्तित्व के भी पार उस समय की देन था...उनकी बातें आने वाली पीढ़ियों के लिए रख दो, क्योंकि उन्हें वैसे लोग, वह समय कहाँ देखने को मिलेंगे।

मध्य प्रदेश में प्रान्तीय चुनाव 28 नवम्बर से हैं, लोकसभा के अप्रैल 2019 में होंगे। इलाहाबाद के मेरे वक़्त (1955) तक चुनाव होने लगे थे। फूलपुर से जवाहरलाल नेहरू लड़ते थे...और वे अपना प्रचार करने जाएँ, इस बात को अपनी गरिमा से नीचे की बात समझते थे। कहाँ वह, कहाँ अब का बड़बोलापन...अपने को बढ़ा-चढ़ाकर दिखाना, विरोधी को गिराना...क़रीब-क़रीब गालियाँ देते हुए...भ्रष्ट तो सब एक-दूसरे को कहते ही हैं, सबूत पास में हों या न हों। जनता के सामने कन्फ्यूजन रहा आता है। यही पता नहीं चलता कि कौन सच कह रहा है, कौन झूठ...मीडिया में भी सच कहाँ? उस वक़्त कैसे जनता के सामने चीज़ें साफ खड़ी हो जाती थीं, चुनाव के वक़्त ख़ासतौर से कि जवाहरलाल नेहरू माने यह...और उनके ख़िलाफ़ चुनाव लड़ रहे प्रभुदत्त ब्रह्मचारी माने यह...लेकिन आज मेरे जैसे पढ़े-लिखे के सामने भी साफ़ नहीं है कि कौन क्या है, किसे वोट दूँ। गुमटी, जहाँ से दूध लेता हूँ, वहाँ के भाई से पूछता हूँ तो वह भी इसी उधेड़बुन में फँसा दिखता है, कहता है, "जो सत्ता में हैं, वे तो नालायक, भ्रष्ट, झूठे हैं ही...लेकिन दूसरे भी तो वैसे ही हैं...एक तरफ़ बेवकूफ़ हैं, तो दूसरी तरफ़ वे जो बेवकूफ़ बना रहे हैं...विकल्प क्या है।" जनता हर बार नए को मौक़ा देना चाहती है कि शायद ये...लेकिन ये बिलकुल वे निकल आते हैं...जुमलों में चाहे जितना ख़ुद को फ़र्क़ बताते रहें।

23 नवम्बर को देहरादून 'लिटरेचर फेस्टिवल' के लिए आमंत्रण है। वैसे शायद टाल जाता—इन फेस्टिवलों में साहित्य के अलावा जो तमाम तरह की दूसरी चीज़ें साहित्य के नाम से चलाई जाती हैं...खिचड़ी जो पकती है, वह स्वादिष्ट नहीं होती—लेकिन देहरादून में इलाहाबाद हॉस्टल के मेरे सीनियर निर्मलकुमार रहते हैं, कई किताबें हैं उनकी। उनसे लगाव इस तरह गहराया कि वे सर सुन्दरलाल हॉस्टल के कमरा नं. 108—जो ऊपरी मंज़िल पर पोर्टिको की छत के बग़ल में था—उसमें मेरे पहले थे। सुबह दो बजे से उनके कमरे में रोशनी हो जाती थी, जिसे नीचे से मैं देखा करता था, थोड़ा रश्क से। उनके बाद मैंने वही क़मरा लिया और दो बजे जागना शुरू किया। मेरा यह दो बजे से जागना उनकी और कमरा नं. 108 की देन मानी जा सकती है। मैंने निर्मलकुमार से पूछा था, 'इस फेस्टिवल में आएँगे क्या...आप तो देहरादून के ही हैं।" उन्होंने मना कर दिया, "साहित्य कहाँ, धन्धा बना लिया है

लोगों ने।" निर्मलकुमार की बात सही है...जानते हुए भी मैं प्रलोभनों में फँस बैठता हूँ जबकि निर्मलकुमार ख़ुद को बचा ले जाते हैं। मैंने बहाना ढूँढ़ लिया—निर्मलकुमार के साथ कुछ समय बिताने के लिए ही देहरादून हो आऊँ। उनके पास बैठकर शेष जीवन के लिए कुछ सोचना-विचारना हो सकेगा...वे दर्शनशास्त्र के विद्यार्थी रहे हैं। मुलाक़ातें न के बराबर हुईं, लेकिन हमारे बीच एक-दूसरे के लिए आत्मीयता हमेशा बहती रही। हम एक ही हॉस्टल के जो हैं...तब आत्मीयता, प्रेम कितनी जल्दी उग आते थे। अब कितना मुश्किल हो गया है!

प्रेम, आत्मीयता क्या...मुझे पसन्द ही अब बहुत कम लोग आते हैं। इसके लिए मैं अक्सर ख़ुद को कोसता भी हूँ। इससे मेरी सामाजिकता पर असर हुआ है, मैं अपने में ज़्यादा घुसा जा रहा हूँ, जिसके लिए मैं दूसरों की आलोचना किया करता हूँ। यह क्या उम्र से आई 'रिजिडिटी' है या कि कुछ और...क्या यह है कि मानसिक विकास के जिस स्तर पर साहित्य-लेखन मुझे ले आया है, उससे दूसरों के स्तर पर उतरने में मुश्किल बैठती है...नहीं, यह सब नहीं। पहले के लोगों में अपने काम को लेकर प्रतिबद्धता होती थी—वह चाहे पढ़ने-पढ़ाने के लिए हो, चाहे राजनीति के लिए हो, धर्म के लिए...वह अब देखने में नहीं आती, साहित्यकारों में भी नहीं। मेरी तकलीफ़ यह है। जो हमारा असल काम है जिसे हम भी मानते हैं कि हाँ वही है, हम उसके रास्ते कुछ और साधने में लगे रहते हैं, जैसे साहित्य-लेखन है...तो ख़ुद को सब तरफ़ से समेट उत्तरोत्तर और अच्छा लेखन में प्रयत्नशील होने की बजाय हम मंच/फेस्टिवल आदि की तरफ़ ताकते हैं ताकि ज़्यादा से ज़्यादा लोग हमें जान जाएँ। हमें अपनी प्रतिष्ठा लेखन में नहीं...इन जैसी चीज़ों में नज़र आती है। और हमारी वरीयताएँ क्या हैं—यह साथ बैठने पर बातचीत/व्यवहार में ऊपर आ ही जाता है। यह भी है कि पहले दोस्त आसानी से बन जाते थे, आज नहीं...तो शायद इसलिए कि पहले हम बने नहीं थे, बनने के लिए खुल रहे थे, अब बन चुके हैं। तब की दोस्ती/आत्मीयता अब तक चली आती है...जबकि अब नए दोस्त बनते ही नहीं... जैसे पहली प्रेमिका जैसी फिर कोई नहीं होती!

ख़ुद को ताख में रखकर नयों से मिलो...तो शायद। देहरादून जैसे फेस्टिवलों का एक यह फ़ायदा उठाया जा सकता है। या जो तुम सचमुच हो...उसे शायद कोई देख ले और वह किसी नई दोस्ती का आधार बन जाए। नए रिश्तों के लिए किवाड़ तो बन्द नहीं कर लेना चाहिए!

लौटकर वोट देना है, दूँगा तो ज़रूर...नोटा...नो वन फिट...वाला विकल्प नहीं...तो किसे?

दिक़्क़त यह है कि आज चुनाव में जीतना, अपनी पार्टी की सरकार बनाना... उसके बाद पद, सरकार की पावर...और उस रास्ते देश को दुहना, ख़ज़ाने की लूट... यह मुख्य हो गया है बनिस्बत प्रत्याशी के—कि वह हमारे क्षेत्र का सचमुच प्रतिनिधि

हो...कितना क़ाबिल, कितना ईमानदार और क्षेत्र की समस्याओं के प्रति कितना संवेदनशील, कितना जागरूक। आज पार्टियाँ उन्हें ही टिकट देती हैं जो जीतने वाले हों—जिताऊ चाहिए—वे ऐलानिया कहती हैं। प्रत्याशी की अर्हताओं का साधारण-सा ज़िक्र कर दिया। उनके जो दीगर ब्योरे अख़बारों में निकलते हैं, वे उनकी अर्हताओं को और भी धूमिल कर देते हैं। आगामी चुनाव में जो खड़े हैं...क़रीब-क़रीब सभी करोड़पति हैं; जिनके ख़िलाफ़ आपराधिक मामले चल रहे हैं, वे पिछले चुनाव से ज़्यादा हैं; मैदान में इस बार स्त्रियाँ कम हैं। समाज के लिए किया गया प्रत्याशियों का काम...झूठ; आगे कुछ करने के वायदे...सब जानते हैं! पार्टी के लिए असल मकसद है उनका जीतना, अपनी सरकार बनाना। सरकार बनाने के बाद राजधर्म वाली बुनियादी चीज़ें ही पीछे कर दी जाती हैं...स्वास्थ्य, शिक्षा वग़ैरह। मुझे यह चीज़ पिछले कई सालों से कोंचती रही है कि रोज़गार मुहैया कराना बेकार की चीज़ समझी जाने लगी है; आकाशवाणी, शिक्षा जैसे ज़रूरी विभागों में भी पुराने लोगों के रिटायरमेंट से हुए रिक्त पदों को भरने में कोताही की जाती है—उन्हें झरकर ख़त्म हो जाने दो, क्योंकि ये काम सरकार की वरीयताओं में नहीं है...ऐसे में फिर पुराने वक़्त की तरफ़ ख़याल जाता है। जब मैं एम.ए. करके निकला था, कैसे नौकरियों के विज्ञापन...एक पर एक अख़बारों में निकलते थे और हम सब कहीं न कहीं फिट हो जाते थे। आज ज़रूरत से ज़्यादा शिक्षा पूरी करने के बाद भी लड़के-लड़कियाँ बेरोज़गार रहे आते हैं!

गड़बड़ी कहाँ हुई? समय ने हममें ऐसा क्या बदलाव किया कि शिक्षा, उसका स्तर, उसके बाद रोज़गार...जैसी बुनियादी चीज़ों की ज़रूरत महसूस किया जाना ही ख़त्म हो गया। समय की रेंग...वह तुम क्या पहचान सकोगे गोविन्द बाबू...पुराने समय को नए के बरअक्स रख दो...तो शायद कुछेकों को दिख जाए...हालाँकि जिन्हें दिखाना चाहते हो...वे पहले ही 'अशिक्षा' का शिकार हो चुके हैं। क्या होगा या क्या नहीं...वह छोड़ो, तुम तो सिर्फ़ अपने सामर्थ्य का सोचो, उस भर करने का...

जो समय तुम्हारे ऊपर से गुज़र गया, जो अब गुज़र रहा है, उसे आमने-सामने रख दो, अतीत-मोह, राग जैसी चीज़ों से ख़ुद को यथासम्भव मुक्त रखते हुए; शिक्षा, संस्कृति...किसी विशेष क्षेत्र का सन्दर्भ भी नहीं। बस, तब और अब—वह समय और यह समय...समय में तो सभी कुछ आ जाता है...अच्छा-बुरा भी। उस पर निगाह टिकाये हुए अपने जीवन से गुज़रो।

कभी एक लेख लिखा था, 'आत्मकथा तो नहीं', जो छप भी गया है—कि आत्मकथा नहीं लिखूँगा, क्योंकि उसके लिए जो नैतिक साहस चाहिए, वह मुझमें नहीं है। वह लेख किसी किताब में नहीं आया है, उसे रचनावली में भी न दूँ...और लिखूँ आत्मकथा। लेकिन क्यों वापस लूँ...वह तब का सोचना था, कोई अपने पुराने सोच को दरकिनार करते हुए क्यों नहीं लिख सकता...?

ठीक, तो वह लेख अपनी जगह, और अब आत्मकथा भी। वे प्रसंग, जिनके लिखने से किसी के जीवन में खलल पड़ सकता है? ऐसा नहीं है कि उन्हें लिखने का नैतिक साहस है ही नहीं, न भी हो तो जुटाया जा सकता है...यों कि एक उम्र के बाद लेखक का अपना, प्राइवेट कुछ नहीं रह जाता, वह समाज का और उसकी सभी चीज़ें समाज की हो जाती हैं। देखा जाए तो मेरे सन्दर्भ में वे हो भी चुकीं... उपन्यास/कहानियाँ, महत्त्वपूर्ण डायरी अंश भी, (जो रचनावली के लिए दे दिए हैं)... उनमें अपने जीवन में आए लोगों के क़िस्से भरे पड़े हैं। आत्मकथा में उन लोगों के नाम दे भी दिए जाएँ तो अब बहुत फ़र्क़ नहीं पड़ने वाला...क्योंकि सब पर समय की धूल चढ़ चुकी। अब न उनमें, न मुझमें ही लोगों की वह दिलचस्पी बची। मेरे लिए सवाल साहित्यिकता, कलात्मकता—जो भी कह लें—उसका रहा आता है। मैं दोहराव से बचता रहा हूँ। यहाँ दोहराने चलूँगा तो...

जहाँ लगे कि दोहराव होने जा रहा है, वहाँ उस ख़ास रचना या किताब जिसमें वह प्रसंग आया है—उसका पाठक के लिए ज़िक्र करके आगे बढ़ जाऊँ। जो लोग छूट गए...उन्हें याद कर-करके लाऊँ। हर व्यक्ति में एक उपन्यास छिपा बैठा होता है, मेरी कमी रही कि मेरा उनसे सामीप्य हुआ...फिर भी मैं उन पर नहीं लिख सका... तो अब सही। भले ही इन लोगों की कहानियों का विस्तार से वर्णन न हो जैसे दूसरों का मेरे उपन्यास/कहानियों में हुआ है...उनकी तरफ़ इशारा तो हो ले...कि ये भी थे। दर्ज होने, सनद रहने का तो हक़ उनका बनता ही है। स्मृति में ठहरी बड़ी-बड़ी चीज़ें तो मेरी रचनाओं में आ ही गई होंगी...छोटी-छोटी चीज़ें जो ओट रह गईं...पर जो जीवन में कितना जोड़ती हैं...वे अब आएँ। और वह चीज़ तो ज़रूर ही—वह समय और यह समय। आत्मकथा मेरे जीवन की यात्रा उतनी नहीं, जितनी उस समय से आज के समय तक की यात्रा। हाँ, जीवन में फ़ालतू, ऊटपटाँग भी कितना घटता है...अच्छा है कि स्मृति ही उसे छोड़ देती है, नहीं तो मैं उसे सायास छोड़ूँ।

आत्मकथा, लेखन-यात्रा का अन्तिम पड़ाव...यह नहीं मान सकूँगा, क्योंकि इसे लिखते हुए भी...कितना कुछ लिखा जाएगा, लिखा जा रहा है—एक कहानी 'हिफ़ाज़त' अभी ही पूरी हो गई है, दूसरी चल पड़ी है, हो सकता है कोई उपन्यास भी शुरू हो जाए इस बीच...तो वह लेखन अपनी पटरी पर, आत्मकथा अपनी पर। आत्मकथा के लिए उसे रुकना नहीं है...

भोपाल

—गोविन्द मिश्र

पुनश्च : पुस्तक के नामांकन के लिए स्व. आचार्य विष्णुकान्त शास्त्री का आभार (पृ. 103)। उनकी पुण्य-स्मृति को नमन।

—गो.मि.

मैं बच गया

मैं अतर्रा (तब उत्तर प्रदेश के बाँदा ज़िले की एक तहसील, अब ज़िला) में सन् 1939 में पैदा हुआ था। तब के अतर्रा की एक ही स्मृति है। एक बार किसी गली से चला जा रहा था कि एक बर्रैया कान में घुन-घुन करती मेरे साथ चली आ रही थी (याद नहीं आता कि उसने मुझे काटा था या नहीं)। मैंने देखा पास ही ईंटों की एक पुरानी दीवार पर नीचे ही बर्रैयों का छत्ता था। वहाँ वह जाती थी, लौटकर फिर मुझ पर आ जाती थी। मैं घर जाकर एक डंडा उठा लाया और बर्रैयों के उस छत्ते पर भच्च से मारा। बर्रैयाँ एक साथ उड़ीं और सबने मुझे खखल खाया...

माँ बताती थीं कि तेज़ बुख़ार के साथ मैं बीमार पड़ गया था। उन्हीं दिनों बर्रैयों के इसी तरह काटे जाने से एक लड़का मर गया था। मैं बच गया।

पाँच साल के बच्चे में वह क्रूरता कहाँ से आई? 1939 में दूसरा विश्वयुद्ध शुरू हुआ था...क्या भूमंडल में उस वैमनस्य, उस क्रूरता की लहरें? लेकिन कहाँ योरुप... कहाँ अतर्रा। क्या अतर्रा, बुन्देलखंड की लड़ाई-झगड़े वाली ज़मीन...उसका बच्चे पर प्रभाव...लेकिन इतनी जल्दी? क्या बच्चे में उसके पूर्वजन्म की चली आई कोई ग्रंथि? तीनों में से किसी पर विश्वास नहीं जमता। जहाँ तक यह एक जीव की तात्कालिक प्रतिक्रिया थी, जो पशुओं के बच्चों में भी देखी जाती है। बच्चा मनुष्य जाति का था तो वह इस प्रवृत्ति को संस्कारित करता चला गया...करुणा तक ले जा सका... और इसमें उसका मुख्य सहायक हुआ साहित्य। छत्ते पर डंडा मारने से लगाकर... हाल जो कहानी पूरी हुई है—'घायल'—नाप का एक पैमाना बैठाया जा सकता है।

तब के अतर्रा की और कोई स्मृति नहीं। स्मृतियों के पुलिन्दे खुलते हैं चरखारी से। चरखारी स्टेट—झाँसी-मानिकपुर लाइन पर महोबा स्टेशन से कोई तेरह किलोमीटर दूर—एक छोटी-सी रियासत। चारों तरफ़ नंगी पहाड़ियाँ। बीच की बड़ी गोलाकार पहाड़ी पर एक क़िला...जिसकी गोलाई में हर तरफ़ थोड़े-थोड़े अन्तराल पर बुर्ज बने हुए थे...आक्रमण में घेरे जाने पर वहाँ से तोपें चलाई जा सकती थीं। एक-दो बुर्जों में अब भी कहीं-कहीं नीचे की तरफ़ मुँहबाये रखीं पुरानी तोपें देखी जा सकती

हैं। क़िले में आपातकाल के लिए राजा के महल थे। क़िले से चीपों वाला रास्ता नीचे उतरता है, जहाँ राजा के साधारण समय वाले महल और दफ़्तर थे। इस परिसर का बाहरी दरवाज़ा विशालकाय था...लोहे के किवाड़, जिस पर लोहे के बड़े-बड़े कीले ठुके हुए थे। इसे ड्योढ़ी कहते हैं। यह अब भी है।

क़िले को तीन तरफ़ से घेरे हुए है चरखारी की छोटी बस्ती, पीछे की तरफ़ रतन सागर है। शायद इधर से क़िला छोड़ भाग निकलने का रास्ता होगा। ड्योढ़ी के ठीक सामने मुख्य सड़क, जिस पर बाज़ार है। सड़क के दोनों तरफ़ दो ढकी हुई नालियाँ अब भी हैं—एक गन्दे पानी के निकास के लिए, दूसरी बरसाती पानी को पथरीली पहाड़ियों के पार बिछे हुए तालाबों में डालने के लिए, जहाँ पहाड़ियों से नीचे बहता आता बरसाती पानी जमा होता है। पानी की एक भी बूँद बरबाद न हो! मुख्य तालाब दीवान साहब की कोठी से लगा कोठी तालाब कहलाता है...जो मेले वाले पुल के नीचे से बाईं तरफ़ एक दूसरे तालाब से जुड़ा है। यह तालाब भी पीछे रतन सागर से जुड़ा है। इस तरह एक दूसरे से जुड़े ताल पर ताल। पानी का कैसा अच्छा इन्तज़ाम...मुख्य तालाबों के अलावा कई छोटी-छोटी तलैयाँ भी थीं। जिस छोटे मन्दिर की पूजा के लिए मेरे पिताजी को रखा गया था, वहाँ से सीधा चलते हुए उस बड़े मैदान की तरफ़ जाते थे, जहाँ हर वर्ष कार्तिक के महीने में गोवर्द्धनधारी का मेला लगता था। इस रास्ते एक चौकोर छोटी तलैया थी, पानी में उतरने के लिए सीढ़ियाँ...यहाँ पिता के साथ अक्सर मैं नहाता था। तलैया में कमल के फूल होते... वह तलैया मुझे बहुत आत्मीय लगती थी। तालाबों का यह जो जाल उस चट्टानी, पथरीली बस्ती, बस्ती के चारों तरफ़ बिछाया गया था, उसी के कारण बस्ती के कुएँ हमेशा पानी से भरे रहते। ऊँचाई पर बसे हमारे खंदिया मोहल्ले में भी...जहाँ खारे पानी का एक बड़ा कुआँ था, तो क़िले के नीचे मीठे पानी की एक छोटी पर गहरी कुइयाँ भी थी। कहारिन के छुट्टी लेने पर कभी-कभी...माँ, मेरी बड़ी बहन कुसुम और मैं यहाँ से पानी भर लाते थे। माँ स्टेट गर्ल्स स्कूल में टीचर थीं, लेकिन सिर पर पानी की बड़ी कंसाड़िया रखकर घर तक लाती थीं, कुसुम और मेरे सिर पर छोटे कलसे भरकर रख दिए जाते।

ड्योढ़ी के बाईं तरफ़ लक्ष्मण बाग़ पार्क था...जो जनता के लिए खुला रहता था...उसके सामने गंगासिंह हाईस्कूल, जिसमें मैं पढ़ता था। महल जैसी एक भव्य इमारत। राइनपुरा में माँ का स्कूल एक बन्द कैम्पस में...वह भी सुन्दर था, नई स्टाइल में बना हुआ। कैम्पस के अन्दर ही अध्यापिकाओं के रहने के लिए छोटे-छोटे क्वार्टर। शुरू में माँ के साथ कुसुम और मैं वहीं रहे थे...पिता या किसी पुरुष की ज़रूर कैम्पस में जाने की मनाही थी।

चरखारी आने से पहले माँ अतर्रा के एक प्राइमरी स्कूल में पढ़ाती थीं, पिता स्टेशन के पास मंगौड़े बनाते और सवारियों को बेचते थे। अतर्रा में नुमाइश लगी थी,

जिसमें चरखारी से स्टेट गर्ल्स स्कूल की प्रधानाचार्या मिसेज क्लार्क आईं। वे मेरी माँ से बड़ी प्रभावित हुईं और उन्हें चरखारी के स्टेट स्कूल में ले लिया (तब प्रधानाचार्य की यह हस्ती होती थी)। शायद उन्हीं के प्रभाव से पिता को चरखारी के उस मन्दिर की पूजा के लिए रख लिया गया था—पाँच रुपया माहवार पर। आगे चलकर उन्हें गाँव के प्राइमरी स्कूल में शिक्षक बना दिया गया।

गंगासिंह हाईस्कूल और माँ के स्कूल की भव्य इमारतें...स्कूलों के लिए किस तरह की इमारतें हैं...इसी से ज़ाहिर हो जाता है कि स्कूली शिक्षा को कोई प्रशासन कितना महत्त्व देता है। आज पिछड़े इलाकों के सरकारी स्कूलों की इमारतें देख लीजिए...कहीं-कहीं तो इमारतें ही नहीं होतीं। प्रधानाचार्य को किसी सुयोग्य शिक्षक को चुनने का अधिकार, जो मैंने यूनिवर्सिटी के स्तर तक देखा...माने शिक्षा का क्षेत्र है तो शिक्षक ही चुनाव बेहतर कर सकता है। आज छोटी से छोटी नियुक्तियों के अधिकार प्रशासन के मंत्री-अफ़सर अपने पास रखते हैं। वे शिक्षा के लिए उतने समर्पित कहाँ हो सकते हैं जितने शिक्षक—जिन्होंने पूरी ज़िन्दगी पढ़ाते बिताई। शिक्षा ही नहीं, सभी क्षेत्रों में उनके विशेषज्ञों को ही अपने क्षेत्रों को चलाने के अधिकार और दायित्व मिलने चाहिए।

ड्योढ़ी के सामने वाली मुख्य सड़क पर दशहरे के दिन बग्घी पर बैठे राजा की सवारी निकलती थी। इसी सड़क पर जन्माष्टमी से शुरू होकर सात दिनों तक मन्दिरों में भगवान कृष्ण से सम्बन्धित झाँकियाँ सजती थीं, शाम को जिन्हें देखने के लिए पूरी बस्ती उमड़ पड़ती थी, लाइन में लगना पड़ता था उन दिनों भी! कार्तिक के पूरे महीने चलने वाला गोवर्द्धनधारी का मेला था। चरखारी के कोई एक राजा कृष्णभक्त थे...तो झाँकियाँ और यह मेला। मेले की मुख्य इमारत में राजा के मन्दिर वाले गोवर्द्धनधारी आकर बिराजते थे...दोनों तरफ़ बाँहों की तरह फैली लम्बी खुले प्रकोष्ठों की पंक्तियाँ थीं, जिनमें बस्ती और आसपास के मन्दिरों के देवी-देवता अपने-अपने विमानों पर आते थे। मेले भर यहीं गोवर्द्धनधारी के साथ देवताओं की संसद। वृन्दावन से रासमंडली आती थी, जो गोवर्द्धनधारी मन्दिर के सामने हॉल जैसी जगह पर विविध लीलाएँ करती। मेले में एक तरफ़ टीन से ढका बड़ा हॉल था, जहाँ एक कम्पनी नाटक दिखाती थी। कहते हैं चरखारी के कोई राजा कलकत्ता में नाटक देखने पहुँचे, वहाँ उन्हें टिकट हीं नहीं मिला...तो उन्होंने ठान लिया कि वे अपनी रियासत में ही नाटक खेलने वाली एक कम्पनी खोलेंगे। यह कम्पनी साल भर नाटक तैयार करती और मेले के महीने, बदल-बदल कर नाटक दिखाती...मैंने यहाँ नाटक देखा था 'सीता बनवास'। नाटक में लक्ष्मण सीता को लिए नदी पार कर रहे हैं... तो नदी की लहरें कपड़े के लहराने के माध्यम से बढ़िया तरीक़े से दिखाई गई थीं।

मेले की दुकानों में एक-दो फ़ोटोग्राफ़र्स की भी होती थीं। मेरी पहली फ़ोटो-'माता-पिता बहन कुसुम के साथ, दूसरी दादा-पिता के साथ...इसी मेले की हैं...

पीछे फ़ोटो की बैकग्राउंड के लिए महल या प्रकृति की चित्रकारी वाला एक पर्दा टँगा रहता था। सामने फ़ोटोग्राफ़र एक काली चादर के अन्दर घुस जाता और बच्चों से कहता—कैमरे की आँख की तरफ़ देखते रहो...वहाँ से एक चिड़िया निकलेगी! सिनेमा तब नया-नया आया था। राजा उसे भी अपनी रियाया के लिए इसी मेले में ले आए...चादरों से घेरे गए एक बड़े मैदान को सिनेमा हॉल बना लिया जाता था। सिनेमा की आवाज़ बाहर मेले भर में गूँजती। मैंने अपने जीवन की पहली फ़िल्म भी यहीं देखी—'सती वृन्दा' या 'तुलसी वृन्दा' नाम था।

मेले का एक प्रयोजन व्यापारिक भी था...जो आज समझ में आता है। इस अवसर पर आसपास के गाँव वाले आकर अपना सामान बेचें...तो एक सड़क के दोनों तरफ़ कपड़ों की दीवारों से दुकानों के कमरे जैसे बना दिए जाते। बैलगाड़ियाँ जो गाँवों से आतीं...वे कोठीताल के इस छोर पर, मेले में गोवर्द्धन जी मन्दिर के पिछवाड़े ढिली रहतीं...वहाँ गुड़, गन्ने, कंडे के धुएँ की मिली-जुली सोंधी गन्ध बराबर उठती रहती, जिसे नाक से पीता हुआ ही मैं मेले में जाता था। मेले में साधारण किसान गुड़ बेचते नज़र आते थे और हमारे माता-पिता जैसे कम आय वालों के भी वश की यह बात थी कि वे फ़ोटो खिंचा सकें...सिनेमा और नाटक देख सकें। (आज के मल्टीप्लैक्स में सिनेमा के टिकट 100 से 400 तक के हैं। मुझे ही दस बार सोचना पड़ता है।)

मेला और जन्माष्टमी के आयोजन पूरी बस्ती के स्तर पर होते थे...तो खंदिया में हम बच्चों के लिए कुछ ख़ास मौक़े अलग से आते—जब पहाड़ी की काली माई की सवारी हमारे घरों के सामने से गुज़रती थी या ताजियों की लम्बी क़तार में एक से एक छोटे-बड़े ताजिये निकलते। पहले में एक-दो औरतों पर देवी चढ़ जातीं... उन्हें भाव आ जाते, तो दूसरे में 'हाय हुसैन' करते अपनी छातियाँ पीटते लड़के हमारे लिए ख़ास नज़ारा होते। दीवाली शुरू होते ही गायों पर गेरू से ठप्पे लग जाते, बरेदी नाचते हुए घर-घर जाते। दीवाली में हर दूसरे चबूतरे पर जुआ खेला जा रहा होता। 'लाल पीली ज़मीन' उपन्यास में ये सब विस्तार से आए हैं; 'हुज़ूर दरबार' उपन्यास में राजाओं के सामन्तीय जीवन से सम्बन्धित चीज़ें हैं।

बुनियादी चीज़ें—पानी, शिक्षा, रोज़गार, बाज़ार, संस्कृति, स्वास्थ्य आदि पर ध्यान देना ज़रूरी है, प्रशासन प्रणाली कोई हो। मुझे हर होली में कोई न कोई शारीरिक आपदा घेर लेती थी। एक बार पैर में काँटे की एक मोटी डगाल का टुकड़ा घुस गया था...उसके लिए रमन मामा की साइकिल पर हस्पताल ड्रैसिंग कराने बराबर जाना पड़ता था...कम्पाउंडर घाव की सफ़ाई कर पीली दवाई का एक कपड़ा घाव में भरकर पट्टी बाँध देता था। साफ़-सुथरा वह हस्पताल सर्वसाधारण के लिए था। रोज़गार...तो राजा का प्रशासन इस बात का ख़याल रखता था कि हर घर में कम से कम एक कमाने वाला होना चाहिए...जहाँ नहीं है वहाँ बाप या लड़के को उपयुक्त काम दिया जाए, काम नहीं आता है तो भी, करते-करते सीख जाएगा।

अगर मेरी माँ अच्छी शिक्षिका हैं तो किसी मिसेज़ क्लार्क को यह अधिकार है कि वे उन्हें अपने स्कूल के लिए ले आएँ, उनकी परिस्थितियों को अनुकूल बनाएँ। मैं खंदिया के जखीरा स्कूल (जुझारसिंह प्राइमरी स्कूल) से 'अ', 'ब' कक्षाएँ पास कर गंगासिंह हाईस्कूल में भर्ती हुआ था। सब बच्चों को स्कूलों में दाख़िला मिल जाता था, अध्यापक भी अच्छे थे।

कह सकते हैं कि तब जनसंख्या कम थी...लेकिन आज स्कूलों की संख्या भी तो कितनी बढ़ गई है...फिर शिक्षा-प्रसार की जगह ये स्कूल दुकानें क्यों बन गए... अनाप-शनाप फीस, ड्रैस, कॉपी-किताबों का धन्धा। स्कूल मैनेजमेंट अध्यापकों को ताश के पत्तों की तरह फेंटता रहता है...सीनियर होते ही निकाल दो, नए को ले लो, उसे तनख़्वाह कम देनी होगी! तनख़्वाह भी क्या...सात हज़ार से शुरू करके ज़्यादा-से-ज़्यादा बीस-पचीस हज़ार तक...जबकि आज एक सरकारी ड्राइवर की ही तनख़्वाह पैंसठ हज़ार के आसपास होती है। सरकारी स्कूल-कॉलेजों में अध्यापकों के पद सालोसाल ख़ाली पड़े रहते हैं, अतिथि अध्यापकों से काम चलाया जाता है। सरकारें इस मद पर बचत करती हैं! उपयुक्त अध्यापक, स्थायी समर्पित अध्यापक नहीं होंगे तो शिक्षा का स्तर क्या होगा...वह नहीं तो विभिन्न क्षेत्रों में भविष्य के लिए योग्य कार्यकर्ता कहाँ से आएँगे—यह नहीं सोचते हमारे लीडरान!

गंगासिंह हाईस्कूल में मैं आठवें दर्जे तक पढ़ा। परिवार में उन दिनों मेरी साथी थी मेरी बड़ी बहन—कुसुम। पिता कभी पूजा के लिए न जा पाते तो हमें भेज देते। हम दोनों भागते-कूदते खंदिया मोहल्ले से क़रीब-क़रीब दूसरे छोर पर स्थित मन्दिर जाते थे। मन्दिर एक बगिया में था...वहाँ की छोटी-छोटी खटमिट्ठी नारंगियाँ तोड़कर खाते। लड़कों में 'आती-पाती' खेल ख़ूब चलता था—एक टीम को किसी पेड़ की पत्ती लाने के लिए कहा जाता। वह पत्ती लेने जाए तब तक हम छिप जाते...पहाड़, तालाब, जंगल के आसपास...कहीं भी, बस्ती में आर-पार। पांडवों की तरह खेल का वह गुप्तावास कभी-कभी दिन भर चलता था...शाम को दोनों टीमें प्रकट होतीं। अगले दिन हारी टीम फिर पत्तियाँ लेने जाए। बस्ती में आर-पार वाली दौड़ के इस खेल में लड़कियाँ शामिल न हो पातीं। वे हमारे घर के पिछवाड़े ज्योतिकी जी के बेरों वाली जो बगिया थी, उसमें हमारे साथ 'सिलोर माई डंडा' खेलतीं। यह नाम कहाँ से आया, किसने दिया...नहीं मालूम...पर हमीं लड़कों-बच्चों का दिया हुआ होगा... थोड़ी अंग्रेज़ियत दिखाने की कोशिश में...अर्थ कुछ भी नहीं। टाँग के नीचे से एक डंडा फेंका जाता। जब तक पदने वाला लड़का डंडा उठाने जाए, तब तक बाक़ी सब इधर-उधर छिप जाते, अधिकतर पेड़ पर चढ़ जाते। फिर वह लड़का किसी को पकड़े। यह खेल गर्मियों की दोपहर को ख़ूब जमता था। पकड़े जाने से बचने के लिए पेड़ों पर चढ़े लड़के-लड़कियाँ नीचे कूदते...शोरगुल से बड़े ज्योतिकी जी की दोपहर की नींद टूट जाती, हमें खदेड़ने दौड़ते। हम उनसे बचने के लिए पेड़ों में ही

कहीं छिप जाते या भद्-भद् कूदकर इधर-उधर से भागते। शाम को छिपा-छुपौवल का खेल घरों के अन्दर चलता था, जिसमें लड़कियाँ भी हिस्सा लेती थीं।

कुल मिलाकर लड़कियाँ बहुत ही दबी-दबी रहती थीं। मैंने शाम के एक खेल के दौरान बिट्टी को काग़ज़ में पेन्सिल से एक लाइन लिखकर दी—'मैं तुमसे प्रेम करता हूँ।' (हालाँकि तब मैं 'प्रेम' का मतलब क्या जानता होऊँगा।) उसने ढिबरी की रोशनी में पढ़ा और फिर हमेशा के लिए खेलों में आना बन्द कर दिया। माँ-बाप लड़कियों का विवाह जल्दी कर देने के फेर में रहते थे और लड़कियों के लिए लाजिम था कि पति—वह चाहे जैसा हो—उसके साथ निबाहें। मेरे घर के बग़ल में रहने वाली मालती का विवाह उससे उम्र में काफ़ी बड़े एक व्यक्ति के साथ हुआ जिसकी दो बीबियाँ मर चुकी थीं। कुसुम भी समाज की इस कुव्यवस्था का शिकार हुई, जब पिता सत्तू बाँधकर मऊरानीपुर के लिए इस संकल्प के साथ निकले कि कहीं न कहीं पक्यात करके ही लौटेंगे। मऊरानीपुर यों कि वहाँ बिरादरी के घर ज़्यादा थे। घर ब्राह्मण का होना चाहिए...और कुछ नहीं देखना। पंडित प्रेमनारायण तिवारी पंडिताई करते थे, उनकी पंडित जी के रूप में प्रतिष्ठा थी—यह मेरे पिता को भाया, लड़का आँख-कान-नाक से ठीक-ठाक...तो काफ़ी है। कुछ करता है या नहीं—यह क्या देखना! आगे चलकर मैं भी इस तरह की कम उम्र जातिगत विवाह—व्यवस्था का शिकार हुआ...

आज हमारे मध्यवर्ग की लड़कियाँ कितना आगे आ गई हैं, देखकर अच्छा लगता है। माँ-बाप को धता बताते हुए वे अपने मन की शादी करती हैं, ख़ुद सब कुछ देख-दाख कर, एक-दूसरे के साथ घूम-फिर, रहकर भी। किसी अनहोनी के लिए कोई जगह न छोड़ी जाए। 'लिव-इन' चल पड़ा है। यह बात दीगर है कि उस दौरान अक्सर लड़का-लड़की एक-दूसरे से ऊब जाते हैं, विवाह में नहीं बँध पाते। लड़कियों में आया परिवर्तन मध्यवर्ग के नीचे भी जा रहा है...इसमें सिनेमा के साथ-साथ मोबाइल ने काफ़ी मदद की है।

मेरे लिए कुसुम का विवाह जश्न का मौक़ा था। तिलक के मौक़े पर मुझे मऊरानीपुर नाई के साथ भेजा गया...वहाँ तिवारी जी के आँगन में रस्मो-रिवाज के बाद पंगत बैठी...चार बार उठी, फिर बैठी...तीन सौ लोगों का तो जीमना हुआ ही होगा...घरों के अन्दर पंगत के लिए पूड़ियाँ बेलती, गाती औरतें। एक की शादी में कैसे पूरा मोहल्ला शामिल हो जाता था। पंडित प्रेमनारायण जी के जजमानों में धोबी, कुर्मी...सभी जाति के लोग थे, सभी को पंगत में एक साथ बिठाया गया था। शुद्ध घी पत्तल में तब तक डाला जाता जब तक बहने न लगे...तब महँगाई इतनी नहीं थी और ख़र्च करने के मौक़े शादी-ब्याह में ही होते थे। चरखारी में बारात आई तो मुझे बढ़िया खाने को मिला, मिठ्या लगाया गया था...रसगुल्ले अच्छे बने थे। ब्याह के बाद सावन के महीने में कुसुम की ससुराल की तरफ़ से भाई के लिए ढेर सारे

खिलौने भेजे गए...जैसे मेरे माँ-बाप ने कभी मेरे लिए नहीं खरीदे थे। लेकिन बस... यहीं तक। रस्मो-रिवाज की भव्यता होती थी, लेकिन आगे...लड़की चक्की-चूल्हे में ही पिसती रहे। सब (कमाऊ, शिक्षिका या जैसी भी) पतियों द्वारा पीटी क्या कूटी जाती थीं। कुसुम के साथ बेशक यह नहीं हुआ...लेकिन उसे माँ की तरह कमाई के लिए अध्यापिका तो बनना ही पड़ा, क्योंकि पति की उत्तराधिकार में मिली पंडिताई बढ़ा हुआ ख़र्च उठाने के लिए नाकाफ़ी थी।

चरखारी की शिक्षा, संस्कृति, स्वास्थ्य, पानी आदि को लेकर जो सुव्यवस्था थी, उसमें दीवान शंकरदयाल सिंह का योगदान बताया जाता है। वे राजा अरिमर्दन सिंह के मौसा थे। अरिमर्दन सिंह के कोई सन्तान नहीं थी तो उन्होंने सरीला राजा के पुत्र को गोद ले लिया। सरीला राजा ही अन्तिम राजा थे। शंकरदयाल सिंह तालाब के किनारे अपनी कोठी में रहते थे...उस कोठी से ही वह तालाब 'कोठी ताल' कहलाया। एक बड़ी कुव्यवस्था भी अब दिखाई देती है। रियासत की पुलिस का कहीं कोई डर या प्रभाव नहीं था, झगड़े-फसाद बेरोक-टोक होते रहते थे। जिसकी लाठी उसकी भैंस वाला हिसाब-किताब। ऊपर कहीं क़ानून, न्याय है—यह भी दिखाई नहीं देता था। आदमी पशुओं की तरह लड़ते, आपस में निपटते-सुलझते रहते। मेरा भाग्य कि स्वतंत्रता ने मेरे परिवार को वहाँ से उखाड़ दिया, वर्ना क्या पता मैं भी वहाँ डंड पेलने की तरफ़ ढकिल जाता और मेरा हश्र भी 'लाल पीली ज़मीन' के किसी पात्र-सा होता। मैं बच गया।

माँ मिसेज़ क्लार्क और दीवान शंकरदयाल सिंह से जुड़ी थीं तो स्वतंत्रता के फ़ौरन बाद पिता के साथ उनका तबादला छिरका गाँव कर दिया गया। स्टेट स्कूल में थीं तो नौकरी सरकारी रखी गई।

कम बस्तियाँ होती हैं जो वक़्त के साथ-साथ उजड़ती चली जाती हैं। चरखारी रियासत की रौनक, स्वतंत्रता आते ही उड़ने लगी। मिसेज़ क्लार्क हटा दी गईं। मैंने उन्हें नहीं देखा। बताते हैं शिक्षा को समर्पित वह विदेशी महिला भारत ही रहना चाहती थी...उन्हें उसी स्कूल में रखा जा सकता था, लेकिन नेताओं के बीच वे वहाँ खट न पातीं। माँ ऐसी सरकारी नौकरी जिसमें गाँव में रहना पड़े, जहाँ उनके बच्चों के पढ़ने की व्यवस्था न हो...उसे छोड़ एक प्राइवेट स्कूल में बाँदा आ गईं। पिता ज़रूर गाँवों में अध्यापकी करते रहे, उनके तबादले होते रहे। हाल में साहित्य अकादेमी द्वारा मुझ पर बनाए जा रहे वृत्तचित्र की शूटिंग के दौरान चरखारी जाना हुआ था। खंदिया मोहल्ले की आबादी आधी से भी कम रह गई है, जुझारसिंह प्राइमरी पाठशाला अब भी है...सरकारी। एक हिस्से में ऊपर की खपरैल वाली छत भसक कर नीचे आ गई है, जिसकी मरम्मत के लिए स्कूल को पैसा नहीं मिलता, स्कूल इमारत के सिर्फ़ बचे हुए हिस्से में चलता है। गंगासिंह हाईस्कूल—वह भी सरकारी हो गया था—उसकी पुरानी शाही इमारत ढह गई है, उसका ढाँचा खड़ा है। बग़ल में स्कूल के लिए एक

धर्मशाला टाइप इमारत खड़ी की जा रही है, फ़िलवक्त स्कूल खुले में चल रहा था। लक्ष्मणबाग़ पार्क नदारद था, उसकी ज़मीन को माफ़िया ने हथिया लिया और वहाँ भद्दी इमारतें खड़ी थीं। तालाबों की वजह से कुओं में पानी अब भी था। बताया गया कि जन्माष्टमी की झाँकियाँ अब नहीं रहीं, पर मेला अब भी लगता है। देवताओं के विमान आते हैं...लेकिन मेले में संस्कृति कम व्यापारिक माहौल ज़्यादा होता है।

कुछ दिनों के लिए चरखारी विन्ध्य प्रदेश में रही, फिर उत्तर प्रदेश में चली गई। पहले हमीरपुर ज़िले में आई, अब महोबा ज़िले की तहसील है। खंदिया में क़िले के नीचे लोहे के एक किवाड़ वाला फाटक अब भी खड़ा है। यहाँ तक झल्लू पंडित अपनी पत्नी को मारता-मारता ले आया था। फाटक के बग़ल में वह कच्चा कमरा अपने खपरैल के साथ अब भी है—जिसमें पढ़ैया लड़के बड़े, मझले, छोटे रहते थे। ('लाल पीली ज़मीन')

चरखारी से छोटी रियासत शायद ही कोई रही हो, लेकिन बाहर से आ रहे परिवर्तनों से वह अछूती नहीं रहती थी। मुझे तीन जुलूसों की याद है। एक जो कांग्रेस और मुस्लिम लीग दोनों के झंडों के तले एक साथ निकला था—हिन्दू-मुस्लिम मैत्री का ऐलान करता हुआ; दूसरा लक्ष्मणबाग़ और ड्योढ़ी के बीच सड़क पर हम विद्यार्थी आन्दोलनकारी बैठे थे—सामने संगीनें हमारी तरफ़ ताने सिपाही थे ('कोहरे में क़ैद रंग'), तीसरा महात्मा गांधी के बलिदान पर शोक जुलूस—तीनों में गंगासिंह हाईस्कूल के विद्यार्थी थे, जिनमें मैं भी था। जुलूसों में हम विद्यार्थियों के नेता राजन पर मेरी कहानी 'मुझे बाहर निकालो' है। स्वतंत्रता के बाद हिन्दू-मुस्लिम की पारस्परिक वैमनस्यता स्कूल में भी आ गई थी...जब एक दिन मेरे क्लास में मझले और अशरफ़ लड़ पड़े थे। मझले ने अशरफ़ के बाल पकड़ लिए और अशरफ़ मझले की गर्दन पर पंजा जमाये था...मुनीर अशरफ़ की तरफ़ था। एक दिन धर्मपाल मास्टर साहब ने इंटर्वल में मुझे अब्दुल हाई के साथ आते देख लिया था...क्लास पहुँचते ही हम दोनों को बहुत मारा। उस दिन अब्दुल हाई मुझे अपने घर ले गया था। उसकी माँ ने हम दोनों को पूड़ियाँ खिलाई थीं। हमारा कुसूर इतना था। मुस्लिम बस्ती में अब्दुल हाई का कच्चा मकान था...जिसमें अलग क़िस्म की बदबू ठहरी हुई थी। मुस्लिम बस्ती/घर में जाने का यह मेरा पहला अनुभव था। धर्मपाल माट्साब को मेरा उस बस्ती में ले जाया जाना ख़राब लगा था...या अब्दुल हाई और मेरे साथ होने का मतलब उन्होंने कुछ और निकाला था। (अब्दुल हाई डीलडौल में मुझसे काफ़ी बड़ा था... और मैं कमसिन देखने में थोड़ा सुन्दर!) जो हो मैं माट्साब के हम दोनों को बेवजह पीटने का सबब नहीं समझ पाया था, आज भी नहीं समझ पाता...सिर्फ़ कयास लगा सकता हूँ। हो सकता है उन दिनों हिन्दू-मुस्लिम में कटुता जो वातावरण में घुली हुई थी वह धर्मपाल माट्साब पर हावी हो गई थी। उन्हीं दिनों माँ ने मुझे राजन के साथ पास के एक गाँव में सती-मेला देखने भेज दिया था। एक जवान लड़की पति की

असमय मृत्यु के बाद सती हो रही थी...उसके लिए मेला! तब मैं सती वग़ैरह... कुछ नहीं समझता था, मेरे लिए मेला मुख्य था...लेकिन कई-कई सालों बाद जब कालपी-यात्रा के दौरान चम्बल के पास सती हुई महिलाओं के चबूतरे, उन पर लिखी इबारतें देखे तो चरखारी की उस यात्रा में अवचेतन द्वारा महसूस किया दर्द जैसे उभर आया था। कालपी पर यात्रावृत्त है तो वह सती-मेला कहानी 'ज्वालामुखी' में है। पुराने समय की दारुण रीति थी यह सती-प्रथा, अच्छा हुआ मेरे होश सँभालने के पहले ही ख़त्म हो गई। उस मेले में भी दुल्हन सजी-सँवरी बैठी रही। पुलिस आ गई थी और लड़की की हत्या होने से रह गई। इन मामलों में लड़की की स्वेच्छा कम, सास-ससुर, बूढ़ों की तानाशाही ज़्यादा होती थी।

उन दिनों जैसे भी घर में बच्चे हुए, उन्हें दूध पिलाने के लिए मवेशी पाल लिए जाते थे। ग़रीब से ग़रीब परिवार भी गाय-भैंस पाल लेने की सामर्थ्य रखता था। मवेशी परिवार का हिस्सा होते थे, आज की तरह नहीं जब वे लावारिस, सड़क में इधर-उधर घूमते, पौलीथीन की थैलियों में मुँह मारते दिखते हैं।

हमारे घर भी एक गाय और भैंस थी, जो घर के पिछवाड़े खुली जगह पर बँधती थी। सवेरे मैं अपनी गाय को ड्योढ़ी तक छोड़ने जाता था, जहाँ बस्ती के दूसरे मवेशी इकट्ठे होते थे और बरेदी सबको चराने बस्ती के बाहर ले जाता। शाम को मवेशियों को उसी जगह तक वापस ले आने की जिम्मेदारी बरेदी की होती थी। वहाँ से हमारी गाय अपने आप घर तक चली आती। खंदिया से रतन सागर की तरफ़ जाने वाली पहाड़ी अपनत्व-भरी ख़ुश-ख़ुश थी। यहाँ हम बच्चे बरसात के झरनों का आनन्द लेते, काग़ज़ की नाव उन पर चलाते...इस पहाड़ी का और दूसरे तालाबों का सारा पानी रतन सागर में इकट्ठा होता था। रतन सागर गहरा था। उसके एक तरफ़ पक्के घाट थे, तो दूसरी तरफ़ घास का मैदान जहाँ मवेशी चरते थे। यहाँ हम अक्सर किनारों पर चरते बछड़ों को पानी में उतार देते, उनकी पूँछ पकड़ गहरे पानी में हो आते। बछड़ों को तो क़ुदरती तैरना आता था, मुझे नहीं आता था...किसी बछड़े की पूँछ पकड़ मैं गहरे पानी में जाता, वह बछड़ा तालाब में एक छोटा चक्कर लगाकर मुझे सकुशल वापस ले आता। मुझे सिर्फ़ कसकर पूँछ पकड़े रहना होता था...(आजकल की स्कीइंग!) किसी बार हाथ से पूँछ छूट जाती तो...गया था। आसपास कोई बचाने वाला नहीं! लेकिन हर बछड़ा मुझे बचाता था। एक बार कोठी ताल में गंगासिंह हाईस्कूल का मेरा सहपाठी श्रीप्रकाश मुझे तैरना सिखा रहा था। वह सीख गया था, पर मुझे इतना ही आ पाया था कि एक छोटे से घेरे में तैरता हुआ, जल्दी से आकर घाट की सीढ़ी पर पैर टेक दूँ। एक बार पैर सीढ़ियों के पहले ही लगा बैठा और गोता खा गया। बग़ल में तैरता हुआ श्रीप्रकाश मुझे सीढ़ियों की तरफ़ धक्का देने आया तो मैंने उसे भी पकड़ लिया, अब हम दोनों पानी में जाते, ऊपर आते...डूब रहे थे...कि एक बार मेरे मुँह से निकला—'कक्का जू'...श्रीप्रकाश के पिता जो घाट पर कपड़े

धो रहे थे उन्होंने सुन लिया, और आख़िरी सीढ़ी पर उतरकर एक हाथ से मुझे, एक हाथ से श्री को खींच लिया। मैं यहाँ भी बच गया।

माँ के बाँदा जाने के बाद चरखारी का हमारा घर, मवेशी बेच दिए गए। मैं आठवाँ दर्जा पूरा करने के लिए दो-तीन माह गंगासिंह हाईस्कूल में ही रहा, गाँव से आने वाले पढ़ैया लड़कों के लिए जो एक हॉस्टल-सा था...वहाँ। पिता मुझे गाँव से लाए, मुझसे उम्र में बड़े एक लड़के के सुपुर्द कर गए थे, जो वहाँ मेरे अभिभावक रहे। पाँच बजे सवेरे मुझे जगाकर अपने साथ निस्तार-स्नान के लिए कुएँ पर ले जाते। ('कोहरे में क़ैद रंग' के रामेश्वर भाई) उन्हीं दिनों एक दिन अकस्मात् ड्योढ़ी के बाहर मुझे अपनी गाय दिख गई, जहाँ तक मैं उसे सवेरे नार में छोड़ने के लिए लाया करता था। मैं उसके पास गया...वह खड़ी हो गई। मैं उसकी गर्दन पर झूल गया। हमारे आँसू बाहर नहीं आए, पर भीतर उमड़ रहे थे। प्यार के बाद मैंने उसकी गर्दन थपथपा कर विदा किया। वह अपने नए घर चली गई, आठवें दर्जे का इम्तहान देकर मैं भी माँ के पीछे-पीछे बाँदा पहुँच गया—दोनों अपने-अपने नए रास्तों पर। जानवर भी रिश्ते बना लेते हैं, निबाहते हैं और समय की गति पहचान नियति द्वारा तय आगे के रास्ते चलना सीख लेते हैं।

रियासती परिवेश 'लाल पीली ज़मीन' में कम उसके बाद लिखे गए उपन्यास 'हुजूर दरबार' में ज़्यादा आया है। इस उपन्यास के लिए मेरी आलोचना की गई कि मैंने प्रजातंत्र की अपेक्षा राजतंत्र की तरफ़दारी की है। निष्पक्ष देखा जाए तो रजवाड़ों की सामन्ती व्यवस्था, शोषण और ग़ुलामी की व्यथा-कथा उपन्यास के हर अध्याय के शुरू में ही है, केन्द्रीय कथा भी वही है...बेशक जगह-जगह रजवाड़ों की अच्छी चीज़ों को भी उभारा गया है...ख़ासकर राजा और खरे (स्वतंत्रता आन्दोलन के नेता) की बहस में। राजा कहता है कि माना हम भ्रष्ट, विलासी हैं...लेकिन हमने आने वाली पुश्तों के लिए इतना जोड़ लिया है कि अब आगे बटोरने की ज़रूरत नहीं पड़ेगी। प्रजातंत्र में तो हर बार नई पार्टी आएगी और वह जनता को चूसकर अपनी झोलियाँ भरेगी। क्या आज यह सच साबित नहीं हो रहा? पूरेपन में उपन्यास का जो कथ्य है, वह यह कि चाहे पुरानी राजतंत्र वाली व्यवस्था हो या नई प्रजातांत्रिक, दोनों ही आम नागरिक के लिए एक-सी मारू हैं। राजाओं के समय से आज तक सामन्ती व्यवस्था चली आ रही है...क्या हम देखते नहीं आज के शासकों का तौर-तरीक़ा, व्यवहार? शीर्षक 'हुजूर दरबार' से भी यह व्यंजित है—हुजूर भी वही, दरबार भी वही! चरखारी रियासत में मैंने जो अच्छा देखा, ख़ासकर पानी, शिक्षा, संस्कृति के क्षेत्र में...वह आज भी अनुकरणीय है। चरखारी की तरह बाँदा में भी तालाब थे, कुएँ थे...वे तथाकथित 'विकास'/उसके नीचे नेताओं की पैसे के लिए हवस की भेंट चढ़ गए, चरखारी में बच गए, क्योंकि वहाँ 'विकास' नहीं आया।

पीपल का वह छरछराता पेड़

भारतीय नारी की शरणस्थली—मायका। चरखारी का ख़रीदा, फिर बनवाया घर जिसे गोबर से वे ख़ुद लीपती थीं, दीवाली के पहले जिसकी दीवारों को, बाहर कलई से पोतती थीं...उसे छोड़, अपनी जमी-जमाई गृहस्थी उखाड़कर माँ अपनी माँ के पास ही आईं...उसी जगह, जहाँ से तेरह साल की उम्र में उन्हें बिदा किया गया था। बाँदा। माँ में अपना मकान होने की लालसा शुरू से ही थी और हमेशा बनी रही... शायद इसलिए कि वे बचपन से ही एक स्थायी जगह, जिसे 'घर' कहते हैं...उससे महरूम रहीं। अब कटरा मोहल्ले की एक कुलिया...जिसमें एक तरफ़ मुल्लू मामा (माँ के सगे छोटे भाई) का कच्चा मकान था...उसके सामने एक कमरे वाला छोटा-सा मन्दिर, जिसमें पहले नाना रहते, पूजा करते थे...अब नानी रहती थीं। मन्दिर के सामने एक कच्चा कमरा माँ ने किराये पर ले लिया...जिसमें वे मेरे छोटे भाई मुकुन्द और छोटी बहन कुमुद के साथ रहने लगीं। नानी ने छोटा मन्दिर मेरे लिए छोड़ दिया। वे बस्ती भर में रहती थीं और कहीं नहीं रहती थीं। उन्हें कभी छोटे मन्दिर के बाहरी बरामदे, चबूतरे या कुएँ के किनारे पड़ा देखा जाता। ज़्यादातर वे मोहल्ले भर में घूमती रहतीं। कहीं देवी ढारतीं, कहीं रोटी बनाती हुई। इधर-उधर से दान में उन्हें घी, आटा, चावल, गुड़ आदि मिल जाता तो कभी कुएँ के ओट, सूखी ईंटों के चूल्हे पर कंडों की आग में वे चावल पकातीं, घी-हल्दी-नमक मिलाकर मुझे खाने को देतीं। वह मेरे लिए 'लक्जरी-डिश' होती थी।

मैंने छोटे मन्दिर के सिंहासन के बग़ल में ही ज़मीन पर अपनी दरी बिछायी, और ऊपर तीन खंडों वाली छोटी-सी अलमारी में किताबें जमा लीं। खाना खाने ही सामने माँ वाले घर में जाता था। मन्दिर में...सिंहासन से क़रीब-क़रीब सटे हुए...ज़मीन पर मैं सोता था। मेरे पहले मेरे नाना सम्भवत: वहाँ सोते रहे होंगे। ताज्जुब कि उस कम उम्र में वहाँ अकेले सोते हुए मुझे डर न लगता था...शायद संस्कार-जन्य विश्वास कि मैं ईश्वर के बग़ल में था। उस पूरे परिसर में दो चीज़ें छायी रहती थीं—एक—छोटे मन्दिर के सामने, माँ ने किराये पर जो कमरा लिया था उसके पीछे बड़े मन्दिर का

पीपल का पेड़, दूसरे मेरी नानी, उर्फ़ भैयाबाई, उर्फ़ महाराजिन। चार फुटा औरत, पर कैसी दबंग...संघर्ष ने उन्हें बहादुर बना दिया था। नानी का विस्तृत प्रसंग 'कोहरे में क़ैद रंग' उपन्यास में है। वही क्यों, उन दिनों के बाँदा और मन्दिर परिसर का पूरा चित्र है। आलोचकों ने यह रेखांकित भी किया है कि मेरे क़रीब-क़रीब हर उपन्यास में मन्दिर का परिसर...और एक बड़ा पेड़ ज़रूर होता है...तो वह बाँदा का यही मन्दिर और यही पीपल का पेड़ है। उसके पत्ते हमारे ऊपर हमेशा हिलते रहते...जैसे हमारे उस छोटे परिवेश को वह पेड़ अपनी पनाह में लिए था। व्यक्तिगत रूप से पेड़ों से जो शक्ति मुझे जीवन भर मिलती रही...उसका उत्स भी शायद यही पीपल का पेड़ है।

छोटे मन्दिर के बग़ल में जो कुआँ था—वह गहरा था—पानी खारा, लेकिन गर्मी में ठंडा और जाड़े में गरम। कुएँ पर एक रस्सी-बाल्टी हमेशा पड़ी रहती, आस-पड़ोस के आदमी-औरतें जब जो चाहे आकर उस बाल्टी से पानी खींचते, अपने बर्तनों में भरते, चले जाते। इस तरह कुएँ में अलग-अलग बर्तनों की गन्दगी न जा पाती। कुएँ की जगत की चौड़ाई अच्छी थी...अच्छा-खासा बड़ा चबूतरा था। एक कोने पर एक बड़ी चिकनी चीप (सपाट पत्थर) रखी थी, जिस पर बैठ कोई भी आकर नहा ले। संगमरमर का टुकड़ा था वह। नाना के पिता जो रईस बताए जाते हैं, वे ही कहीं से लाए होंगे। मेरे समय में वह कुआँ, चबूतरा और यह पत्थर...उस जगह को एक खुले सामूहिक स्नानघर का रूप देते थे...नहाने की वह चीप कुएँ से इतनी दूर थी कि नहाने वाले के छींटे कुएँ में न जाएँ। गर्मी की रातों में चबूतरे पर कोई भी अपनी दरी और पसीना पोंछने वाला गमछा लिए आ जाता, गमछे को तकिया बनाकर सो जाता। सामूहिक शयनागार भी। गर्मियों में मुल्लू मामा, मैं, मेरे भाई-बहन, माँ भी... सब इसी चबूतरे पर सोते।

चरखारी आवास के दौरान भी जब-तब मैं माँ के साथ बाँदा आता था। कटरा मोहल्ले के किसी घर में कोई आयोजन हो, माँ वहाँ ज़रूर जाती थीं। मुझे पता चले कि वे फलाँ घर बुलव्वन में गई हैं तो मैं भी वहाँ पहुँच जाता, माँ की धोती पकड़ ज़िद करने लगता—'अम्मा घर चलो', जबकि उस घर की औरतें माँ को रोकतीं। थोड़ी देर में मेरे मुँह से 'अम्मा घर चलो' के पीछे निकल जाता—'मुझे भूख लगी है'...तो तत्काल मुझे उस घर से कुछ खाने को दे दिया जाता और मैं जो रट लगाए होता था, वह गुम हो जाती थी। इस तरह माँ काफ़ी देर उस घर में रह लेतीं। अक्सर मैं ही उन्हें भूलकर वापस चला जाता। शायद मैं माँ के लिए उतना नहीं, बुलव्वन में तरह-तरह के पकवान की लालच में वहाँ पहुँचता था...लेकिन अब मैं बड़ा हो गया था।

मेरा दाख़िला डी.ए.वी. हाईस्कूल में नौवीं में हो गया था। अध्यापकों की नकल में, शायद अध्यापकी के शौक़ में मैंने अपने छोटे मन्दिर के बाहर वाले बरामदे में एक काला बोर्ड लटका दिया और खड़िया से उस पर गणित के सवाल हल किया करता। बग़ल में लाले बाबू का घर था, जो अलस्सुबह नहा-धोकर तेज़ स्वर में रामायण गाते

हुए पढ़ते थे। उनकी पहली पत्नी (दिवंगता) की लड़की तारा मेरे पास आकर बैठने लगी, जब मैं बोर्ड में कुछ खींचता हुआ दिखाई देता। तारा प्राइवेट मैट्रिक की तैयारी कर रही थी, जबकि मैं नौवीं में ही था। मैट्रिक में नौवीं का भी कोर्स रहता था, तारा बेचारी उसमें भी कमज़ोर थी। मेरे साथ उसका वह हिस्सा 'कवर' होने लगा। कब मोतीलाल भार्गव (जिनके यहाँ मेरी नानी खाना बनाती थी) की लड़की सुषमा और हरिशंकर वकील की लड़की मन्नो तारा और मेरे साथ बैठने लगी...मुझे पता ही न चला। अब वह हम चारों का एक छोटा-मोटा स्कूल हो गया था, जिसमें अपने छोटे ब्लैक बोर्ड के साथ मैं पढ़ता या इन तीन लड़कियों को पढ़ाता था...रोज़ शाम, तब तक जब तक हरिशंकर वकील जी क्लब से लौटकर आते, सड़क से मन्नो के लिए आवाज़ देते...और इधर से मन्नो 'आई बाबूजी' कहकर उन तक दौड़ती, उनके साथ घर न चली जाती। जैसे वह स्कूल बन्द होने की घंटी होती थी। एक दिन मन्नो अपने साथ ब्लैक बोर्ड में मेरे इस्तेमाल के लिए चाक का एक डिब्बा ले आई। अब मैं ख़ुद को पूरा अध्यापक महसूस करने लगा। कुछ दिनों में वह मेरे लिए एक लैम्प भी ले आई...तो मेरे पास लालटेन की जगह लैम्प आ गया, जो मेरे उस छोटे स्कूल के बन्द होने के बाद मन्दिर के अन्दर जहाँ मैं सोता था...वहाँ अकेलेपन में मेरा साथ देता...उसके प्रकाश में देर तक पढ़ने की प्रेरणा होती।

चबूतरे पर कुएँ के इर्द-गिर्द सामूहिक रहन-सहन...यह मैंने आगे चलकर देवेन्द्र माट्साब के छत पर भी देखी...उनके पुस्तकालय के ऊपर। वहाँ गर्मियों में अपने-अपने घरों से दरी उठाए कोई भी सोने के लिए आ जाता। छत में पानी का घड़ा और एक लोटा रखा रहता था, कोई भी लोटे से पानी निकाल एक हाथ की चुल्लू बनाकर पानी पी लेता। यह सौहार्द अब छोटे क़स्बों में भी नहीं दिखाई देता।

तब, चरखारी क्या, बाँदा जो ज़िला था...वहाँ भी नल-बिजली नहीं थे। सवेरे-सवेरे बस्ती के हर तरफ़ से आदमी-औरतों की लम्बी क़तारें केन नदी की तरफ़ जाती दिखतीं। केन नदी के रेलवे पुल के नीचे से उस तरफ़...जिधर से केन आती थी...रंग-बिरंगे आदमी-औरतों की चादर-सी बिछी होती, मिली-जुली आवाज़ों का संगीत वातावरण में तैरता होता। जैसे केन नदी पूरे बाँदा को बाँधे हुई थी। प्रकृति...कटरा मोहल्ला, वहाँ के कितने घर...जैसे हर तरफ़ से जुड़ाव...जुड़ाव का माधुर्य...मेरी तरफ़ हाथ बढ़ा रहा था, चरखारी के लड़ाई-झगड़ों से एक़दम फ़र्क़। चरखारी अगर उजड्ड लोगों की तो बाँदा सभ्य लोगों की बस्ती लगती थी।

बाँदा में नल आए—केन नदी का पानी पहले बम्बेसुर पहाड़ पर खींच वहाँ एक बड़ी गोलाकार इमारत में इकट्ठा किया जाता, फिर पाइपों से घर-घर पहुँचाया जाता। जिसके यहाँ नल के पाइपों की फिटिंग होती, वह ख़ुद को अन्य जनों के स्तर से एक बालिश्त ऊपर उठा हुआ समझता। चूँकि सब घरों में नल नहीं लगे थे तो चौराहों पर सार्वजनिक नल थे। पानी निश्चित समय के लिए ही आता था तो वहाँ बाल्टियों,

कलसों, कनस्तरों की लाइन लग जाती, झगड़े होने लगे जबकि कुओं से पानी भरने या नदी में नहाने को लेकर कहीं झगड़े नहीं देखे जाते थे। वहाँ लोग प्रकृति के पास होते थे या अपने श्रम से पानी खींचते थे। औरतें कुओं से पानी खींचते हुए मस्त्याती थीं, प्यासों को पानी पिला देती...(गुलेरी जी की कहानी 'बुद्धू का काँटा')। नलों में बैठे-ठाले पानी मिलने लगा, तो लोग निकम्मे होने लगे। आगे चलकर पानी को लेकर लड़ाई-झगड़े बढ़ गए। कोई सड़क के पाइप से पहले ही पानी खींच लेता, घर के ऊपर अपनी टंकी भर लेता...बग़ल में जिनके घर नल लगे थे, वे चिल्लाते रह जाते।

दशहरे के काफ़ी पहले से रामलीला मैदान (मैदान का नाम ही रामलीला से पड़ गया था) में रामलीला शुरू हो जाती। रामायण की चौपाइयों को गाते हुए, बड़े स्टेज पर सम्बन्धित लीला दिखाते हुए रामकथा धीरे-धीरे रोज़ आगे बढ़ती, प्रसंग-दर-प्रसंग। माइक से बस्ती भर में देर रात तक रामचरितमानस की चौपाइयाँ-दोहे तैरते होते। भरत-मिलाप जैसे प्रसंगों में पूरा शहर ही स्टेज बन जाता। कुछ प्रसंग जैसे लक्ष्मण-परशुराम संवाद या अंगद-रावण संवाद खासे बौद्धिक स्तर के होते। दशहरा शहर के तीन हिस्सों में तीन दिन मनाया जाता...अलीगंज, कटरा, छोटी बाज़ार...तब एक उसी तरफ़ रावण जलता, शेष दो तरफ़ के लोग उधर ही मेला देखने जाते...और अपने परिचितों-मित्रों के यहाँ मिठाई खाते या सिर्फ़ पान खाते हुए घर लौटते। अपनी तरफ़ के दशहरे के दिन लोगों में शाम से ही चबूतरे पर दरी बिछाने, मिठाई-पान की तैयारियाँ...आदि के लिए बड़ा उत्साह होता। जिसके साथ झगड़ा मतभेद हुआ हो, उसके घर पान खाने, गले मिलने ज़रूर जाने का रिवाज था। हालिया रंजिश या ज़मीन-जायदाद को लेकर जो पुराने लड़ाई-झगड़े थे...उन्हें दशहरे के रोज़ इस तरह ख़त्म करने की कोशिश की गई थी। मुसलमान लोग हिन्दुओं से मिलने जाते, जैसे हिन्दू ईद की बधाइयाँ देने मुसलमानों के घर जाते थे। बताते हैं कि बाँदा में कभी साम्प्रदायिक दंगे नहीं हुए, विभाजन के समय भी नहीं। डी.ए.वी. स्कूल में वहाजुद्दीन माट्साब...जिन्हें सब आदर से वहाज साहब कहते थे, गवर्नमेंट इंटर कॉलेज में बशारत साहब थे। वहाज साहब शायर थे, तो बशारत साहब एक से एक कपड़े पहनने के शौक़ीन।

डी.ए.वी. के स्कूल में आते ही मैं पढ़ाई में तेज़ निकलने लगा, शायद इसलिए कि चरखारी में दबा-दबा रहता था, यहाँ आकर खुल गया था। हमारे स्कूल के अध्यापक—देवेन्द्रनाथ खरे जो बड़े मन्दिर वाली सड़क पर ही रहते थे, हमारे बहुत पास...वे मुझे अलग से तीन बजे सबेरे पढ़ाने लगे; फिर भी स्कूल में पिटाई से मैं बचा नहीं रह पाता था। प्रिंसिपल साब श्री बैजनाथ सिन्हा शान्त स्वभाव के थे, तो वाइस प्रिंसिपल रामराम मास्टर साहब क्रोधी और उग्र। वे राम भक्त थे, पूरे माथे पर पीले चन्दन से राम-राम छपा होता...इसलिए रामराम मास्टर साहब कहलाते थे। एक बार तो उन्होंने मुझे इतना मारा कि मैं बुख़ार में पड़ गया, लेकिन माँ जो स्वयं

अध्यापिका थीं...उनकी शिकायत करने की हिम्मत न हुई। (आज अध्यापक बच्चे को छू भी नहीं सकते, उस समय अध्यापकों का माँ-बाप से बड़ा दर्जा था।) तीसरे दिन रामराम मास्टर साहब मुझे देखने ख़ुद ही घर पर आए, और वहाँ भी डाँट लगा गए—'जरा मार दो तो ससुरा बीमार पड़ जाता है।' यही रामराम मास्टर बोर्ड इम्तहान के पहले अपने घर में सवेरे छात्रों को बुलाकर पढ़ाते थे। अध्यापकों का लड़कों से जुड़ाव स्कूल के बाहर भी रहता था। अगर कोई लड़का ग़रीब मगर मेधावी है, अध्यापक उसका अलग से ख़याल स्वत: ही रखने लगते—जैसे मुझे देवेन्द्र माट्साब का प्रश्रय मिल गया। अपनी सीमित आय के बावजूद तब के अध्यापक ग़रीब लड़कों की आर्थिक मदद भी यदा-कदा करते थे। कुछ अपने गाँव के पढ़ैया लड़कों को अपने घर के किसी हिस्से में रख भी लेते।

रेडियो टी.वी. नहीं थे तो शहर में सांस्कृतिक कार्यक्रम ख़ूब होते रहते। रामलीला तो थी ही, हर शरद पूर्णिमा के दिन बम्बेसुर पहाड़ में कवि सम्मेलन होता, कविताओं के स्वर माइक से नीचे पूरी बस्ती में देर रात तक उतराते। कवि सम्मेलन के आयोजन में जिसकी मुख्य भूमिका थी, वह एक दुबली-पतली काया थी...पेट पीठ से चिपका हुआ, झक्क खादी कुर्ता-धोती-जैकेट, सिर पर टेढ़ी टोपी... कंधे पर हमेशा एक झोला लटका हुआ जिसमें अगरबत्ती के बंडल भरे होते। झोला ही उनकी दुकान थी, वे चलते-फिरते अगरबत्ती बेचते। सूरजप्रसाद जी...अकेले अपने बल पर बस्ती से चन्दा उगाहते, कवियों को आमंत्रित करते और हर शरद पूर्णिमा के दिन बम्बेसुर पहाड़ पर कवि सम्मेलन आयोजित करते। खादी के लिए लगाव, सादगी...इसमें तो गांधी जी का प्रभाव दिखता था...लेकिन क़रीब-क़रीब अशिक्षित सूरजप्रसाद जी में कवि सम्मेलन आयोजित करने की धुन कहाँ से आ बैठी...और वहाँ भी ऐसा ख़याल कि उसे बम्बेसुर पहाड़ पर इस तरह आयोजित किया जाए कि माइक पर कविता के स्वर बाँदा के घर-घर पहुँचे? आगे चलकर बलखंडी नाका के पास बजरंग विद्यालय जो नया-नया खुला था, उसके मैदान में भी कवि सम्मेलन होने लगे। नीरज, वीरेन्द्र मिश्र, रमाकान्त अवस्थी, दुष्यन्त कुमार 'परदेसी' (जो बाद में दुष्यन्त कुमार नाम से प्रसिद्ध हुए) युवा कवि थे, तो बच्चन, श्यामनारायण पांडेय आदि को भी मैंने पहले इन्हीं कवि सम्मेलनों में सुना। साहित्य की भाषा के पहले संस्कार मुझे इन कवि सम्मेलनों, रामलीला मैदान में गायी जाने वाली रामचरितमानस और घरों में जब तब आयोजित रामायण के अखंड पाठों से मिले। तब हम लड़कों में अन्त्याक्षरी प्रतियोगिता कविता-दोहे-चौपाइयों की होती थी...अब फ़िल्मी गानों की होती है। ताज्जुब की बात कि अब पढ़े-लिखे लोगों की पार्टियों में भी वयस्क, शिक्षित लोग माइक पकड़ कोई सड़ा-सा फ़िल्मी गाना, हीरो वाली चोंच बनाकर पेश करने में अपनी विशेषता समझते हैं। कोई अच्छी ग़ज़ल या कविता नहीं सुना पाता।

'कोहरे में क़ैद रंग' उपन्यास के बहुत पहले मैंने बाँदा पर एक लम्बा लेख लिखा था, जो 'धर्मयुग' में प्रकाशित हुआ (धर्मवीर भारती द्वारा सम्पादित 'धर्मयुग', जो तब तीन लाख के क़रीब छपता था और जिसे घर-घर पढ़ा जाता था)। उसे पढ़कर मन्नो के भाई सतीश खरे ने अंग्रेज़ी में मेरी तारीफ़ की थी—'ही ब्रॉट बाँदा ऑन द मैप ऑफ़ इंडिया।'

तारा का विवाह हो गया। मन्नो-सुषमा बड़ी हो गई थीं तो वे घरों में क़ैद हो गईं। छोटे मन्दिर वाला मेरा स्कूल यों बैठ गया। अब मैं अलग से सुषमा-मन्नो को उनके घर पढ़ाने जाता। छोटे मन्दिर के सामने वाले एक कमरे के मकान से हम रस्तोगी मैदान में मोतीलाल भार्गव के एक कमरे के ही लेकिन दोतल्ला मकान में आ गए थे। ऊपर का तल माँ ने मेरे लिए छोड़ दिया। यहीं जाड़े के दिनों हरि अक्सरान मेरे साथ पढ़ाई करने आ जाता और यहीं सोता। जाति का कहार, एक आँख सफ़ेद-सी तो काना भी...मेरे साथ दसवीं में। वह घर से अपने लिए एक चादर और रजाई लाता, हम ज़मीन पर अपनी-अपनी तरफ़ पँवार (एक नुकीली घास) और उसके ऊपर चादर डाल गद्दा-सा बना लेते...बीच में मन्नो का दिया लैम्प। अपनी-अपनी पढ़ाई करते, वह कहीं अटक जाता तो मुझसे पूछ लेता। ताज्जुब कि हरि के हमारे यहाँ सोने पर माँ को कभी कोई आपत्ति नहीं हुई। तंगी में भी बड़ा दिल! इस नए मकान का किराया दस रुपए माह था, जो सुषमा को पढ़ाने के एवज़ हमसे नहीं लिया जाता था। इसी तरह मन्नो को पढ़ाने के एवज़ मुझे उसके घर ही रात का खाना खिला दिया जाता। यह इन्तज़ाम ज़रूर माँ ने, इन घरों के अभिभावकों के साथ बिठाया होगा...लेकिन हम तीनों क़रीब-क़रीब एक ही उम्र के थे...इसलिए हमें यह सब पता नहीं था। माँ शायद यह एहसास मुझमें नहीं उतारना चाहती होंगी कि वे मुझसे ट्यूशन करा रही थीं। उनकी आर्थिक स्थिति को देखते हुए उनके लिए यह काफ़ी था कि उन्हें घर का किराया नहीं लगता था और उनके लड़के को एक वक़्त का खाना बाहर मिल जाता था। यह इन्तज़ाम एक तरफ़, मुझे इन घरों से बहुत अपनापन मिला। सुषमा के घर मेरी नानी खाना पकाती थीं। उनके घर में और देखा-देखी फिर बाहर भी नानी को महाराजिन कहा जाने लगा था। सुषमा के घर मैंने नानी को सिल-लोढ़ी में मसाला पीसते, घर के सभी सदस्यों (सात-आठ तो रहे होंगे) को खाना खिलाते देखा। तीन-तीन घंटे रहती थीं वे वहाँ सुबह-शाम। उस समय को देखते हुए तनख़्वाह मामूली ही होगी। नानी अपनी तरफ़ से मुझे खाने को कभी नहीं देती थीं, लेकिन जब रसोई में कुछ स्पेशल बनाया जाता—जैसे देउल के पराँठे—और मैं आसपास हुआ तो सुषमा की माँ (जीजी) ही उनसे कह देतीं—'महाराजिन गोविन्द को भी एक पराँठा दे दो।' नानी मुझे सिर्फ़ एक पराँठा देतीं। जीजी कभी सुषमा के भाई विनय के पुराने जूते मुझे दे देतीं। उधर मन्नो के यहाँ खाने के अलावा भी मुझे कुछ न कुछ मिलता रहता, लेकिन वह मन्नो की पहल पर ही होता। जैसे ही उसे कुछ आभास हुआ कि

मैं फलाँ चीज़ चाहता हूँ...वह मुझे कैसे भी लाकर देने के लिए कसमसा उठती। अपने परिवारों से अलग हमारा एक कोना बन रहा था, जिसमें हम एक-दूसरे के साथ अपने-अपने घरों से मिलती तकलीफ़ों की हिस्सेदारी भी कर लेते थे। उसकी तरफ़ से सिर्फ़ एक बार...जब वह रोते मिली थी। उसके आँसू पोंछते हुए मैं वजह जानने की ज़िद करता चला गया। मुश्किल-मुश्किल से जो वजह उसने बताई वह इतनी मामूली थी कि आज उस पर हँसी आती है, लेकिन तब वह हम दोनों के लिए गम्भीर चीज़ थी। बचपन की उसकी एक आदत नहीं छूट रही थी—रात सोते-सोते बिस्तर पर पेशाब निकल जाना, जिसके लिए उसे डाँट खानी पड़ती थी, इतनी कि वह अकेले में रोती थी। उस मामूली-सी बात ने मुझे उसके आँसू पोंछने का मौक़ा दिया और हमारा अपना कोना बन गया। रात को बाहरी कमरे में पढ़ाई के बाद अक्सर देर हो जाती, तब वही मुझे रसोईघर में ले जाकर मेरे लिए खाना परोसती। वहाँ हमारी नज़दीकियाँ और बढ़ीं। हमें अपने परिवारों के साथ कभी केन नदी में सवेरे के नहान के लिए, कभी बम्बेसुर पहाड़ के ऊपर सिद्धन के मन्दिर जाने को मिल जाता। वहाँ हमें थोड़ी देर को ही एकान्त मिल पाता, लेकिन उसी में हम कितना एक-दूसरे से पा लेते। वह लड़की थी, उसका घर अधिक सम्पन्न था तो वह अपनी तकलीफ़ें कम...नहीं के बराबर...खोलती, मैं हर छोटी-मोटी चीज़ उसे बता डालता। मैं स्कूल की वाद-विवाद प्रतियोगिता में प्रथम आया तो वह मुझसे ज़्यादा ख़ुश होती। मैं कहीं कामयाब नहीं हुआ, तो वह हौसला बढ़ाती। जल्दी ही ऐसा हो गया कि मैं हर चीज़ उससे पूछकर करने लगा...और उसने जैसे अपनी छाया में मुझे ले लिया था। मैंने उसको एक नाम भी दे दिया—'ज्योत्स्ना', क्योंकि वह चाँदनी के चादर की तरह मुझ पर छाई हुई थी...शीतल शरणस्थली! जो मैं कहकर उस तक न पहुँचा पाता, उसे लिखकर देता, इसी क्रम में मैंने एक-दो कहानियाँ भी लिखीं...'पूर्णमासी का भोग', 'चदनियाँ अरज करे'...शीर्षक याद हैं, कहानियाँ खो गईं...एक उसी के लिए तो लिखी थीं, कोई कॉपी अपने पास रखी नहीं।

बाँदा मैं चार साल ही रहा—नौवाँ-दसवाँ दर्जा डी.ए.वी. हाईस्कूल से तो ग्यारहवाँ-बारहवाँ गवर्नमेंट इंटर कॉलेज में—लेकिन वहाँ मेरा संसार घर के बाहर का ज़्यादा हो गया था। देवेन्द्र माट्साब, इंटर कॉलेज में त्रिवेदी जी का सान्निध्य, मन्नो के घर के अलावा डी.ए.वी. स्कूल में मेरे सहपाठी—गोपाल (बाँदा के रईस सेठ हरिकृष्ण का लड़का, उसकी माँ और बुआ से मुझे ख़ास अपनत्व मिलता) का घर, बोड़ेराम हलवाई के सामने एक चारपाई भर कमरे में रहने वाला रमेश—जिसका घर का नाम घनश्याम था...मेरा समय इन लोगों के साथ अधिक बीतता था। घनश्याम पढ़ने में साधारण था, पर बहुत ही हँसमुख। मेरे यहाँ आते ही वह जाने की रट लगाने लगता—'अच्छा जिज्जी अब चलता हूँ'...जैसे बहुत व्यस्त हो। मेरे पिता तब ज़िला हमीरपुर में आने वाले किसी गाँव में पढ़ाते थे। वे जब-तब छुट्टियों में बाँदा आ

जाते। उनके सामने अगर घनश्याम आया तो वे उसके आते ही कहते—'अच्छा, घनश्याम अब जाओगे कब?' सब हँस पड़ते। घनश्याम बस दो मिनट में जाने को कहता पर घंटों जमा रहता। उसके पिताजी वकील थे, वे घनश्याम के बड़े बालों को देखकर उससे कहते—'घनश्याम, मैं तुम्हें बाल-कटाई के अलावा पाँच रुपए ऊपर से दूँगा, अगर तुम बाल कटा आओ'...घनश्याम उन्हें सुनाता—'केशन कहा बिगारिया जो मूड़ौ सौ बार, मन को काहे न मूड़िये जामे बिषय-विकार।' उसके पिता अपना सिर पीटकर रह जाते।

क्या वजह थी कि मेरी आत्मीयता उन परिवारों से बढ़ी जो आर्थिक दृष्टि से मेरे परिवारों से कहीं ऊँचे थे, क्यों उनसे मिली आत्मीयता ने मुझमें कोई हीन-भावना नहीं फैलने दी? उस समय न भी महसूस होता हो, लेकिन उन सभी घरों के बच्चों के मुक़ाबले मैं पढ़ने में तेज़ था...यह आत्मविश्वास शायद हीनता भाव को पास फटकने न देता हो...या मन्नो से मिलती आत्मीयता मुझमें ऐसी कोई भावना पनपने ही न देती थी। जहाँ तक पढ़ाई में तेज़ होने का कोई एहसास मुझे नहीं था, तभी तो गोपाल के मुक़ाबले मेरा अधिक अन्तरंग घनश्याम हुआ, जो पढ़ाई को लेकर बहुत आलसी था। हम चार बजे सबेरे उठकर जाड़े के दिनों में अपनी-अपनी रजाइयाँ ओढ़े स्टेशन में चाय पीकर नींद भगाने जाते थे। लौटकर मैं पढ़ता था...वह पट्ठा फिर अपनी चारपाई साइज कोठरी में रजाई तान सो जाता था। फिर भी वह मेरा सबसे घनिष्ठ दोस्त हुआ। उसके घर से मुझे कुछ मिलता भी नहीं था। शायद ईश्वर से मुझे जो स्वभाव मिला था, वह प्रेमी व्यक्ति का था...आत्मीयता के लिए ललक...इसलिए बड़ी जल्दी आत्मीयता के घेरे में आ जाने वाला भी। वह स्वभाव अब तक है।

बाहर माहौल भी जुड़ाव का था। घर में काम करने वालियों...यहाँ तक कि मैला ढोने वालियों को भी मौसी, मामी, भाभी जैसे सम्बोधनों से पुकारा जाता था। व्यवहार में यथासम्भव अमीरी-ग़रीबी के फ़र्क़ों को ऊपर नहीं आने दिया जाता था, लेकिन जातिगत भिन्नताएँ शादी के मौक़ों पर ज़रूर उठती थीं। विवाह जल्दी कर दिए जाते थे...माँ के समय तो और जल्दी...लड़की की तेरह साल में और लड़के की पन्द्रह साल में ही शादी कर दी जाती थी।

देवेन्द्र माट्साब के पिताजी पक्के आर्यसमाजी थे, पुरुषोत्तमदास टंडन के भक्त। उन्होंने बाँदा में दयानन्द पुस्तकालय की स्थापना की...जिसे मेरे गुरु, देवेन्द्र माट्साब के साहित्य-प्रेम ने आगे बढ़ाया। उनके समय पुस्तकालय में 'साहित्य सन्देश' जैसी पत्रिकाएँ आती थीं, उनके सभी अंक करीने से बाँधकर रखे जाते थे। देवेन्द्र माट्साब का एक प्रिय छात्र था, जिसकी लिखाई बहुत सुन्दर थी...जगदीश। उससे वे एक हस्तलिखित पत्रिका भी (अनियतकालीन) निकालते थे। पत्रिका में मुझ जैसे कई लड़कों की लिखी—जैसी भी—मौलिक रचनाएँ होती थीं। उस वक़्त की लिखी—'उस चाँदनी रात में', उस वक़्त की मेरी लिखाई में आज भी उस पुस्तकालय में सुरक्षित

रखी हैं। गवर्नमेंट इंटर कॉलेज छोड़ने पर जो सर्टिफिकेट मुझे कॉलेज की तरफ़ से दिया गया, उसे गणित के अध्यापक श्री कृष्णबहादुर ने अंग्रेज़ी में लिखा था। उसमें कॉलेज की छपी हुई सामान्य चीज़ों के बाद उन्होंने अपनी लिखाई में काफ़ी कुछ मेरे बारे में लिखा, जिसमें एक लाइन थी—'ही हैज़ द मेकिंग्स ऑफ़ ए राइटर इन हिम'। कृष्णबहादुर जी ने कभी मुझे पढ़ाया नहीं, इंटर कॉलेज में कोई पत्रिका निकली हो, जिसमें मेरा कोई लेख छपा हो—यह भी मुझे याद नहीं। उन्हें यह अन्दाज़ा कैसे हुआ...

उस समय के वे अध्यापक। उनकी पढ़ाई-लिखाई भले वह न रही हो कि वे किसी बड़ी जगह हो सकते, लेकिन अध्यापन के प्रति उनकी निष्ठा, विद्यार्थियों से गहरा जुड़ाव...उन्हें ऐसी अन्तर्दृष्टि देता था जहाँ वे पन्द्रह साल के लड़के के लिए ऐसी भविष्यवाणी कर सकते थे। उनका सर्टिफिकेट सप्रे संग्रहालय भोपाल में मेरे दीगर सर्टिफिकेटों के साथ रखा है।

बाँदा में नलों के आने के काफ़ी वर्षों बाद ऐसी स्थिति आ गई कि लोग पूर्णतया म्युनिसपैल्टी के नलों पर निर्भर हो गए...लाचार, यों कि इस बीच भाई लोगों ने तालाबों को सुखा डाला, उनकी ज़मीन हथिया वहाँ इमारतें खड़ी कर डालीं...उससे कुएँ सूख गए। छोटे मन्दिर वाला कुआँ जो इतना गहरा था कि मुल्लू मामा उसमें आत्महत्या के ख़याल से कूद भी गए थे ('कोहरे में क़ैद रंग'), वह सुखा डाला गया, जब लोग उसमें कूड़ा डालते चले गए। उनकी नज़र उस ज़मीन पर थी जो कुएँ को तोप कर उन्हें मिल जाने वाली थी। बेवकूफ़...उस पानी की कीमत नहीं जानते थे जो जितना निकाला जाता, उतना ही भर आता था, ऊपर की ज़मीन तो उतनी ही रह जाने वाली थी। मेरे रिटायर होने के पहले ही माँ बाँदा छोड़ मेरे साथ आकर दिल्ली में रहने लगीं, जबकि वे बाँदा ही रहना चाहती थीं। यह इसलिए कि वहाँ उन्हें पानी के लिए लाचार होना पड़ता था...कोई अड़ोसी-पड़ोसी एक-दो बाल्टियाँ पानी दे दे! नलों के पाइप मृत पड़े रहते...जबकि चरखारी के तालाब और कुएँ आज भी भरे हुए हैं...

पानी के मामले में बाँदा को चरखारी से सीखने की ज़रूरत है तो हिंसा, लड़ाई-झगड़े, कर्कशता के मामलों में चरखारी को बाँदा के मेरे समय के मॉडल से। चरखारी में राजा द्वारा स्थापित मेले, झाँकियाँ जैसे सांस्कृतिक उत्सव तो थे, लेकिन जनता की तरफ़ से अपने लिए विकसित किया गया—जैसे कि बाँदा में तीन दिनों तक चलने वाला दशहरा, महीना-महीना चलने वाली रामलीला या कवि सम्मेलन—वहाँ ऐसा कुछ नहीं था। इसलिए चरखारी में संस्कृति लोगों की हिंसक प्रवृत्तियों...उनसे उत्पन्न लड़ाई-झगड़ों को रोक नहीं पाती थी।

हाईस्कूल (दसवीं) का इम्तहान बोर्ड का था। बाँदा में स्टेशन के पास पोस्टऑफ़िस था, जहाँ एक बाबू थे, रमेशदत्त जी। उन्हें शहर में फ़र्स्ट डिवीज़न पाने वाले सम्भावित छात्रों का नतीजा तार के रास्ते पहले से मँगा देने का शौक़ था। रिजल्ट के दिनों हम उनके दफ़्तर के बाहर की खिड़की पर खड़े हो जाते...तार की

कुट-कुट से जो चीज़ वे मँगा लेते...उन्हें खिड़की से ऐलान करते। फ़र्स्ट डिवीज़न वालों का नाम लेते हुए उनके चेहरे पर ऐसा भाव होता, जैसे फ़र्स्ट डिवीज़न उन्हें मिला हो। मेरा उनका लगाव तार देने-लेने वाली उस खिड़की से शुरू हुआ और फिर आजीवन चला। इंटर में भी उन्होंने मेरा रिजल्ट कानपुर से आते ही मँगा लिया था और उस पर पुलकित थे। उनके अपने लड़के बहुत मेधावी नहीं निकले...तो उन्हें वे मेरे जैसे कुछ उन मेधावी छात्रों का हवाला देते, जिनकी आर्थिक स्थिति उनसे कमज़ोर थी...अक्सर डाँट भी लगाते। मेधावी छात्र को आगे पढ़ाया जाए... इस पर उस छात्र के परिवार के यहाँ बहस करने, लड़ने तक पहुँच जाते। उनकी इस आदत ने उनके रिटायरमेंट के बाद एक बड़ी शक्ल इख्तियार की। जहाँ कहीं भी उन्हें अन्याय दिखा...वे घुस जाते थे और अपनी पैनी-पैनी आवाज़ में उचक-उचक कर न्याय के लिए लड़ते। कभी-कभी लड़ाई लिए हुए वे एस.पी., डी.एम. तक पहुँच जाते। उन्हें अक्सर सड़क पर छोटे-मोटे जमावड़े में देश-प्रदेश के नेताओं के ख़िलाफ़ खरी-खोटी बोलते हुए सुना जाता था। लोग जितना ध्यान से सुनते, वे उतना ही और उचक-उचक कर बोलते। जब मैं अफ़सर हो गया...कहीं भी कार्यरत होऊँ...वे मेरा हवाला देते हुए महत्त्वपूर्ण हो लेते और किसी का कोई काम जो हाथ में है, उसे पूरा करने में लग जाते। शिक्षा से सम्बन्धित ज़िले के महत्त्वपूर्ण व्यक्तियों के वे ज़्यादा नज़दीकी थे...जैसे अतर्रा के जगपत सिंह जी (जिन्होंने अतर्रा जैसी देहाती बस्ती में हाईस्कूल से शुरू करके डिग्री कॉलेज तक खुलवा दिए, शहर का कोई मेधावी छात्र कहीं लेक्चरर या शिक्षक हो तो उनकी कोशिश होती थी कि वे उसे बाँदा ज़िले में ले आएँ।) साइकिल रमेशदत्त की स्थायी साथी थी, उसके साथ पैदल चलते हुए उन्हें दिन-भर नगर में घूमते देखा जाता। सब उनकी इज़्ज़त करते थे, और वे भी जहाँ जो खाने को मिल गया, खा लिया। इस तरह पूरा नगर उनका घर था। उनसे मेरी अन्तिम मुलाक़ात हुई, जब मैं कालिंजर का क़िला देखने गया। वे ज़िद कर बैठे कि वे भी साथ चलेंगे। 84 साल की उम्र में क़िले की कितनी सीढ़ियाँ चढ़ गए। वे मेरा उदाहरण जगह-जगह देते, लेकिन अपने या अपने परिवार के लिए उन्होंने मुझसे कभी कुछ नहीं माँगा। एक दिन ख़बर मिली कि वे बाँदा के अपने घर में बैठे-बैठे लुढ़क गए। जीवित रहते हुए जो शख़्स जगह-जगह चिल्लाता नज़र आता था...वह बेआवाज़ दुनिया से खिसक गया।

चरखारी की मेरी स्मृति में सिर्फ़ लड़ाई-झगड़े, दंगा-फसाद हैं और बाँदा की स्मृति में प्रेम ही प्रेम है, तो यह मेरी उम्र के कारण भी हो सकता है। चरखारी में मैं 'बालस्तावत् क्रीड़ा सक्त:' की अवस्था में था तो बाँदा में 'तरुणस्तावत् तरुणी रक्त:' की। यहाँ मेरे अन्दर प्रेम उगा जो आगे चलकर बाहर की तरफ़ फैलता चला गया। इन दोनों जगहों पर प्रकृति मेरे जीवन से सटी-सटी चली—चरखारी में पहाड़ियाँ, तालाब...वहाँ के पेड़-पौधे ('लाल पीली ज़मीन') तो बाँदा में बम्बेसुर पहाड़ और

केन नदी थे ('कोहरे में क़ैद रंग')। प्रकृति तो बचपन से ही हमसे चिपटी रहती है... फिर धीरे-धीरे संसार की व्यावहारिकता में लिपटते चलते हमीं उससे दूर होते जाते हैं। अगर हम उसका महत्त्व समझें तो उसके पास फिर-फिर जा सकते हैं, उसे अपने जीवन में बनाए रह सकते हैं।

बारहवीं में बोर्ड के इम्तहान में मुझे हिन्दी में विशेष योग्यता (76 प्रतिशत अंक) मिली। हमारे हिन्दी के अध्यापक श्री श्याममोहन त्रिवेदी कॉलेज से लड़कों की मार्कशीट देखकर लौट रहे थे कि रास्ते में मैं मिल गया। मुझे विशेष योग्यता बताने की हुलफुलाहट में उनकी साइकिल रपट गई और वे गिरते-गिरते बचे। तब हिन्दी विषय में संस्कृत बिलकुल नहीं होती थी...इसलिए उतने नम्बर लाना और भी ख़ास बात थी—त्रिवेदी जी यह जानते थे...इसलिए मुझसे कहीं ज़्यादा वे प्रफुल्लित थे। मज़ेदार बात यह कि जब इम्तहान चल रहे थे तो हिन्दी का दूसरा पर्चा अपराह्न तीन बजे था। पहला पर्चा सुबह था, जिसे देने के बाद मैं घर आकर सो गया था। घर वही रस्तोगी मैदान में मोतीलाल भार्गव वाला एक कमरे का, दोतल्ला। घर में तब कोई नहीं था। वह तो मन्नो ने एक किताब तिज्जो मौसी के मार्फत भिजवाई, उसने कुंडी खड़काई और मैं जाग गया...देखा तो तीन बजने में दस मिनट। भागा-भागा कॉलेज गया और इम्तहान में बैठा...वर्ना क्या पता, सोता ही रह जाता। कैसा इत्तिफ़ाक़...या कि मन्नो मुझ पर निगाह रखती थी—उसे पता था कि तीन बजे पेपर है और मैं घर में सोया पड़ा हूँ। वह मुझसे एक दर्जा पीछे थी और तब अपने घर में थी।

अध्यापकों का विद्यार्थियों से ऐसा जुड़ाव जैसा देवेन्द्र मा‌ट्साब और श्याममोहन त्रिवेदी जी में था...आज शायद ही देखने को मिले। कई-कई वर्षों बाद जब मेरा लेखन में थोड़ा नाम हो गया, देवेन्द्र जी और त्रिवेदी जी रिटायर हो चुके थे...तब मेरा सम्मान लखनऊ में हुआ, श्रीलाल शुक्ल मुख्य अतिथि थे। इत्तिफ़ाक़ से देवेन्द्रनाथ खरे और त्रिवेदी जी दोनों उन दिनों लखनऊ में थे—खरे जी अपने पुत्र अमिताभ के यहाँ और त्रिवेदी जी अपनी बेटी के यहाँ। उन्हें पता चला तो वे अपने आप आयोजन में आ पहुँचे, सीधे मंच पर जाकर बैठ गए। त्रिवेदी जी ने आयोजकों से स्वयं ही आग्रह किया कि वे बोलेंगे। उन्होंने कहा कि उन्हें लगता है गोविन्द का नहीं उनका सम्मान हो रहा है। उन्होंने यह बताया कि इंटर कॉलेज के दिनों मैंने एक प्रश्न का उत्तर तिष्यरक्षिता—जिसने कुणाल की आँखें निकलवा ली थीं...उसका पक्ष लेते हुए लिखा था। तभी उन्होंने समझ लिया था कि जो लड़का तिष्यरक्षिता जैसी कुमाता से भी सहानुभूति रख सकता है, वह लेखक ही बनेगा।

आज सोचकर अचरज होता है कि मैं बहुत ही साधारण परिवार का—जिसकी नानी खाना बनाने वाली महाराजिन और माँ घर-घर जाकर ट्यूशन पढ़ाने वाली साधारण अध्यापिका थीं—उसमें क्या था कि देवेन्द्रनाथ खरे, त्रिवेदी जी जैसे अध्यापकों ने मुझे हाथोंहाथ लिया। मन्नो और सेठ हरिकृष्ण के घर में मुझे अपार स्नेह मिला।

गोपाल की माधुरी बुआ से मैं इतना हिल गया था कि उनकी शादी में रुआँसा, कुछ खिंचा-खिंचा इधर-उधर डोल रहा था। उदास, थोड़ा माधुरी बुआ से नाराज़-सा भी। पता चलते ही माधुरी बुआ ने मुझे बुलाया। वे सजी-सँवरी, नथुनी लगाए मंडप में जाने के लिए तैयार बैठी थीं। उन्होंने मुझे चिपकाया और समझाया कि वे हमेशा के लिए थोड़े जा रही हैं—यहाँ आती-जाती रहेंगी। इलाहाबाद में रेल में जाते समय जब गोपाल की अकाल मृत्यु हो गई तब उस परिवार ने उसकी जगह मुझे ही अपना बेटा मान लिया (गोपाल हरिकृष्ण जी का इकलौता लड़का था)। उस रिश्ते से गोपाल की छोटी बहन जस्सो मेरी बहन बन गई, आज तक बनी हुई है। वे वैश्य हैं और मैं ब्राह्मण होकर उसके पैर छूता हूँ और वह छुलवाती है। इसी तरह मैं देवेन्द्रनाथ खरे जी के पैर छूता था, वे छुलवाते और आशीर्वाद देते थे। समाज में प्रचलित धारणाओं के ख़िलाफ़ हमारे ये अपने रिश्ते थे, विशुद्ध मानवीय स्तर पर जिनमें जात-पाँत कहीं आड़े नहीं आती थी।

बाँदा का डी.ए.वी. स्कूल—शिक्षा का माध्यम वहाँ क्या, बाँदा ज़िले में कहीं भी अंग्रेज़ी नहीं था, अध्यापकों में कोई भी बहुत अंग्रेज़ी-दां नहीं था—वहाँ जब मैं दसवीं में था तो अंग्रेज़ी में 'मर्चेंट ऑफ़ वेनिस' का कोर्ट-सीन स्कूल के बीचों-बीच जो खुला प्रांगण था वहाँ खेला गया। रामराम मास्टर साहब ने मुझसे यह कहकर कि मुझे वकील का रोल करना है, मुझे पोर्शिया का रोल दिया। नाटक बाँदा के सम्भ्रान्त लोगों के सामने हुआ। उसके बाद स्कूल के नतीजे, खेलकूद, वाद-विवाद, निबन्ध आदि प्रतियोगिताओं...सभी के इनाम बाँटे गए। मुझे खेलों के अलावा सभी के इनाम मिले। उसके बाद प्रिंसिपल बैजनाथ सिन्हा जी ने श्रोताओं से ही यह तय करने को कहा कि वे स्कूल का बेस्ट बॉय चुनें। सभी ने एकमत से मेरे नाम की आवाज़ दी। उन लोगों के सामने मुझे इतने सारे मेडल मिले थे पर शायद इसमें उस नाटक का योगदान ज़्यादा था जो उनके सामने खेला गया था। मुझे 'बेस्ट बॉय' की ट्रॉफी मिली पर जब मुझे पता चला कि पोर्शिया लड़की थी, मैंने लड़की का रोल किया था...तो मैं रोने लगा था।

उस समय की चरखारी 'लाल पीली ज़मीन' में, बाँदा 'कोहरे में क़ैद रंग' में मेरी आपबीती ब्यौरों के साथ मौजूद हैं। कहानियों में—'अर्थ ओझल' देवेन्द्र माट्साब, 'इजाज़त नहीं' रमेशदत्त, 'यों ही ख़त्म' और 'ज्वालामुखी' अनिल की नानी भगवती मौसी और 'कोना' घनश्याम पर हैं। अच्छा हुआ कि ये लोग बाँदा और मेरी स्मृति-भूमि के छोटे दायरे से निकलकर साहित्य की विस्तृत भूमि पर आ बैठे, जहाँ वे हमेशा रहेंगे, हर जगह के लिए होंगे।

ये लोग छूट गए, बाँदा छूट गया...लेकिन पीपल का वह पेड़ मेरे भीतर ठहर गया, आज भी छरछराता है।

घनत्व जो जिया

बाँदा से बारहवाँ पास कर मैं इलाहाबाद विश्वविद्यालय भेजा गया। मेरे परिवार की आर्थिक स्थिति ऐसी नहीं थी कि मैं वहाँ पढ़ सकता...लेकिन मैं पढ़ने में तेज़ था, मैट्रिक, इंटर—दोनों में प्रथम श्रेणी थी, इंटर में ज़िले के सभी कॉलेजों से ज़्यादा नम्बर पाए थे। डी.ए.वी. स्कूल का सर्वश्रेष्ठ विद्यार्थी घोषित हुआ था, तो बाँदा के लोगों का माँ पर दबाव था कि मुझे आगे अच्छी जगह ही पढ़ाया जाए। इलाहाबाद विश्वविद्यालय का उन दिनों बड़ा नाम था, उसे ऑक्सफोर्ड ऑफ़ द ईस्ट कहते थे। मन्नो के दोनों बड़े भाई वहाँ पढ़े थे...डॉ. भार्गव की लड़कियों को माँ पढ़ाती थीं, उनके पिता का भी दबाव था कि मुझे इलाहाबाद ही भेजा जाए, क्योंकि उन दिनों इलाहाबाद से बहुत लड़के आई.ए.एस. में आ जाते थे। आज़ादी मिले बहुत दिन नहीं हुए थे, तो बाँदा जैसी पिछड़ी जगहों पर अफ़सरी बड़ी चीज़ समझी जाती थी। आज वैसा नहीं है। मेरी पोती—अनन्या जो पढ़ने में तेज़ है, लेकिन उसने आई.ए.एस. वग़ैरह के लिए ज़रा भी रुचि नहीं दिखाई। ऐसा मैंने कई परिवारों में देखा है। आई.ए.एस. की प्रतिष्ठा में गिरावट...इसके अफ़सरों द्वारा नेताओं की चापलूसी, उनके ग़लत-सही काम करना, भ्रष्ट होना...इन वजहों से आई है। नेताओं द्वारा उन्हें जिस तरह खुलेआम अपमानित किया जाता है...उससे भी समाज में आई.ए.एस. की छवि गिरी है। लेकिन उस वक़्त...जैसे हर घर का फ़ैसला था कि मुझे इलाहाबाद ही भेजा जाए।

माँ की तनख़्वाह कम थी, तो उन्होंने दिन भर ट्यूशन करने के लिए कमर कस ली। मुझे मन्नो के भाई सतीश खरे, जो उसी समय इलाहाबाद से लॉ पढ़कर लौटे थे, उनके कहने पर उनके हॉस्टल सर सुन्दरलाल हॉस्टल में ही रखा गया। वैसे मेरे अच्छे नम्बरों की वजह से किसी भी हॉस्टल में दाख़िला आसानी से मिल जाता। सर सुन्दरलाल हॉस्टल पर मेरा अलग से लेख है। हमारे हॉस्टल से सीनेट हॉल के ऊपर की घड़ी दिखती थी, जो हर पन्द्रह मिनट पर ज़ोरदार आवाज़ से समय के भागने का ऐलान करती होती। विश्वविद्यालय का मुख्य दरवाज़ा भी हॉस्टल के पास था। घुसते ही दाईं तरफ़ पुस्तकालय की बड़ी इमारत थी, जो रात आठ बजे तक रोशनी

से जगमग रहती थी। वह मुझे बहुत आकर्षित करती थी। दरअसल मैंने अब तक कोई पुस्तकालय नहीं देखा था, फिर इतना बड़ा और भव्य। मैं पुस्तकालय नियमित जाने लगा। वहाँ ठहरी हुई शान्ति, बड़ी-बड़ी किताबों को पढ़ते, नोट्स बनाते लड़के गम्भीर वातावरण की सृष्टि करते थे। अति उत्साह में मैं अपने विषय इतिहास की बड़ी-बड़ी किताबें उठाने लगा, उनसे लम्बे-लम्बे नोट्स बनाने लगा, यह ख़याल नहीं कि वे कभी इम्तहान में काम भी आएँगे क्या...जैसे कि बाबर की इब्राहिम लोदी या राणा सांगा से लड़ाई में युद्ध-क्षेत्र कहाँ था, दोनों तरफ़ की फ़ौजें कैसे, कहाँ-कहाँ तैनात थीं...इनके नक्शे भी अपने नोट्स में बनाने लगा...

बी.ए., एम.ए. के लिए मैं इलाहाबाद 1955 से 1959 तक रहा। इन वर्षों को मैं अपने जीवन के सर्वश्रेष्ठ वर्ष मानता हूँ। काश मुझे तब यह पता होता जब मैं उन वर्षों को वहाँ जी रहा था...तो शायद और रस लेकर जीता...पर तब तो जैसे तेज़ हवा हमें उड़ा रही थी, हम उड़ते चले जाते थे...छोटी-छोटी ख़ुशियों में, तनावों में, पश्चात्तापों में...हर चीज़ में। आज सोचने चलता हूँ कि वे सर्वश्रेष्ठ वर्ष थे तो क्यों...शायद जीवन का घनत्व जो तब जिया गया...इस कारण। उम्र की ताज़गी, प्रेम के विभिन्न रूपों को जीना, उगते ज्ञान की रोशनी की झलक और उसकी तरफ़ चलना, भले ही रेंगते हुए। एक बड़ी दुनिया का सामने खुलना और उसका फैलते चले जाना...कक्षा में कहाँ-कहाँ से आए लड़के-लड़कियाँ, तरह-तरह के अध्यापक, हॉस्टल में हिन्दुस्तान के चारों तरफ़ से आए हुए लड़के...इन सब चीज़ों का जीवन में एक साथ आना...

पूरे शहर पर विश्वविद्यालय जैसे बड़े वटवृक्ष की तरह छाया हुआ था। सीनेट हॉल के सामने कई शाखाओंवाला बड़ा वटवृक्ष है भी, जिसे यूनिवर्सिटी ने अपना पहचान चिह्न (एम्बलम) बनाया है। वटवृक्ष के नीचे लिखा है—'कोत रौमी, तोत अरोवर्स'...लैटिन का...जिसकी फ़िराक़ साहब व्याख्या किया करते थे...जित्ते... तित्ते उर्वर! विश्वविद्यालय ऐसी बस्ती में ही होना चाहिए, जहाँ वह आसमान की तरह उस बस्ती पर छाया रहे। मुश्किल यही है कि बस्तियाँ, उनकी कुरूपताएँ सुरसा के मुख की तरह फैलती चली जाती हैं और देर-सवेर पूरे शहर को ढक लेती हैं, विश्वविद्यालय पड़ा रह जाता है एक कोने में। आज कहीं देख लीजिए—इलाहाबाद, वाराणसी, कोलकाता, मद्रास, पुणे...शहर ने विश्वविद्यालय को दाब रखा है! शान्तिनिकेतन आज भी एक मात्र अपवाद है। सबसे गया-बीता हाल मुम्बई विश्वविद्यालय का है—इधर-उधर बिखरा—एक कोना कालीना में तो एक चर्चगेट के एक हिस्से में भी।

इलाहाबाद यूनिवर्सिटी—कहा जाए या प्रयाग विश्वविद्यालय...दोनों से ही संगीत की ध्वनि निकलती है, प्रयागराज विश्वविद्यालय ज़रूर कहीं अटकता है! 'प्रयागराज' 'विश्वविद्यालय' पर चढ़-सा बैठता है। विश्वविद्यालय या कि कोई भी

शैक्षिक संस्थान अपने शिक्षकों के बल पर स्तरीयता प्राप्त करते हैं, न कि दो-चार प्रतिभाशाली छात्रों के बल पर—वे तो कहीं भी हो सकते हैं। यह तो नहीं कहा जा सकता कि हमारे विश्वविद्यालय में तब एक भी अयोग्य अध्यापक न रहे होंगे... लेकिन मुझे नहीं दिखे। होंगे भी तो वे विभाग के अध्यक्ष या दो-तीन वे अध्यापक, जो सूर्य की तरह चमकते थे...उनके तले नक्षत्रों की मन्द रोशनी लिए बैठे रहते होंगे। अंग्रेज़ी में प्रो. देब, फ़िराक़ गोरखपुरी, विजयदेव नारायण साही, इतिहास में गोविन्दचन्द्र पांडेय; हिन्दी में डॉ. धीरेन्द्र वर्मा, रामकुमार वर्मा; संस्कृत में डॉ. बाबूराम सक्सेना, पंडित के.सी. चट्टोपाध्याय, राजनीतिशास्त्र में डॉ. के.बी. लाल; गणित में पी.एल. श्रीवास्तव; इतिहास में डॉ. ईश्वरीप्रसाद...कितने नाम। इनमें से कइयों की कई किताबें थीं, जिनका नाम विश्वविद्यालय के बाहर भी था। ख़ूब पढ़ना, घर में किताबों का छोटा-मोटा पुस्तकालय होना...ऐसी चीज़ों के लिए प्रोफ़ेसरों में प्रतियोगिता-सी रहती थी। अंग्रेज़ी के प्रो. मेहरोत्रा के घर में तो तीन बड़े कमरों में उनका घरेलू पुस्तकालय फैला हुआ था। जब मैं एम.ए. में था तो उनके यहाँ नियमित जाता। ज़्यादातर वे नहीं मिलते थे। (लकवाग्रस्त थे और व्हीलचेयर पर रहते थे) तो उनके पुस्तकालय से किताबें उठा लाता। जो किताबें ले जा रहा होऊँ...उनके और सामने अपना नाम वहीं रखे एक रजिस्टर में लिखना होता था। जब किताबें वापस लाऊँ तो अपनी एन्ट्री के सामने 'Retd' और तारीख़ डाल दी। विभागाध्यक्ष को तब विभाग में अल्पकालीन नियुक्तियाँ करने का अधिकार था... एम.ए. के टॉपर को ज़्यादातर अस्थायी प्राध्यापकी मिल जाती। विभागाध्यक्ष भी ऐसे छात्र को चुनते, जिनमें प्रतिभावान होने के अलावा बोलने की क्षमता भी हो। एम.ए. करने के बाद मुझे भी बाँदा में प्रो. मेहरोत्रा (तब वे विभागाध्यक्ष हो गए थे) का पत्र मिला था कि मैं जल्दी उनसे मिलूँ...मुझे यदुपति सहाय जी की लीव वैकेंसी में रखा जा सकता है। मेरी नियुक्ति नहीं हो सकी थी, लेकिन यही कितनी बड़ी बात थी कि मेरे जैसे साधारण परिवेश के लड़के को विभागाध्यक्ष ने इस लायक समझा था, जबकि मेरी उनसे मुलाक़ात ज़्यादातर विभाग में ही होती थी—लेक्चर्स या ट्यूटोरियल्स के दौरान। ट्यूटोरियल्स में प्राध्यापक और विद्यार्थी एक-दूसरे को थोड़ा क़रीब से जान पाते थे। फ़िराक़ थोड़ा अहमक थे...फिर भी प्रो. देब उनकी शायरी की क़द्र करते थे। वे अक्सर गर्व से कहते कि उनके विभाग से सृजनात्मकता की ये-ये धाराएँ फूटी हैं। नया से नया पढ़ने के लिए हमें प्रोत्साहित किया जाता था। टी.एस. इलियट पढ़ाने वाले डॉ. ज्योतिस्वरूप सक्सेना के पास 'एनकाउंटर' और दूसरी विदेशी पत्रिकाएँ हमेशा रहती थीं। वे शत-प्रतिशत बौद्धिक दिखते, उनका टेढ़ा-मेढ़ा मुँह भी उनकी बौद्धिकता को बढ़ाता था। सींकिया, कॉफ़ी की लत...वे कृष्ण मेनन के प्रतिरूप थे। एक बार कश्मीर पर हुए कार्यक्रम में बोलते-बोलते वे मूर्च्छित होकर गिर भी पड़े थे। आधुनिक अंग्रेज़ी कविता पर लेक्चर्स के लिए तीन महीने के लिए इंग्लैंड से

डॉ. रुबिन बुलाए गए थे। हमारे हॉस्टल के सुपरिंटेंडेंट, डॉ. जी.एन. गुप्ता, जिन्हें शौट गन गुप्ता भी कहते थे, क्योंकि वे फड़फड़ अंग्रेज़ी बोलते थे...राजनीतिशास्त्र पढ़ाते थे। उनके निवास में आगे का कमरा किताबों से लदा रखा था...बीच में जहाँ वे बैठते थे, उस मेज़ पर लदी किताबों के ऊपर उनकी लिखी दो-चार नई किताबें ज़रूर प्रदर्शित रहती थीं। बौद्धिक/विद्वान होना इलाहाबाद में क़रीब-क़रीब फ़ैशन-सा था उन दिनों...ख़ूबसूरत फ़ैशन। मेरे मन में बौद्धिक होने की ललक यहाँ से पैदा हुई। फ़िराक़ और प्रो. देब पर मेरे लेख हैं।

मेरे इलाहाबाद छोड़ने के कुछ वर्षों बाद पता नहीं कैसे यूनिवर्सिटी लाइब्रेरी में आग लग गई। इमारत के साथ कितनी किताबें जलकर ख़ाक हो गईं। वह जैसे प्रतीक था प्रयाग विश्वविद्यालय के पतन की शुरुआत का। मुझ पर बनी डॉक्यूमेंटरी की शूटिंग के दौरान मेरा यूनिवर्सिटी जाना हुआ था। बावजूद केन्द्रीय विश्वविद्यालय बना दिए जाने के, आज जो विश्वविद्यालय के हाल हैं, उसे देखकर यूनिवर्सिटी जो हमारे ज़माने में थी, उसकी कल्पना भी नहीं की जा सकती।

लेखक होने की हैसियत से मुझे विश्वविद्यालयों में बुलाया जाता रहा है, पुणे विश्वविद्यालय में तो मैं बार-बार गया हूँ। देखा है कि विश्वविद्यालयों के अध्यापकों में पढ़ने-लिखने की रुचि क्रमशः क्षीण होती चली गई है। पुणे में जब पहली बार गया था तो हिन्दी विभाग में डॉ. आनन्द प्रकाश दीक्षित थे...साहित्यिक बहसों को प्रोत्साहित करते थे, डॉ. उपाध्याय अन्तिम ऐसे अध्यक्ष थे जो पढ़ने-लिखने को प्रोत्साहित करते थे। अब वहाँ पढ़े-लिखों में एकमात्र डॉ. शशिकला राय हैं—जो आधुनिक हिन्दी लेखन से ख़ुद को परिचित रखती हैं, अपने विद्यार्थियों को कोर्स के बाहर भी पढ़ने के लिए उत्साहित करती हैं। शशिकला को वहाँ उसके ही सहकर्मी बहुत आदर से नहीं देखते। अध्यापकों की नियुक्तियों में कोटा, रिजर्वेशन, जातिगत पक्षपात...इनके चलते उपयुक्त व्यक्तियों को विश्वविद्यालयों में नियुक्ति नहीं मिलती। अब तो कहीं भी जाओ, इंटर तक ही हिन्दी पढ़ा मैं ख़ुद को वहाँ के प्राध्यापकों के मुक़ाबले हिन्दी साहित्य की ज़्यादा जानकारी रखने वाला पाता हूँ। विद्यार्थियों और अध्यापकों में वह प्रश्नाकुलता, जो पहले मुझे अपने व्याख्यानों के बाद देखने को मिलती थी, अब नहीं मिलती, अधिकांशतः मूक वातावरण मिलता है। स्कूलों-कॉलेजों में हाल और बुरा है। शिक्षा और डॉक्टरी के क्षेत्र में आरक्षण नहीं होना चाहिए, क्योंकि पहली पर भविष्य की प्रतिभा का विकास निर्भर है और दूसरी पर कितने जीवन बचाने की जिम्मेदारी होती है। यहाँ नियुक्तियों का आधार केवल योग्यता होना चाहिए। इन क्षेत्रों के शिक्षकों के चुनाव में प्रशासकों के मुक़ाबले प्रतिष्ठित और वरिष्ठ अध्यापकों का दख़ल ज़्यादा होना चाहिए।

इलाहाबाद के मेरे वे दिन प्रेम के दिन भी थे। उन दिनों और आज के दिनों में प्रेमियों के साथ लोगों का जो व्यवहार होता है उसकी तुलना की जाए तो ज़मीन-

आसमान का फ़र्क़ नज़र आता है। वह लड़कियों के हॉस्टल में थी। हम अक्सर 9.00 से 12.00 बजे रात का सिनेमा शो देखने जाते। कभी-कभी पैलेस सिनेमा-हॉल में बालकनी के सोफ़े पर सिर्फ़ हम दो होते थे। अक्सर मैं उसकी गोद में सिर रखे लेटे-लेटे सिनेमा देखता। गेटकीपर उस मुद्रा में हमें देखकर मुस्कुराता, फिर हमें अकेला छोड़कर कहीं चला जाता। कभी नाइट शो के बाद 12.00 बजे रात कहीं जाने के लिए हमारे पास कोई जगह नहीं होती थी तो हम पैदल शहर की सड़कों-गलियों में घूमते रहते, कभी इस पुलिया पर बैठते कभी उस पर। हमें कभी कहीं सताया नहीं गया। एक बार तो हम इलाहाबाद से मानिकपुर एक पैंसिजर गाड़ी के फ़र्स्ट क्लास के कूपे में बिना टिकट यात्रा किए। मानिकपुर उतरे, टी.टी. ने टिकट माँगा। उसके पास थर्ड क्लास का टिकट था, मेरे पास कुछ नहीं था...क्योंकि मैं उसे भेजने इलाहाबाद स्टेशन आया था, फिर ऐसा बना कि उसे मानिकपुर तक भेजने चलूँ। टी.टी.आई. को उसने अपना टिकट दिखाया...वह बोला—'एक थर्ड का टिकट लिए फ़र्स्ट क्लास में, दूसरा बिना टिकट फ़र्स्ट में'...फिर हमें देखकर बोला—'जाइए...आइन्दा ऐसा न करिएगा।'...तब के मेरे और भी अनुभव बताते हैं कि हमें साथ देखकर ज़्यादातर यही भाव लोगों के चेहरे पर होता था कि उम्र है...प्रेम करेंगे ही।

कभी हम उतरती शाम संगम जाते, अँधेरा होते-होते यमुना पर बोटिंग करते। नाविक हमें दूर से देखता रहता...कभी कोई दुर्व्यवहार नहीं। हॉस्टल में भी इम्तहान के दिनों जब मेरे लिए वह जूस भिजवाती तो हॉस्टल के लड़के मेरा मज़ाक़ उड़ाते, लेकिन कभी किसी ने हमें नुक़सान पहुँचाने या हमारे कार्यक्रमों में विघ्न डालने की कोशिश नहीं की। सिनेमाघरों में भी जब हमारा मेरे किसी हॉस्टलर से टकराना हो गया तो वह मेरी प्रेमिका से बहुत शालीनता से पेश आता। लड़कियों का लड़कों के हॉस्टल के अन्दर आना मना था, लेकिन एक बार वह रिक्शे में हॉस्टल के भीतर वाली सड़क पर चली आई और रिक्शेवाले को मेरे कमरे से मुझे लाने के लिए भेज दिया, ख़ुद पैर ऊपर किए रिक्शे में बैठी रही कि पैरों और साड़ी से कोई पहचान न ले कि कोई लड़की बैठी है। तब मोबाइल की सुविधा नहीं थी तो ज़्यादातर पहले से तय हुए कार्यक्रम के मुताबिक़ वह रिक्शे में मेरे हॉस्टल तक आ जाती। मैं सामने टहलता मिल जाता। कभी बग़ैर तय किए वह आ जाती और बाहर रिक्शे पर बैठी रहती, रिक्शेवाला मुझे बुला लाता। मैं जब पोर्टिको के ऊपर वाले सिंगल कमरे नं. 108 में आ गया तो वहाँ से सामने सड़क पर उसका रिक्शा छोटे से उस पेड़ के नीचे ठहरा अलग से दिख जाता और मैं चल पड़ता। हम उसकी चचेरी बहन के यहाँ चले जाते, वहीं खाना खाते, सोने की व्यवस्था वहीं हो जाती। कह सकते हैं वहाँ रिश्तेदारी वाली बात थी, (आज तो रिश्तेदारी भी उस तरह की देखने में नहीं आती) लेकिन रिश्तेदारी के बाहर भी हमें बड़ा स्नेहिल व्यवहार मिलता था। वीमेन्स हॉस्टल के ठीक सामने वाली सड़क पर 84 साल के एक ठाकुर साहब का घर भी

हमारे लिए सुलभ था। वे मेरे रूम पार्टनर रणजीत के दूर के रिश्तेदार थे, मुझे और मेरी प्रेमिका को बड़ा स्नेह देते। कुछ दिनों में ही रणजीत न भी हो तो अकेले...या अपनी प्रेमिका के साथ मैं उनके घर चला जाता...वे इसे बड़े स्वाभाविक रूप से लेते। कभी रणजीत की बड़ी बहन-जीजी अपने परिवार सहित वहीं आकर ठहरतीं। मेरी प्रेमिका तब वहीं रुक जाती, वह परिवार के साथ घर के अन्दर सोती, मैं बाहर वाले कमरे में। कभी किसी ने उसके बारे में खखोरती हुई तहक़ीक़ात नहीं की। आज का वक़्त होता तो तरह-तरह के लांछन लगा दिए जाते। जीजी भी हम दोनों को बड़ा स्नेह देतीं...स्वाभाविक स्नेह आर-पार जाता हुआ, बावजूद इसके कि उधर रणजीत की बहन ठाकुर और मैं और मेरी प्रेमिका अलग-अलग जातियों के थे। जहाँ तक हमारा सवाल था, हॉस्टल की ज़िन्दगी में अपनी तरह की बोरियत थी जिससे भागने...घर के एहसास के लिए हम जब जहाँ सुविधा हुई ठहर जाते थे और यह सुख तो था ही कि हम दो कुछ घंटे साथ हैं, लेकिन उन लोगों की हमारे लिए ऐसी आत्मीयता...जैसे हम उन्हीं के बच्चे हों।

84 साल के ठाकुर साहब हमेशा प्रसन्नचित्त रहते थे। बड़ा घर था उनका—आगे बरामदा और बाहरी कमरा, एक बैठकी और पीछे बड़े आँगन को चारों तरफ़ घेरते कई कमरे, रसोई, बाथरूम वग़ैरह। ठाकुर साहब की पत्नी गुज़र चुकी थीं, वे अकेले रहते थे। आँगन के एक तरफ़ उनका कमरा और अलग बाथरूम...बाकी पूरा घर, बाहरी बाथरूम मेहमानों के लिए। ठाकुर साहब की दिनचर्या बँधी थी। चार बजे सुबह उठ जाते। नित्य क्रिया के बाद व्यायाम, आसन...अब भी शीर्षासन करते थे। नहा-धोकर पूजा के बाद छड़ी लेकर घूमने निकल जाते। मेरी उनसे मुलाक़ात उनके घूमने से लौटने पर ही होती थी, अलस्सुबह कभी इधर-उधर वे सामने पड़ भी गए तो वे बोलते नहीं थे...यह समय उनके मौन का होता था। घूमने से लौटकर आँगन में एक कुर्सी पर बैठे, भीगे चनों का नाश्ता करते...अख़बार देखते। तब हममें से कोई पहुँच गया तो बहुत ही प्रेम के साथ सामने बिठाकर उससे गप करते। बोलने में हमेशा मिठास...मिठास ही मिठास। एक बार मुझसे बोले—'जब कोई मुझसे कहता है कि उसे सिरदर्द हो रहा है, तो मैं कल्पना करने लग जाता हूँ—क्या होता है यह, कैसा लगता होगा, मुझे इसके स्वाद का ही पता नहीं।'

एम.ए. के बाद जब मेरा हॉस्टल छूटा था और आई.ए.एस. की तैयारी या इम्तहान में बैठने के लिए मुझे इलाहाबाद आना होता, मेरे लिए बाहर का कमरा खुल जाता, घर में खाने-पीने की भी व्यवस्था हो जाती। मेरी प्रेमिका निस्संकोच बाहर के कमरे में मुझसे मिलने आती-जाती रहती...रात को ज़रूर वह तभी ठहरती जब रणजीत की बहन होती और तब भी पीछे उन्हीं के पास।

आज अकेली घूमती लड़की के लिए जो असुरक्षा है, वैसी तब नहीं थी। बलात्कार के क़िस्से कम सुने जाते थे, नाबालिग या तीन वर्ष की बच्ची के साथ

किए जाते कुकृत्य...ऐसी विकृतियाँ तो कभी सुनने में ही नहीं आती थीं। यहाँ क्या मेरा अतीत-मोह बोल रहा है? हो सकता है, ये चीज़ें होती हों और दबी रहती हों, क्योंकि मीडिया का इतना रोल नहीं था, लेकिन यह मैं निश्चित कह सकता हूँ कि तब युवा वर्ग उतना भुक्खड़ नहीं था, जैसा आज है। समय पर पढ़ा-लिखा और समय पर नौकरी मिल जाती थी, अपढ़ या कम पढ़े-लिखे भी किसी न किसी रोज़गार या काम से लग जाते थे। आज की बेरोज़गारी, युवाओं का ख़ाली बैठना, उनमें आई विकृतियों का एक बड़ा कारण है। आज ये जो 'मौरल पुलिसिंग' होती है, बजरंगदल के युवाओं के जत्थे संस्कृति के नाम पर युवा प्रेमियों को खदेड़ते हैं, उन्हें जलील करते हैं...ऐसी हरकतों के पीछे उनकी कुंठाएँ हैं जो बोलती हैं। ख़ाली बैठे ये युवा गुंडई दिखाकर अपने महत्त्व की हवा अपने में भरते हैं। लेकिन उनकी इन हरकतों से प्रेमियों से ज़्यादा प्रेम जलील होता है—प्रेम जो समाज में मानव-मात्र से प्रेम का उत्स है, जिससे कोमलता, करुणा, सहानुभूति, परोपकार जैसे कितने गुण उपजते हैं जिनसे एक समाज सचमुच समाज बनता है। मेरा वश चले तो मैं इन मौरल पुलिसिंग वालों को आजीवन कारावास में डाल दूँ!

आश्चर्य की बात यह कि हमारे समय का समाज जो विवाह-पूर्व प्रेम के लिए इतना उदार था, वही विवाह के लिए जाति को लेकर बेहद सख़्त हो बैठता था। आज उलटा है, विवाह के मामले में 'लिव-इन' तक को बर्दाश्त किया जाता है, लेकिन विवाह-पूर्व प्रेमियों को प्रेम करते नहीं देख सकते लोग। जलन भी है...कि इन्हें ये मिल रहा है और वे जिस किसी वजह से उससे वंचित हैं।

सिनेमा में जैसे हीरो प्रेम निवेदन में हीरोइन की दुत्कार के बाद भी बेशर्मी से चलता जाता है—जिसे पुरुषोचित आक्रामकता कहते हैं—वैसे व्यवहार से आख़िर हीरोइन को पा लेने में कामयाब भी हो जाता है...हमारे युवा शायद उसकी नकल करते हैं, लेकिन बेशरमी हदें पार करती हुई जिस क्रूरता तक पहुँचती है वह किसकी नकल है? लड़की को डराना-धमकाना, जान से मारने की धमकी देना, उस पर एसिड फेंककर कुरूप बना देना, कभी मारकर टुकड़े-टुकड़े कर इधर-उधर फेंक देना—ये कहाँ से सीखते हैं आज के लड़के। हम लड़की की ओर से कैसे भी अपमान सहकर चुप लगा जाते थे, सामने देवदास की मिसाल रहती थी—कि हम मर-मिट जाएँ, हमारी प्रेमिका पर आँच न आए, वह सुखी रहे।

एम.ए. में मेरी एक सहपाठिका ईसाई थी। मैं उसके घर आने-जाने लगा था। हम साथ पढ़ाई करते, किताबों का आदान-प्रदान करते। एक बार अकेले में मैंने उसे चिपकाने की कोशिश की...उसने इतना ज़ोर से मुझे 'गेट आउट' कहा कि फिर कभी मेरी उसके घर जाने की हिम्मत ही न हुई। क्लास में वह मुझे ऐसे देखती, जैसे मैं अजनबी था। शर्मसार होकर मुझे हमेशा के लिए ख़ुद को उससे दूर कर लेना पड़ा—जो ज़्यादा बड़ा दंड था। अपनी उस हरकत के लिए मुझे आजीवन पश्चात्ताप

रहा। मैं वह न करता तो हमारी दोस्ती कितनी लम्बी चलती और वह चिपकाने के उस क्षणिक सुख से ज़्यादा महत्त्व की होती।

आज का युवक यह नहीं समझ पाता कि लड़की को पाना नहीं, उसका प्रेम पाना असली सुख है। वहीं 'मी टू' की नकलची महिलाओं को भी यह समझने की ज़रूरत है कि लड़का-लड़की, स्त्री-पुरुष के बीच जो होता है वह प्रकृति-जन्य, स्वाभाविक प्रेमवश भी हो सकता है...जिसके प्रतिकार के कितने तरीक़े प्रकृति ने लड़की को दिए हैं। मेरी उस ईसाई सहपाठिका को अपने माँ-बाप से भी शिकायत करने की ज़रूरत नहीं हुई थी।

इलाहाबाद चूँकि विश्वविद्यालय था...इसलिए अध्यापकों से वैसी नज़दीकियाँ नहीं हो सकती थीं, जो बाँदा में हुई। मुझे यह कमी थोड़ा खली भी, लेकिन कुछ प्रोफ़ेसरों के क़रीब मैं हो सका। प्रो. देब और फ़िराक़ साहब से दूर-दूर वाली निकटता रही। एम.ए. के दौरान प्रोफ़ेसर यदुपति सहाय (फ़िराक़ साहब के छोटे भाई) का सान्निध्य मुझे मिला। उनसे एक रोज़ उषा प्रियंवदा की कहानी 'वापसी' जो हालिया छपी थी, उसकी तारीफ़ सुनी। अच्छा लगा, हालाँकि तब दूर-दूर तक अपने लेखक होने का ख़याल नहीं था। प्रोफ़ेसर मेहरोत्रा अब भले लकवाग्रस्त थे, पर अपने समय में ख़ूबसूरत रहे होंगे। उनकी विदेशी पत्नी जिस लगन से उनकी सेवा करतीं, उससे उनका प्रेम झलकता था, मुझे प्रीतिकर लगता। मेहरोत्रा जी स्वयं बहुत ही मीठे स्वभाव के, साफ़-दिल इनसान थे। प्रोफ़ेसर देब के बाद वे विभाग के हेड बने, देब साहब की फेयरवैल में वे बहुत ही भावुक होकर बोले—'आई एम योर ओल्डेस्ट स्टूडेंट सर!' जिसकी कुर्सी पर बैठने जा रहे हैं, उनके लिए यह भाव! यह मैंने प्रोफ़ेसर देब में भी देखा था...अपने पूर्ववर्तियों का ज़िक्र वे बहुत ही आदर के साथ करते थे। यदुपति सहाय जी के घर जब भी मैं पहुँचता, वे मेरे लिए समय निकालते थे, मुझे गाइड करते थे। एक फ़िराक़ ही थे जो ईश्वरी प्रसाद, प्रोफ़ेसर देब आदि की भर्त्सना करते रहते, कि वे पढ़ाकू विद्वत्ता वाले लोग हैं, सर्जक नहीं। अब मैं सोचता हूँ कि सर्जक होना प्राध्यापक के लिए ज़रूरी नहीं, विद्वान होना ज़रूरी है। आज का दौर उलटा है—हर हिन्दी का प्राध्यापक यह मानकर चलता है कि सर्जक होना उसका जन्मसिद्ध अधिकार है, वह सफल कहानीकार, उपन्यासकार नहीं भी हो पाता तो आलोचक/समीक्षक तो बन ही बैठता है—जो सचमुच लेखक हैं उनका भाग्य-विधाता! लेकिन सृजन की प्रतिभा अलग है, किसी में होती है, किसी में नहीं—यह मान लेना चाहिए। वह नहीं है तो कोई हीनभाव भी नहीं पालना चाहिए। जिन्हें ईश्वर ने दी है, उनमें वह फूटकर निकलती है, सभी बाधाओं को पार करते हुए बहती है। तब अंग्रेज़ी पढ़ाते हुए बच्चन जी हिन्दी में कविता लिखते थे, विजयदेव नारायण साही हिन्दी के आलोचक और चिन्तक-लेखक थे, प्रकाशचन्द्र गुप्त हिन्दी के मार्क्सवादी लेखक थे। अंग्रेज़ी का एक्सपोज़र उनकी दृष्टि व्यापक बनाता था, जो हिन्दी के प्रोफ़ेसरों/

प्राध्यापकों में कम का ही हो पाता है। अंग्रेज़ी विभाग के ही आर.एन. देब (प्रोफ़ेसर देब के छोटे भाई) चित्रकार थे। एम.ए. में मेरिट लिस्ट में आने के बाद मैं जब उनसे मिला, ख़ुद को टैलेंटेड बताया तो वे बिगड़कर बोले—'टैलेंट इज़ नॉट डूइंग गुड इन सम एक्जामिनेशन, इट इज़ समथिंग विच इज़ सस्टेंड!' ये अध्यापक कोर्स को कम पढ़ाते थे, लेकिन उसके बाहर पढ़ने की प्रेरणा ख़ूब देते थे। बी.ए. में मेरे कोर्स में टॉमस हार्डी का 'टैस ऑफ़ द ड्यूबरविल्स था...लेकिन तभी मैंने हार्डी के सारे उपन्यास पढ़ डाले थे। जब 'जूड द औब्स्क्योर' ख़त्म किया, दु:ख के बोझ से मेरे पैरों से पानी चूने लगा था।

यूनिवर्सिटी के मुख्य गेट के बग़ल में यूनियन हॉल था। वहाँ अक्सर मुशायरे होते...हम लड़के लोग दरी पर बैठते, तो किनारे-किनारे टीन की कुर्सियाँ प्राध्यापकों के लिए लगी होतीं। कुर्सियों पर एक मोटी शख़्सियत मुझे हर बार दिखती थी। ये डॉ. सप्रू थे, सर तेजबहादुर सप्रू के लड़के, लॉ विभाग में प्रोफ़ेसर थे। मुशायरे में दाद देते हुए उनका स्थूल शरीर आधा उठ-उठ जाता और फिर उस कमज़ोर कुर्सी पर धच्च से गिरता। दरी पर बैठा मैं घबराते हुए उन्हें देखता कि वे अब गिरे, अब गिरे...लेकिन हर बार कुर्सी उन्हें सँभाल ले जाती थी। इससे बेख़बर वे दाद देने से बाज नहीं आते थे।

सिविल लाइन्स में कॉफ़ी हाउस था। एक मामूली-सा रेस्तराँ जहाँ एक कप कॉफ़ी पर बौद्धिक घंटों बैठते थे...बुज़ुर्ग और लड़के; ग़रीब और अमीर...अति बौद्धिक और औसत बुद्धि वाले...सब एक साथ। वहाँ बैठना...माने 'बौद्धिक' हो जाना था। एक बार मेरा एक साथी डॉ. सप्रू के साथ कॉफ़ी पर बैठा था। डॉ. सप्रू ने उससे पूछा—'क्या तुम बता सकते हो कि मोतीलाल नेहरू और तेजबहादुर सप्रू में क्या फ़र्क़ है। मेरा दोस्त बोला—'सर, दोनों ही इलाहाबाद के नामी वकील थे। मोतीलाल नेहरू अच्छे वकील थे...लेकिन सर तेजबहादुर सप्रू की बात ही और थी।' डॉ. सप्रू भिनककर बोले—'तुम गधे हो। इन दो में फ़र्क़ यह है कि मोतीलाल नेहरू का लड़का आज देश को कन्धे पर उठाए हुए है और सर तेजबहादुर सप्रू का लड़का इलाहाबाद में तुम जैसों के साथ अपना वक़्त बर्बाद करता रहता है।'.

इलाहाबाद में पढ़ते हुए मैं माँ का श्रम बराबर देखता था—दिन भर वे ट्यूशन करतीं बस्ती भर में दौड़ती फिरतीं—इसलिए एम.ए. से आगे पढ़ने का ख़याल मन में कभी आया नहीं। यही सोचता था कि जल्द से जल्द कमाना शुरू करके आर्थिक स्थिति सुधारने के माँ के संघर्ष में हाथ बटाऊँ। उधर माँ को इसकी फ़िक्र उतनी नहीं, जितनी मेरे विवाह की थी। उन दिनों विश्वविद्यालय के काम सब समय से होते थे। मार्च में इम्तहान, मई में नतीजे, ताकि नवयुवक अपने-अपने नतीजों के अनुसार अपने लिए नौकरियों की व्यवस्था कर लें—ख़ासतौर से शिक्षा के क्षेत्र में जहाँ स्कूलों-कॉलेजों—सभी जगह सत्र जुलाई में शुरू होते थे। विवाह मेरा पहले हो गया—मई

11 या 13...(याद नहीं) एम.ए. के नतीजे बाद में आए। विवाह में तब वर-वधू तो सिर्फ़ मोहरे होते थे, सगे-सम्बन्धियों को अपना महत्त्व विशेष रूप से महसूस करने, उसे जताने का ख़ास मौक़ा होता था वह। बारात तीन दिन टीकमगढ़ में रुकी थी और मेरे पिता जो अधिकांशत: अपने कोने में सिमटे रहते...उन दिनों एक बार वे क्रोध में वधू पक्ष से भेजी गई पूड़ियाँ फेंकते नज़र आए। वधू पक्ष से हमारे चचेरे मामा, जिन्हें हम मन्टू मामा कहते थे, जिन्होंने विवाह तय कराने में लड़की-पक्ष की काफ़ी मदद की थी...उन्हें वहीं से अपनी उपेक्षा महसूस हुई...और वे रिसाये...फिर मनाए गए। विवाह में माँ ने तब चार-चार सौ के चार नेग लिए थे, पलंग, सोफ़ा, मर्फी रेडियो आदि लड़के का नया घर ज़माने के लिए भी।

इसे दहेज का नाम न भी दें, पर दहेज यह था, किसी न किसी रूप में। आज भी चलता है। पहले शादियाँ घरों में होती थीं...अब होटलों...उसके भी आगे विवाहों के लिए बनाई गई विशेष इमारतों में...जैसे मरणोपरान्त श्मशान घाट। इन इमारतों में कभी-कभी एक साथ कई शादियाँ हो रही होती हैं, एक-दो बार तो ऐसा हुआ कि मैं गया तो एक की शादी में, खाना खा आया किसी दूसरे की शादी का, जो पूर्णतया अपरिचित परिवार था। पहले कोशिश की जाती थी कि शादी के तामझाम में पैसा कम ख़र्च किया जाए, दे ज़्यादा दिया जाए, जिससे कि वह वर-वधू के काम आए। आज दिखावा...चमक-दमक, इस पर फोकस ज़्यादा होता है, वह भी अक्सर लड़के या लड़की के आग्रह पर। उस समय कम उम्र में हम जैसों नौकरी-विहीनों की शादी हो जाती थी, (मैं उन्नीस साल का ही था), अब तीस-पैंतीस के बीच शादियाँ होती हैं, ज़्यादातर लड़का-लड़की दोनों कमा रहे होते हैं तो वे अपनी शादियों में ख़र्च करते हैं...और शौक़ से। पहले विवाह पारिवारिक आयोजन होते थे, जो लड़की को नए घर से जोड़ते थे, आज वे लड़का-लड़की दोनों को अपने-अपने घरों से दूर ले जाकर...तीसरे घर—उनका अपना अलग घर—उस तरफ़ ले जाते हैं। इन दोनों तरीक़ों के पक्ष-विपक्ष में बहसें होती हैं, होती रहेंगी, हश्र किसी भी तरह की शादी का एक ही होता है—मोहभंग, फिर आपसी समझ से वर-वधू जितनी दूर तक खींच ले जाएँ। पहले शादियाँ नहीं के बराबर टूटती थीं, क्योंकि लड़की पराश्रिता होती थी, आज वह कमाऊ है तो शादी तोड़ने में देर नहीं लगाती।

विवाह का क्लेश मैंने बहुत गहरे महसूस किया। विवाह में मिले मर्फी रेडियो पर ऐसे गाने डूबकर सुनता और अन्दर-अन्दर रोता—'मुझको यारो माफ़ करना मैं नशे में हूँ'। आज का समय होता तो मैं कम से कम नौकरी लग जाने तक शादी को टाल देता...लेकिन तब माँ के उपकार से इतना दबा हुआ था कि 'शहीद' हो जाने की तमन्ना पुरजोर थी। मैं विवाह का ठीक-ठीक मतलब भी नहीं समझता था। सोचता था कि एक आयोजन है, शरीक होकर अलग हो लूँगा, पत्नी को माँ सँभालती रहेंगी। यह सोच में नहीं आया कि यह तो ऐसा बन्धन है जिससे ज़िन्दगी भर छुटकारा

नहीं मिलेगा। आगे चलकर और आज भी यह महसूस करता हूँ कि ज़िन्दगी में मेरी सबसे बड़ी भूल कम-उम्र में विवाह करना था। पत्नी हुई, परिवार बना, हम दोनों ने अपने-अपने दायित्व भी निभाए, लेकिन जो जीवनसाथी, हमसफर होने का सुख होता है वह हम आज तक महसूस न कर सके...क्योंकि हम बेमेल थे। मेरी जितनी रुचि पढ़ने-लिखने में, उतनी ही पत्नी को इसमें घोर अरुचि। आज मेरी रुचि अच्छे भोजन में है, उसकी रत्ती भर नहीं। शायद ईश्वर को मुझे साहित्यकार बनाना था, इसलिए पूर्णत: पारिवारिक बनने से बचाना था, जो अगर मैं अपनी प्रेमिका से विवाह कर लेता तो हो जाता। मेरे उपन्यासों/कहानियों में विवाह नाम की संस्था की जैसे-कैसे भी आलोचना ही निकली। बावजूद सबके...मैंने कभी अलग होने का नहीं सोचा, सारे पारिवारिक दायित्व निभाए और आज भी 'घायल' जैसी कहानी लिखकर पत्नी की देखभाल करता हूँ...

लेकिन इस बात के लिए मैं ख़ुद को कभी माफ़ नहीं कर पाया कि एक बार भी मैं माँ के सामने खड़ा नहीं हुआ, एक बार भी जमकर विरोध नहीं किया ('शाम की झिलमिल' में दिवंगत माँ का बूढ़े से वार्तालाप!)। इसके लिए अपने दब्बू स्वभाव को ही कोस पाता हूँ। ('कोहरे में क़ैद रंग' का डरपुक्का!) चरखारी का दबा-दबा लड़का...उसमें आत्मविश्वास की ज़बरदस्त कमी थी, बावजूद पढ़ने-लिखने में तेज़ होने के। अगर उसकी प्रेमिका उसमें आत्मविश्वास भरती तो शायद...लेकिन उसकी भी परवरिश—लड़की होने की वजह से, भले ही थोड़ा रईस घर की, बाप की लाडली...लेकिन भाइयों से दबी हुई—ऐसी ही हुई थी कि वह भी मेरी तरह दब्बू थी। अपने माँ-बाप तो दूर, मुझसे ही खुलकर नहीं कह सकती थी। अगर एक बार भी उसने मुझसे खुलकर कहा होता तो शायद मुझमें आत्मविश्वास जाग जाता। वह मुझसे प्रेम तो करती थी पर मुझसे शादी के लिए शायद ही तैयार होती...अपने परिवार के ख़िलाफ़ कभी खड़ी नहीं हो सकती थी। जहाँ तक मेरा सवाल था...वे लोग हमारे घर के मुक़ाबले सम्पन्न लोग थे। उस वक़्त क्या था मेरे पास...सिर्फ़ एम.ए. की डिग्री, नौकरी भी नहीं, परिवार के घर के नाम पर एक छोटा-सा कच्चा घर (जो तब माँ ने किसी तरह ख़रीद लिया था, क्योंकि घर की सुरक्षा होना उन्हें हमेशा ज़रूरी लगता था)। मैं किस चीज़ के बल पर अपनी प्रेमिका के सामने विवाह का प्रस्ताव रखता। हमारी जातियाँ भी फ़र्क़ थीं—जो तब खासी अहमियत रखती थीं। मेरे तो क्या...उसके घर भी जाति के बाहर विवाह नहीं होते थे। ऊपर से उसके पिता का दिल का मरीज़ होने का हव्वा। उसके घर के सभी लोग उन्हें किसी भी तरह की ठेस पहुँचाने से बचते थे।

काश! मैं सिर्फ़ इतना भरकर लेता कि कुछ समय के लिए विवाह स्थगित करा लूँ...वह मेरी ज़बरदस्त चूक थी—क्योंकि नौकरी पाते ही...ख़ासकर आई.ए.एस. कम्पटीशन में कामयाब होते ही मुझमें आत्मविश्वास प्रवेश करने लगा। तब शायद

मेरी प्रेमिका के घरवाले भी लालच में आ जाते। पता नहीं...माँ को शायद यह अंदेशा था—इसलिए वे उसके पहले ही मेरा विवाह कर देना चाहती थीं। उन्हें मेरे प्रेम-प्रसंग की भनक तो थी।

ये हमारे हिन्दू परिवार...पहले तो ऐसी परिस्थितियाँ बिछाएँगे कि किशोर बच्चों में सामीप्य हो, कोई सोच नहीं कि तब उनमें प्रेम भी जाग जाएगा। उनमें प्रेम हो गया तो ये ख़तरा महसूस करने लगे। मेरे समय के अधिकतर विवाह परिवार निबाहने की आधार-भूमि पर खड़े होते थे...प्रेम नहीं, घर होना, घर चलाना मुख्य था...क्योंकि सम्मिलित परिवार होते थे। माँ-बापों को आगे की चिन्ता बहुत होती थी...अगर दूसरी जाति की आ गई तो उनके दूसरे बेटे-बेटियों का विवाह कैसे हो पाएगा, बुढ़ापे में उन्हें रोटी कौन बनाकर खिलाएगा! बेटे-बेटी की, प्रेमिका-प्रेमी की नहीं...उनके घर जमा देने की चिन्ता ज़्यादा होती थी। बच्चों को इसलिए दबाकर रखा जाता था।

पृथ्वी पर हम किस कालखंड में होते हैं...यह कितनी बड़ी चीज़ है—इसे मेरे विवाह-प्रसंग को देखकर महसूस किया जा सकता है। अगर हम आज के वक़्त में होते तो हम प्रेम में पड़ते ही आज़ाद पंछी हो जाते, माँ-बाप को धता बताकर उड़ जाते...लेकिन आज के इस कालखंड के प्रभाव से यह भी होता कि प्रेम हम उस तरह महसूस नहीं कर सकते थे, जैसे हमने किया, क्योंकि हम उस वक़्त के थे।

अब जीवन के अन्तिम अध्याय को जीते हुए मैं प्रकृति के आगे नतमस्तक हूँ। बेशक मैं वह जीवन नहीं जी सका, जो प्रेमी आजीवन साथी बने रहकर जी लेते हैं, बुढ़ापे में भी जी सकते हैं...यह याद करते हुए कि एक वक़्त हम एक दूसरे से इतना प्रेम करते थे। जीवन भर मैं विरह, दु:ख, विषाद में जलता रहा...लेकिन उसकी वजह से इतना लिखना हो गया। अपनी रचनाओं में, जैसे कि अपने जीवन में विवाह का विरोधी रहते हुए मैं प्रेम को बराबर स्थापित करता रहा...उसे जीवन की सबसे बड़ी चीज़ मानता रहा...यह कैसे? क्या इसलिए कि मेरा प्रेम विवाह तक नहीं पहुँच पाया...आज की परिभाषा (फ़िल्मी परिभाषा) में वह असफल प्रेम रहा...लेकिन मैं अपने प्रेम को असफल नहीं मानता। इसका सबसे बड़ा सुबूत यही है कि विवाह का क्लेश मैं आजीवन महसूस करता रहा, लेकिन वह मुझे देवदास की तरह बरबाद करे...इसकी बजाय मैंने लिखने का रास्ता पकड़ा और उसमें लगा रहा। मेरे लेखन में मेरी प्रेमिका कहीं सीधे मौजूद है तो कितनी जगह वह अच्छे नारी पात्रों के पीछे है, उन्हें आलोकित करते हुए। आज भी कोई दिन ऐसा नहीं जाता जब मैं उसे याद न करता होऊँ, उन दिनों की मिठास महसूस न करता होऊँ। पूरा प्रसंग मेरे ऊपर से बह गया, तलघर में मिठास रह गई, जिसका रोज़-रोज़ रस लिए मैं जीता हूँ।

मैं तत्काल नौकरी की तलाश में लग गया, अख़बारों को छानना शुरू किया। उनमें कॉलेजों के असिस्टेंट प्रोफ़ेसर के लिए विज्ञापन निकलते थे। कई जगह अर्जी भेज दी। याद नहीं आता कि कहीं अर्जी के साथ फीस भेजना पड़ी हो; आज फीस

लगती है...बेरोज़गारों से फीस! कई जगह संस्थाएँ फीस दबाकर बैठ जाती हैं। कोई नियुक्ति नहीं करना है, फिर भी विज्ञापन निकाल दिया...या किसी ऐसे-वैसे की नियुक्ति कर ली...इंटरव्यू वग़ैरह की कोई झंझट नहीं। मुझे इंटरव्यू के लिए सभी जगहों से बुलावा आया...लेकिन मैंने बाँदा से दूरी का ख़याल करते हुए बी.आर. कॉलेज, आगरा और सेंट एंड्रूज़ कॉलेज, गोरखपुर के ही इंटरव्यू में जाने का तय किया। इस बीच मेरे चचिया-ससुर श्री विद्याधर दुबे मेरे लिए रतलाम के गवर्नमेंट डिग्री कॉलेज की लेक्चररशिप का नियुक्ति-पत्र ही लेकर आ गए और मुस्कुराते हुए मुझे वह तोहफ़ा दे रहे थे। इलाहाबाद विश्वविद्यालय की मेरिट लिस्ट में होने का प्रभाव और स्वतंत्र भारत में सिर उठाता भ्रष्टाचार—दोनों का ही करिश्मा था वह, कि मुझे बिना दरख्वास्त लगाए, बिना किसी इंटरव्यू दिए ही चुन लिया गया था। मैंने ससुर जी के तोहफ़े को अस्वीकार कर दिया। उलटे-सीधे, उस तरह के अनुचित तरीक़ों से पाई किसी चीज़ में मुझे कोई दिलचस्पी नहीं थी, ससुराल की तरफ़ से कोई एहसान लेने में तो क़तई नहीं। मेरा लक्ष्य आई.ए.एस. इम्तहान में बैठना था, लेक्चररशिप तो थोड़े दिनों के लिए ही थी। वहाँ भी मुझे विश्वास था कि नौकरी तो मुझे मिल ही जाएगी। आज का समय होता तो शायद मैं मजबूरन अपने श्वसुर जी का वह तोहफ़ा स्वीकार कर लेता...नौकरी पाना इतना मुश्किल जो हो गया है!

आगरा में बी.आर. कॉलेज के इंटरव्यू में मैं चुन लिया गया। ऑफ़र देते हुए प्रिंसिपल डॉ. आर.के. सिंह ने मुझे कॉलेज की शर्तें बताईं कि मुझे आई.एस. के इम्तहान में बैठने की मनाही रहेगी और यह मुझे लिखकर देना होगा, तभी नियुक्ति-पत्र मिलेगा। मैंने रजामन्दी देने के लिए समय माँगा तो डॉ. सिंह ने सुझाया कि मैं आगरा एक दिन और रुकूँ...और यहीं सोच लूँ। मैंने उन्हें बताया कि मैं होटल में रुका हूँ और वहाँ आगे रुकने लायक पैसे मेरे पास नहीं हैं...तो डॉ. सिंह ने मुझे अपने घर शिफ्ट करा दिया। उनके घर के बाहर जो गेस्ट-रूम था, उसमें मैं ठहरा...रात के खाने के बाद वे घर के ही कम्पाउंड में मेरे साथ टहलाव के दौरान मुझे तरह-तरह से समझाने में लगे रहे—शिक्षक का काम सर्जनात्मक सुख देता है, प्रशासन का काम मशीनी है...वग़ैरह-वग़ैरह। मैं फिर भी कॉलेज को अंडरटेकिंग देने के लिए तैयार नहीं दिखा तो वे कई बार यही कहते रहे...'आई विश यू ज्वाइन अवर कॉलेज...' अन्त में उन्होंने ख़ास मेरे लिए यह फ़ैसला किया कि मैं दूसरे दिन बेशक चला जाऊँ, कॉलेज मेरी अंडरटेकिंग का एक सप्ताह तक इन्तज़ार करेगा। तब तक नियुक्ति पत्र किसी दूसरे कैंडीडेट के लिए जारी नहीं किया जाएगा...

शिक्षा को समर्पित होने की डॉ. सिंह की ख्याति बाद में मैंने सुनी। आगे चलकर वे शिमला यूनिवर्सिटी और दूसरी जगहों पर वाइस चांसलर भी हुए—जो तब बड़ी पोस्ट मानी जाती थी। आज यह सोचा ही नहीं जा सकता कि अच्छे शिक्षक के लिए एक-एक पोस्ट पर उपयुक्त प्रत्याशी को चुनकर किसी भी तरह उसे अपने कॉलेज

में ले आने के लिए ऐसी भी कोशिशें होती थीं तब...डॉ. सिंह मुझे उठाकर अपने घर ही ले आए, ठहराया, खाना खिलाया। आज ऐसा करने में किसी को यही खटका हो जाएगा कि उस पर पक्षपात करने, भ्रष्टाचार का आरोप लग सकता है।

मैंने एक हफ़्ते बाद प्रिंसिपल बी.आर. कॉलेज को इत्तला भेज दी कि मैं अंडरटेकिंग देने में असमर्थ हूँ। तब मुझ पर क्या, किसी भी इलाहाबाद में पढ़े लड़के पर—आई.ए.एस. होने का जुनून सवार रहता था, लेकिन सरकारी नौकरी के दौरान मैं यह बराबर महसूस करता रहा कि अगर मैं शिक्षक होता तो अपने मन की नौकरी में होता। एक बार डॉ. सिंह जब शिमला में वाइस चांसलर थे...तो उन्हें अपनी याद भी दिलाई। उनका पत्र आया—कि उन्हें मेरी याद है, वे मेरे अच्छे भविष्य के लिए शुभकामनाएँ देते हैं...

पूर्व पीठिका

सेंट एंड्रूज़ कॉलेज, गोरखपुर के इंटरव्यू की तारीख़ अभी रहती थी...मैं वहाँ गया। कॉलेज कैम्पस में ही प्रिंसिपल वौर्की साहब का घर था, वहीं बाहरी एक कमरे में इंटरव्यू, सामने का दूसरा कमरा प्रत्याशियों के लिए प्रतीक्षा-कक्ष। इंटरव्यू लेने वाले सिर्फ़ दो—प्रिंसिपल श्री वौर्की और अंग्रेज़ी विभाग के हेड 'डॉ. मुखर्जी'। इंटरव्यू के बाद मुझसे सब कैंडीडेट्स के इंटरव्यू हो जाने तक इन्तज़ार करने के लिए कहा गया। आख़िर में मुझे बुलाकर कहा कि मैं कॉलेज खुलने की तारीख़ को 'ज्वाइन कर सकता हूँ...' मैंने उनसे पूछा कि मैं आई.ए.एस. इम्तहान में बैठ सकूँगा या नहीं। प्रिंसिपल वौर्की ने बताया कि कॉलेज की तरफ़ से ऐसी कोई बन्दिश नहीं है... और मुझे कुछ ही मिनटों में टाइप किया नियुक्ति-पत्र—असिस्टेंट प्रोफ़ेसर...ग्रेड 200-400—वहीं के वहीं पकड़ा दिया गया।

सेंट एंड्रूज़ ईसाइयों का कॉलेज था, इंटरव्यू देने वालों में एक ईसाई लड़का भी था...लेकिन मुझे चुना गया। बहुत दिनों बाद एक बार जब मैं प्रिंसिपल वौर्की के कमरे में बैठा था, तब वे एक नए शिक्षक को समझाइश दे रहे थे—'हर बार इस स्टूडेंट या उसकी शिकायत प्रिंसिपल तक लाने को सही नहीं कहा जा सकता। स्टूडेंट्स को कंट्रोल करने की क्षमता 'जन्मजात' होती है, नहीं तो वह अपने में विकसित करना होती है'...और उन्होंने मेरा उदाहरण दिया...'ये भी नए हैं, लेकिन आज तक न इनकी तरफ़ से किसी स्टूडेंट की या स्टूडेंट्स की तरफ़ से इनकी कोई शिकायत आई...दैट्स वॉट इज़ रिक्वायर्ड!' वौर्की साहब और मुखर्जी साहब...सिर्फ़ दो लोगों ने मुझमें यह कैसे देख लिया था?

बी.ए. पार्ट वन क्लास लेने का मेरा पहला दिन। जैसे ही क्लास में घुसा तो पूरा क्लास एकाएक हो...हो करके चिल्ला उठा। मैंने सामने देखा...तो एकाएक सब शान्त। लड़कों का इरादा मेरी रैगिंग करने का था। मैं मुस्कुरा दिया, यह सोचने की कोशिश की कि यह सामूहिक 'हो...हो' मेरा स्वागत था। सामने लड़कियों की क़तार...एक-दो सुन्दर थीं। मुझे प्रोफ़ेसर देब की क्लास याद आई—प्रो. देब आए दिन

लड़कियों को कोसते थे—'दीज़ गे कलर्स आई एम फोर्स्ड टु सी एवरी डे' (मेरा लेख 'प्रो. देब का दबदबा')। इसके उलट यहाँ लड़कियों की रंगीन उपस्थिति मुझे सुखद लग रही थी, मुझे अच्छा पढ़ाने के लिए उकसा रही थी। पीछे बैठे लड़के—विद्यार्थी या तो मेरी उम्र के आसपास के थे...या मुझसे बड़े। यह भी मज़ेदार बात हुई। मैंने अपना संक्षिप्त परिचय दिया, फिर 'ट्वैल्थ नाइट' किताब जो मुझे पढ़ानी थी, उसका थोड़ा परिचय। किताब की पहली लाइन 'इफ़ म्यूज़िक बी द फूड ऑफ़ लव, प्ले ऑन...' पढ़ी और कहा—'अगर आप सब सहमत हों तो मैं इस हफ़्ते सिर्फ़ इसी पंक्ति पर बोलना चाहूँगा।' सन्नाटा छा गया—पूरे हफ़्ते एक ही लाइन पर बोलेगा? आख़िर पीछे से किसी शरारती लड़के की आवाज़ आई—'ओ.के. गो एहैड...' इस पर फिर सामूहिक हँसी। मैंने थैंक यू कहा और चल पड़ा...

शेक्सपियर की वह पंक्ति और सामने बैठी लड़कियाँ...मैं एक उस पंक्ति पर वाक़ई सात दिनों तक बोलता रहा...म्यूज़िक क्या है, लव क्या है, म्यूज़िक फूड ऑफ़ लव क्यों कहा...सब अपनी कल्पना से। क्लास में मेरा रुतबा जम गया।

जब मैं ज्वाइन करने गोरखपुर आया था, तब कॉलेज के पास एक छोटे होटल में ठहरा था। कमरे के दोनों तरफ़ दो ऊँची-ऊँची दीवारें थीं। गर्मी से निजात पाने के लिए मैं कमरे के बाहर चारपाई लगवा लेता था, तब उन दो दीवारों के बीच जेल जैसा लगता था, उदासी घेर लेती थी...इलाहाबाद का जीवन बहुत याद आता था...लेकिन ख़ुद को याद दिलाता...अब तो आगे-आगे ही चलना है मियाँ। सोचा कि कुछ दिनों बाद छुट्टियाँ हैं, इलाहाबाद जाऊँगा, उसके बाद लौटूँगा तो कहीं एक कमरा किराये पर ले लूँगा। छुट्टियों के बाद लौटा तो रिक्शे में होल्डाल और अटैची रखे कॉलेज के पास वाले इलाक़े में आराम से देखता चला जा रहा था कि वहाँ किसी घर में बाहर की तरफ़ कोई कमरा दिखे और उतरकर मैं बात चलाऊँ। कोई कमरा कैसा भी...मैं ले लूँगा, क्योंकि आई.ए.एस. इम्तहान शुरू होने में डेढ़ महीने ही थे...तब फिर इलाहाबाद जाना होगा। अभी जो लूँगा उसे तब ख़ाली कर दूँगा...

एक बड़ा सा मकान दिखा—बाहर बड़ा घुमावदार बरामदा, बरामदे में ही एक तरफ़ एक कमरा, गेस्ट रूम जैसा। मकान का स्वतंत्र कैम्पस। मैंने रिक्शेवाले को कैम्पस के अन्दर लेने को कहा, उतरकर बरामदे से घंटी बजाई। कोई नौकर बाहर आया—

"साहब हैं?"

"बाहर गए हैं..."

"कोई बात नहीं..."

मैंने रिक्शेवाले को सामान उतारने को कहा। उसे रुख़सत कर नौकर से बोला—

"यह कमरा खोल दो..."

नौकर ने चुपचाप भीतर से कमरा खोल दिया। कमरा सचमुच गेस्ट रूम था। मैंने नौकर से सामान अन्दर रखवा लिया और इत्मीनान से नहाने-धोने के लिए कमरे में ही जो सटा बाथरूम था, उसमें घुस गया। नौकर ने सोचा कि मैं साहब का कोई रिश्तेदार या अति-परिचित होऊँगा।

जब तक मकान मालिक आए, मैं नहा-धोकर तैयार होकर बाहर टहल रहा था। मैंने देखा कि वे खुले कमरे और वहाँ मेरे सामान को अचरज से देख रहे हैं, वहीं से उन्होंने पलटकर बाहर घूमते हुए मुझे देखा, पहचानने की कोशिश करते हुए। मैं आगे बढ़कर उनके पास पहुँचा और अपना परिचय दिया। परिचय देने में गजब का आत्मविश्वास, जो मुझमें इलाहाबाद यूनिवर्सिटी की मेरिट लिस्ट में होने, सेंट एंड्रूज़ में असिस्टेंट प्रोफ़ेसर होने, अंग्रेज़ी में बोलने और आई.ए.एस. इम्तहान की तैयारी में लगे होने से आया था। यह सब मैंने परिचय में बयान कर डाला...अन्त में कहा—'इम्तहान को डेढ़ महीने बचे हैं, जिसे मैं मकान ढूँढ़ने में नहीं गँवा सकता। आप अगर इजाज़त दें तो आपके कमरे में तब तक रह लूँ...जो किराया आप कहेंगे...मैं दे दूँगा।'

"इजाज़त? आप तो पहले ही घुस गए हैं!"...वे धीमे से बोले, बिना मुस्कुराए।

मकान मालिक पी.डब्ल्यू.डी. में इंजीनियर थे। जहाँ तक वह मकान उनका सरकारी आवास था, जिसमें फ़िलवक़्त वे अकेले रहते थे। धर्मभीरु लगते थे—ईश्वर ने मुझे उन पर थोप दिया था। मैं देखने-सुनने में उचक्का भी नहीं लगता था। आगे आने वाले दिनों में उनका व्यवहार आत्मीय होता चला गया। उन्होंने नौकर से मेरे लिए खाना बनाने की व्यवस्था भी कर दी।

ऐसा व्यवहार—मेरा और उन इंजीनियर साहब का भी—क्या आज सोचा जा सकता है? अगर आज मैं ऐसी हरकत करूँ तो मकान मालिक आते ही मेरा सामान बाहर फिंकवा देगा, गाली-गलौज चल पड़ेगी—"आप बिना इजाज़त घर में घुसे कैसे?" बात पुलिस-क़ानून तक पहुँच जाएगी, वहीं टिकी रहेगी, ऊपर इज़्ज़त की बात भी बन जाएगी...मनुष्य, परिस्थितियाँ...ये सब बातें पीछे ढकिल जाएँगी।

एक महीने बाद कॉलेज से छुट्टी लेकर मैं इम्तहान देने इलाहाबाद जा रहा था तो कमरा ख़ाली कर दिया—इंजीनियर साहब ने मेरे रहने, खाने का एक पैसा नहीं लिया। मनुष्य की मनुष्य के प्रति स्वाभाविक मानवता, उससे उपजती आत्मीयता। अब एक-दूसरे पर विश्वास ही नहीं उपजेगा, पहली नज़र में ही शक आ बैठेगा। आज ऐसी स्थिति में मेरा वह सुखद अनुभव मेरे ही किसी काम नहीं आता। मैं शक करने लग जाता हूँ, घर में जगह ख़ूब है, किसी को रख सकता हूँ...लेकिन अपने आराम, अपनी सुविधाओं की सोचने लग जाता हूँ, सामने के व्यक्ति में ख़तरा दिखाई देता है...मैं न भी यह सब सोचूँ तो पत्नी डाँटकर उस तरफ़ ढकेल देती है।

इम्तहान देकर लौटने के बाद मैंने एक-दो दिन उसी पुराने जेलनुमा होटल में रहकर, बेतियाहाता में एक कमरा ले लिया। कमरा बाहर था, मगर बाथरूम घर के

अन्दर, आँगन में पीछे की तरफ़। खाना मैं बाहर खाता था। इंजीनियर साहब से मिलने दो बार गया। दोनों बार घर में ताला पड़ा मिला। पड़ोसियों से पता चला—उनका ट्रांसफर हो गया है, वहाँ फ़िलवक़्त कोई नहीं रहता। इंजीनियर साहब से फिर मिलना नहीं हुआ, ठीक से अपनी कृतज्ञता जताने का मौक़ा भी मुझे नहीं मिला। अपनी कृतघ्नता महसूस होती है। इतने बड़े दिलवाले शख़्स का मैंने नाम भी नहीं नोट किया कि भविष्य में उन्हें ढूँढ़ लेता। उन दिनों तो नशा ही दूसरा था।

जल्दी ही रहने की समस्या सुलझ गई। हिन्दी विभाग में इलाहाबाद विश्वविद्यालय के उसी वर्ष के हिन्दी के टॉपर राजेन्द्र वर्मा भी कॉलेज के हिन्दी विभाग में मेरे साथ नए-नए नियुक्त हुए थे। रिहाइश के लिए हम दोनों को कॉलेज कैम्पस का एक हॉल अलॉट कर दिया गया, वहाँ बीच में एक बड़ा पर्दा डाल हमने पीछे अपनी चारपाइयाँ डाल लीं, आगे का हिस्सा चार कुर्सियाँ डाल बैठक बना ली। राजेन्द्र मज़ेदार व्यक्ति थे। जल्दी ही हमारी दोस्ती हो गई। एक दिन स्टाफ़ रूम में वह घबराया हुआ-सा आया और मुझे खींचकर एक कोने में ले गया और बोला—'यार! बड़ा गड़बड़ हो गया। आज क्लास में आगे बैठी एक लड़की ने मुझे स्लिप पकड़ा दी, जिसमें लिखा था—'सर, आपके पैंट की जिप खुली है'...क्या करता...वहाँ जिप बन्द करने का मौक़ा नहीं था तो कुर्सी पर बैठकर मेज़ के नीचे पैंट को छिपाए-छिपाए किसी तरह क्लास पूरी की। मैं हँस पड़ा...लेकिन राजेन्द्र के चेहरे का रंग उड़ा हुआ था, देखकर मैंने भी संजीदगी ओढ़ ली।

हमने अपने कमरे के सामने सफ़ाई कर एक बैडमिंटन कोर्ट बना लिया, शाम को खेलना शुरू किया। स्कूल-कॉलेज-यूनिवर्सिटी में मैं पढ़ाई के दबाव के कारण खेल से दूर ही रहा था—वह यहाँ से शुरू हुआ और मुझसे ऐसा चिपका कि आज तक साथ है। कसरत और जिम से खेल फ़र्क़ यों है, कि इसमें दूसरों की भी भागीदारी होती है। मैं दिन भर पढ़ाता-पढ़ता तो शाम को खेल से दिमाग़ की नसें स्वाभाविक विश्राम पा लेतीं। आगे चलकर मैं खेल को किसी भी तरह के तनाव से मुक्ति पाने की दवा के रूप में विकसित करता चला गया...और आज भी स्वयं को सुस्थिर रखने के लिए वह मेरे साथ है—टेनिस का एक सेट सवेरे चाहिए, भोपाल में जब भी होऊँ। बाहर गया तो घूमना। इसी तरह पढ़ाने का शौक़—जो मेरे ख़ून में था, जो बाँदा आते ही मन्दिर में ब्लैक बोर्ड टाँगने में प्रकट हुआ था...जिसे अब एक सुव्यवस्थित वातावरण मिल गया था—वह सरकारी नौकरी में आने के बाद भी बना रहा। मेरी दोस्ती अफ़सरों के मुक़ाबले अध्यापकों/प्राध्यापकों से ज़्यादा रही। साहित्यकार के रूप में थोड़ी ख्याति मिलने के बाद तो मुझे जब भी किसी शैक्षिक संस्था में बुलाया जाता, मैं ज़रूर जाता था। आज भी वह करता हूँ।

पढ़ाने का आनन्द लेने के साथ-साथ आई.ए.एस. की अगली अटैम्प्ट (हम यह मानकर चलते थे कि पहली अटैम्प्ट तो सिर्फ़ इम्तहान के अनुभव के लिए

होती है, दूसरी में सफलता की सम्भावना पूरी होती है) के लिए मेरी तैयारी जारी थी; लेकिन पहली अटैम्प्ट में मुझे क्लास वन सर्विस के इंटरव्यू के लिए बुला लिया गया। इंटरव्यू इलाहाबाद में ही था...थोड़ा पहले पहुँच मैं बाहर टहल रहा था कि रिक्शे पर मेरी प्रेमिका आ पहुँची। उसके पैर में बिछिया थे। हाल उसकी शादी हुई थी, जबकि एम.ए. फाइनल का इम्तहान उसे अभी देना था। वह अब भी हॉस्टल में रहती थी।

"मन्दिर से आ रही हूँ...लो प्रसाद..."

उसने अपने हाथों से मुझे प्रसाद खिलाया...

"मुझे डर था कि समय से न पहुँच पाऊँगी। तुम ज़रूर अच्छा करोगे...चलती हूँ..."

और वह जैसे आई, वैसे लौट गई...उसी रिक्शे से।

यू.पी.एस.सी. दिल्ली से आए हसन-जहीर, आई.सी.एस. इंटरव्यू बोर्ड के अध्यक्ष थे। संस्कृत मेरा विषय होने के आधार पर उन्होंने मुझसे पूछा—'अगर मैं कहूँ कि राम नाम का कोई आदमी या राजा नहीं हुआ, वह सिर्फ़ कवि वाल्मीकि की कल्पना का एक पात्र था, जिसे भगवान बना लिया गया...इस पर आप क्या कहेंगे?'...मैंने जवाब दिया—'सर, यह आपके मुँह से आ रहा है तो पहले मैं यही कहूँगा कि इससे साम्प्रदायिकता की 'बू' आती है...तो इस पर सबसे पहले वे और बाद में अन्य सभी सदस्य ज़ोर से हँसे...फिर मैंने जवाब में तुक्का मारते हुए कहा कि संस्कृत की परम्परा में यह था कि महाकाव्य जीवित व्यक्ति पर ही लिखे जाते थे...राम वाल्मीकि के समकालीन थे, उनके काव्य में 'राम' को एक मनुष्य की तरह ही प्रस्तुत किया गया है, तुलसीकृत रामायण में अवश्य वे भगवान हैं।' तब की यह सहनशीलता...कि अध्यक्ष पर साम्प्रदायिक सोच का लांछन—भले ही मज़ाक़ में—लगाने के बाद भी मुझे मौखिक में 70 प्रतिशत अंक दिए गए थे...जिसके बल पर (लिखित के मेरे अंक कम आए थे) मैं क्लास वन नौकरी के लिए चुना जा सका।

आई.ए.एस. इम्तहान से सम्बन्धित व्यस्तता के ख़त्म होते ही दुःख का बादल—जो अब तक दबा-दबा रहा था—जैसे बाहर आकर फट पड़ा। जिसकी छाया में अब तक मैं था, वह मेरे जीवन से जा रही थी...और मैं अपने जीवन के पहले बड़े दुःख में डूबता चला गया...नींद ग़ायब हो गई थी, काम में मन न लगता। बौराया-सा घूमता-फिरता। ऐसे में ग़ालिब के इस शे'र पर लटक जाता—

क़हर हो या बला हो जो कुछ हो
काश कि तुम मिरे लिए होते।

मेरी क़िस्मत में ग़म ग़र इतना था
दिल भी या-रब कई दिए होते॥

अब यह सोचकर ताज्जुब होता है कि इतने बड़े दु:ख के बीच मैं सन्तुलन कैसे बनाए रख सका...वह भी ऐसा जिसमें आई.ए.एस. की परीक्षा...इंटरव्यू...सब सामान्यत: देता रहा। व्यावहारिक मामले व्यस्त तो रख ले जाते हैं, पर उनमें क्या इतनी ताक़त होती है कि वे भयंकर दु:ख को भी उतने समय के लिए ढाँपे रख सकें। मैं विक्षिप्ति में डूब सकता था, एकाग्रता तो खो ही सकता था...भाग्य से ऐसा कुछ नहीं हुआ, लेकिन जैसे ही व्यस्तता ख़त्म हुई दु:ख का पहाड़ मुझ पर टूट पड़ा, जिसे हटाने में पूरी ज़िन्दगी लग गई, सहारा देने के लिए साहित्य ने अपना हाथ बढ़ाया, जिसे थामे मैं आज तक चल रहा हूँ, फिर भी नहीं कह सकता कि उस दु:ख से पूरी तरह निजात पा सका। कहीं कसक अब भी ठहरी हुई है जो जब-तब काँटे की तरह चुभ जाती है...

उस समय यह दु:ख और उसी समय वह परीक्षा, जो जीवन भर के लिए मुझे नौकरी/आर्थिक सुरक्षा देने वाली थी...मुझमें सन्तुलन बना रहा...ऐसे ही करिश्मों से ईश्वर में हमारी आस्था दृढ़ होती है।

सेंट एंड्रूज़ कॉलेज मैं एक सत्र ही रहा, हालाँकि वह बहुत अच्छा, सुव्यवस्थित और रौनक भरा कॉलेज था। हुआ यह कि अतर्रा के जगपतसिंह जी ने मुझे अतर्रा के डिग्री कॉलेज में 'हेड' होकर आने का प्रस्ताव भिजवाया। तनख़्वाह 300/- रुपए प्रतिमाह, जबकि यहाँ 200/- थी, जिससे एक रुपया स्टाफ़ रूम के लिए काटकर 199/- दिए जाते थे। तब यह रकम इतनी काफ़ी थी...कि मैंने पहली तनख़्वाह से ही अपने लिए गरम कपड़े का सूट बनवा लिया था जो आगे चलकर आई.ए.एस. के इंटरव्यू में जाने के लिए काम आया। जगपतसिंह जी पहले अतर्रा के इंटर कॉलेज में प्रिंसिपल थे। जब मैं डी.ए.वी. हाईस्कूल, बाँदा में पढ़ता था, तब स्कूल की तरफ़ से ज़िले के कॉलेजों की अन्तर्कालेजीय वाद-विवाद प्रतियोगिता में भाग लेने के लिए अतर्रा उनके कॉलेज आया था। उस प्रतियोगिता में मैं प्रथम आया था...तब की याद जगपतसिंह जी को थी। अब अतर्रा में ही डिग्री कॉलेज खुल गया था और वे डिग्री कॉलेज के प्रिंसिपल थे। एक साल बाद ही तनख़्वाह में सीधा एक सौ की बढ़ोतरी और विभागाध्यक्ष...मैं सकुचाता हुआ वौर्की साहब के पास पहुँचा और उन्हें सब कुछ साफ़-साफ़ बता दिया। वौर्की साहब मुझसे बहुत प्रभावित थे...और साधारणत: वे मुझे जाने नहीं देना चाहते...उन्होंने सिर्फ़ इतना कहा—"अनुभवी शिक्षकों को छोड़ने, हर बार नयों को लाने से कॉलेज की पढ़ाई पर असर तो पड़ता है...लेकिन बेमन से लोग यहाँ रहें तो वह भी ठीक नहीं। जिधर के आप हैं, उस जगह का आप पर हक़ है...जाइए और उस क्षेत्र में शिक्षा को बढ़ाने में मदद करिए..." क्या सोच! मैं अतर्रा आ गया।

अतर्रा में प्रिंसिपल जगपतसिंह के अलावा हम पाँच थे—सभी हेड, प्रोफ़ेसर। अंग्रेज़ी में मैं, संस्कृत के लिए शिवावतार मिश्र, हिन्दी के लिए भदौरिया जी,

राजनीतिशास्त्र के लिए एक सक्सेना, तो अर्थशास्त्र के लिए एक दूसरे सक्सेना। कॉलेज की इमारत बननी ही शुरू हुई थी...चार-पाँच कमरे ही। कहाँ गोरखपुर कॉलेज का भरा-भरा वातावरण, कहाँ यह...जंगल में हम हेड बने बैठे। कॉलेज बिल्डिंग के पीछे, गोरखपुर की तर्ज पर मैंने सक्सेना बन्धुओं के साथ मिलकर बैडमिंटन कोर्ट बना ली। शाम को वहाँ के खेल से हमारा ग़म ग़लत होता। दोनों सक्सेना और शिवावतार जी ताश भी खेलते थे, मैं उनसे दूर रहता। मेरे कहने पर जगपतसिंह जी ने रणजीत मेरे हॉस्टल साथी को इंटर कॉलेज में लेक्चरर बनाकर बुला लिया। उनमें यह खूबी थी—मेरिट को पहचानते थे, उसकी क़द्र करते थे...और चाहते थे कि उनके क्षेत्र—अतर्रा—में बाहर से जो भी मेरिटवाला दिखे, ले आया जाए। मेरा ज़्यादा समय रणजीत के साथ बीतता था। 'सप्तर्षि का वह आलोक' शीर्षक से मेरा एक लेख अतर्रा पर है।

अतर्रा में ही आई.ए.एस. का रिजल्ट अख़बारों में आया, मेरी 23वीं पोजीशन थी... बाँदा ज़िले का पहला लड़का जो क्लास वन अफ़सरी के लिए चुना गया (अफ़सरी बड़ी चीज़ मानी जाती थी उन दिनों)। मेरे परिवार...ख़ासकर माँ का स्टेटस एक़दम ऊपर उठ गया। बाँदा के लोग, माँ के संघर्ष, मेहनत को श्रेय देते, माँ अपनी बहू को—घर में उसके चरण पड़ते ही परिवार का भाग्य जाग गया! मेरी प्रेमिका को सन्तोष था कि वह मुझे सँभाले रही, इंटरव्यू के ठीक पहले पहुँची जिसकी वजह से मुझे 70 प्रतिशत नम्बर मिले और मैं पहली बार में ही सफल हो गया। उसका पुराना संकल्प था—मुझे आई.ए.एस. परीक्षा में कामयाब होना ही है। इम्तहान के लिए मेरी तैयारी, मेरी मेहनत...इसे कोई नहीं देखता था...शायद मैं भी नहीं।

मुझे इनकम टैक्स सर्विस अलॉट हुई। इसका भी अजीबोग़रीब क़िस्सा है। मैं रोमांटिक स्वभाव का हूँ...इंटर में हिन्दी में विशेष योग्यता वाले 76 प्रतिशत अंक, बी.ए. में अंग्रेज़ी साहित्य और संस्कृत लेना, एम.ए. में अंग्रेज़ी साहित्य लेना...ये सब चुनाव सिर्फ़ मेरे थे। एम.ए. (अंग्रेज़ी) में दाख़िले के बाद प्रो. देब ने चुटकी ली थी—'क्या कॉम्बिनेशन! संस्कृत—प्राचीन, मैडीवल हिस्ट्री—मध्ययुगीन, अंग्रेज़ी साहित्य-अर्वाचीन!'...लेकिन यह साहित्यकार होने के लिए उम्दा आधार-भूमि बना। इनकम टैक्स नौकरी के लिए भी चुनाव मेरा ही था, लेकिन 'एक रोमांटिक लड़का, साहित्य का विद्यार्थी, साहित्य में विशेष रुचि वाला...अकाउंट्स से सम्बन्धित नौकरी में कैसे फँस गया?' हुआ यह था कि आई.ए.एस. इम्तहान के लिए फ़ॉर्म मैंने बाँदा में स्टेशन के पास जो पोस्ट ऑफ़िस है, वहीं, जहाँ से रमेशदत्त जी तार से दसवीं, बारहवीं के नतीजे मँगाकर हमें सुनाते थे, बाहर की खिड़की पर खड़े होकर भरा था। नौकरी के लिए च्वाइस भरते समय दिखा कि इनकम टैक्स सर्विस में सबसे ज़्यादा—तीस जगहों की माँग थी। सोचा कि मेरिट में अगर मैं बहुत नीचे हुआ तब भी इन तीस में से एक तो मुझे दे ही दी जाएगी। इसलिए पहली वरीयता इनकम टैक्स

के लिए लिख दी। हुआ उलटा—मेरिट में मैं ऊपर था तो मुझे मेरी पहली च्वाइस दे दी गई। मैंने भी ईश्वर की इच्छा समझ उसे सिर-माथे पर लिया। फिर दिखता है कि ईश्वर मुझे साहित्यकार बनाने की तरफ़ ही ढकेल रहे थे...अगर आई.ए.एस., आई.पी.एस., रेलवे ट्रैफिक सर्विस जैसी में किसी में चुना जाता तो मेरा व्यक्तित्व ही कुछ का कुछ हो गया होता, लिखने के लिए इतना समय भी न मिलता। इनकम टैक्स की नौकरी में साधारणत: मुख्य आयकर आयुक्त के स्तर तक राजनेताओं की कोई दख़लन्दाज़ी नहीं होती...इसलिए मेरा व्यक्तित्व अपने ढंग से विकसित हो सका, मैं लिखने के लिए समय भी निकाल पाया।

अतर्रा डिग्री कॉलेज में भी मैंने सिर्फ़ एक सत्र ही काम किया। जगपतसिंह जी मुझे ख़ासतौर पर लाए थे। मुझे अंदेशा था कि इतनी जल्दी मेरा उनका कॉलेज छोड़ना उन्हें नागवार गुज़रेगा...लेकिन उन्होंने ख़ुद कहा कि उनके कॉलेज की नौकरी कुछ भी नहीं है केन्द्रीय सरकार की नौकरी के सामने...इसलिए मैं जाऊँ। मेरे पास मसूरी ज्वाइन करने जाने के लिए पैसे भी नहीं थे...तो उन्होंने 300/- रुपए अपनी तरफ़ से दिए। सेंट एंड्रूज़ में प्रिंसिपल वौर्की का व्यवहार और अतर्रा में जगपतसिंह जी का...काफ़ी हद तक, एक-सा, जगपतसिंह जी एक हाथ आगे ही...ऐसे लोग आज मुश्किल से देखने में आएँगे।

1 जून, 1961 को मैंने नेशनल एकेडेमी ऑफ़ एडमिनिस्ट्रेशन मसूरी ज्वाइन की, जो शार्लिविले होटल में थी। तनख़्वाह 400/- रुपए प्रतिमाह...शुरू में ड्रैस बनवाने, मैस वग़ैरह की फीस आदि देने में ख़र्च हो गए। माँ ने घर ख़र्च के लिए कुछ भेजने की माँग कभी मुझसे नहीं की...उनमें आत्मसम्मान की भावना कूट-कूटकर भरी थी। वे इसी बात को लेकर ख़ुश थीं कि मैं अफ़सर हुआ—जो उनका सपना था। पिता हमेशा की तरह तटस्थ। मुझमें ही एकेडेमी के कोट-टाई में अपने दूसरे साथियों के साथ—शार्लिविले होटल से लाइब्रेरी प्वाइंट, फिर वहाँ से मसूरी की मुख्य सड़क पर चलते हुए गर्व की खुनक उठती रहती थी। कथाभूमि के अन्तर्गत मेरा एक लेख मसूरी पर है।

इत्तिफ़ाक़ कि उन दिनों मेरी प्रेमिका भी मसूरी में थी। उसके पति वहीं एक साधारण-सी नौकरी पर थे। मैंने ख़ुफ़िया तरीक़ों से उसके घर का पता ढूँढ़ निकाला और एक शाम लाइब्रेरी प्वाइंट से बस्ती की तरफ़ टहल के दौरान उसके यहाँ पहुँच गया। सड़क से बाईं तरफ़ उतरकर घनी बस्ती में दो कमरों वाला एक छोटा-सा मकान था उसका। बाहरी कमरा घर के दरवाज़े से ही खुलता था। वहाँ फ़र्श पर बैठी वह स्टोव पर पकौड़े तल रही थी। उसका पेट बढ़ा हुआ था। गली में मुझे देखते ही उसने क़रीब-क़रीब डाँटते हुए कहा—गोविन्द! तुम जाओ यहाँ से...और मैं बिना एक शब्द कहे लौट पड़ा...पीछे के कमरे में शायद उसकी सास रही होगी, पति नौकरी से नहीं लौटे होंगे...

वही लड़की जो इलाहाबाद में मेरे आई.ए.एस. इंटरव्यू के रोज़ रिक्शे पर दौड़ती-हाँफती पहुँची थी कि उसकी प्रेम-प्रेरणा के बिना मैं इंटरव्यू में कैसे कामयाब हो सकता था...अब एकेडेमी की ड्रैस में मुझे देखने के लिए क़तई प्रस्तुत नहीं थी...

समय! मगर हम आजीवन दोस्त क्यों नहीं रह सकते थे...एक-दूसरे के दुःख-दर्द में शरीक...मैं सोचता था। क्लास वन नौकरी में चुने जाते ही मैंने कस्बई-मानसिकता की केंचुल उतार फेंकी थी, जबकि वह अपनी ससुराल की तंग सोच की वजह से उसमें और नीचे धँस गई थी।

मसूरी रहते हुए मैंने दोबारा उससे मिलने की कोशिश नहीं की। उसके एक छोटे-से जुमले से ज़ाहिर था कि मिलकर मैं उसके जीवन में खलल ही डालूँगा।

भीतर भयंकर तनाव झेलते हुए भी मैंने ख़ुद को उससे दूर कर लिया। अब आगे-आगे उस पर गैरों के प्रभाव, मुझ पर नए परिवेश का प्रभाव...ये हमें वह नहीं रहने देने वाले थे...जो हम थे, जब हम प्रेमी थे।

मसूरी में छह माह के फ़ाउंडेशनल कोर्स के बाद मैं इनकम टैक्स ट्रेनिंग के लिए नागपुर आया। आज नागपुर में एकेडेमी का बड़ा परिसर है। तब असेंबली रेस्ट हाउस नम्बर-दो का एक हिस्सा ट्रेनिंग कॉलेज था, जिसमें हमारे और हमसे पहले वाले बैच के क़रीब तीस लड़के-लड़कियाँ थे। लड़कियाँ सिर्फ़ दो। एक पिछले बैच की, सुन्दर गोरी, बंगाली; दूसरी हमारे बैच की साधारण-सी, दक्षिण की। कॉलेज में जिस शख़्सियत का ज़बरदस्त प्रभाव मुझ पर पड़ा, वे थे हमारे प्रशिक्षक—सी.सी. गणपति...दुर्ग के लम्बे, छरहरे, ख़ूबसूरत व्यक्ति। फ़ौजियों के लिए कराए गए इमरजेंसी इम्तहान के मार्फत आयकर विभाग में आए थे। उनकी चाल-ढाल में फ़ौजियत थी...आर-पार खुलापन—जो वह हमें भी सिखाते थे। 'Gentlemen, I am a man made of soda and whisky'—आयकर क़ानून पर लेक्चर्स शुरू करने के पहले वे कहते। आगे हमारे चाल-चलन के बारे में भी वे अपना मूलमंत्र कई तरीक़े से हमारे अन्दर धाँसते रहते...'Keep your integrity intact and move freely!' माने, इनकम टैक्स विभाग में हो तो अपने घर में सिकुड़े, सिमटे, सबसे बचते हुए न बैठे रहो... समाज में घुलो-मिलो, रईसों में भी। उन्हें देखकर क़रीब-क़रीब हम सभी सी.पी. क्लब—जो सबसे पास था—उसके सदस्य हो गए। कुछ ताश, व्हिस्की आदि के लिए, मैं बैडमिंटन-टेनिस के लिए। बैडमिंटन में तब दो सिद्दीकी सिस्टर्स भी खेलती थीं...बड़ी थोड़ी स्थूलकाय, छोटी छरहरी...बड़ी थोड़ी आक्रामक थी...वह लड़के जैसा व्यवहार करती, सिंगिल्स में मुझे हराने में उसे ख़ास मज़ा आता था!

सरकारी नौकरी में चुने जाने के फ़ौरन बाद मसूरी में पुरानी जीवन-शैली से एक़दम अलग क़िस्म की जीवन-शैली में पैठ करने की व्यस्तता ज़्यादा थी। नागपुर में थोड़ी स्थिरता आई तो विरहाग्नि को ज़्यादा जगह मिल गई। इलाहाबाद...प्रेमिका की यादें झुलसाए रहतीं। विवाह के बाद हम दोनों के रास्ते अलग थे...सामने सपाट

जीवन था। वह अपने पति के साथ नए जीवन में ख़ुद को बैठाने में लगी थी, जबकि मैं नागपुर के ट्रेनिंग कॉलेज में अब भी हॉस्टलर था। ग़म से निपटने का मेरा एक तरीक़ा था—शाम कोई दो किलोमीटर दूर सी.पी. क्लब तक पैदल जाना, वहाँ जब तक पिंडरियाँ दर्द न करने लगें तब तक खेलना, लौटकर गला-भर तक खाना खाना। सोचता था कि इतना खेलूँ कि थककर चूर हो जाऊँ, इतना खाऊँ कि नींद में उतरता चला जाऊँ...पर नींद कमबख़्त फिर भी मुश्किल से आती, थोड़ी आती...वह भी नखरे के साथ...पूरी कभी नहीं! 'पहले आती थी हाल-ए दिल पै हँसी, अब किसी बात पर नहीं आती...' तो मैंने और मेरे बैचमेट सिंहल ने एक तरीक़ा निकाला...हम जब भी सामने पड़ेंगे, एक दूसरे को देखते ही हँसेंगे, ज़बरदस्ती हँसेंगे। तो हम शुरू हो जाते, हँसने की कोशिश-दर-कोशिश किए जाते...जब तक कि अपनी इस बेवकूफ़ी पर ही हँसी न आने लगे। (तब आज की तरह पार्क में चलने वाला ज़बरदस्ती हँसी का फ़ैशन नहीं चला था—लाफ्टर क्लब!) इस तरह हम थोड़ा-बहुत हँस लेते! बस्ती में उन दिनों एक गाना घूम-घूम कर वातावरण में तैरता होता—'तेरा मेरा प्यार अमर, फिर क्यों मुझको लगता है डर...' गाने का बैकग्राउंड म्यूज़िक दिल पर आरी जैसा चलाता।

नागपुर में मैंने एक नया शगल शुरू किया—एक बड़े काग़ज़ पर हाथ से अंग्रेज़ी में लिखकर एक बुलेटिन-सा निकालना, रविवार सुबह कॉलेज के नोटिस बोर्ड पर चिपका आता था। नाम रखा 'संडे स्कैंडल'। इसमें हफ़्ते भर की अपने हॉस्टल की अफवाहें, गप्प, हम सब साथियों के बारे में काल्पनिक, मनगढ़न्त झूठे क़िस्से मज़े के लिए छोटी-छोटी टिप्पणियों में लिखता था। सब साथी मज़ा लेते थे। एक बार अपने बैच की एकमात्र महिला-कलीग 'बेंजामिन' को लेकर कोई टिप्पणी लिख दी। बेंजामिन एक सरल, सीधी-सादी पारम्परिक ईसाई थीं। हालाँकि वह छोटी-सी टिप्पणी पूर्णत: निरामिष थी...लेकिन अपने बारे में कुछ भी लिखा जाना उन्हें नागवार गुज़रा और वे अपने कमरे जाकर एक कैंची ले आईं और बोर्ड पर लगे उस बुलेटिननुमा काग़ज़ पर चलाने को उद्यत दिखीं...कि एक साथी ने उन्हें रोका—'इस काग़ज़ का क्या कसूर...आपको शिकायत है तो जिसने लिखा है उसे पकड़िए।' बेंजामिन जी कैंची लिए मेरे कमरे की तरफ़ दौड़ी। इत्तिफ़ाक़ से मैं बाहर था, किसी ने मुझे ख़बर कर दी...मैं शहर की तरफ़ भाग गया, पूरा दिन नहीं लौटा। सोमवार को बेंजामिन ने गणपति जी से शिकायत की। उन्होंने उन्हें समझाया—'यू आर एन ऑफीसर, यू शुड लर्न टु फेस अनवेलकम थिंग्स आलसो'। बेंजामिन जी शान्त हुईं—अगर यह भी ट्रेनिंग का हिस्सा है तो चलो ओ.के...

हर शुक्रवार को शाम पाँच बजे हममें से एक को, क्रमानुसार किसी एक विषय—जो भी—उस पर 'टॉक' देना होती थी जिसे 'फ्राइडे टॉक' कहते थे। उसमें गणपति के बॉस श्री आर.डी. शाह, जो नागपुर भंडारा के कमिश्नर, साथ में हमारे ट्रेनिंग कॉलेज के निदेशक भी थे—वे भी बैठते थे। मैं उनका पसन्दीदा प्रबोशनर

था...लेकिन मैं मानसिक रूप से गणपति जी के ज़्यादा क़रीब था...मैंने शराब के गुणों पर 'टॉक' दी, साहित्य से ख़ूब कोट करते हुए, साहित्यकारों के क़िस्से जोड़ते हुए। गणपति शराब के शौक़ीन थे, उन्हें बड़ा मज़ा आया...लेकिन शाह साहब जो रूढ़िवादी थे उन्हें, ज़ाहिर था, 'टॉक' बहुत जमी नहीं, लेकिन चूँकि मेरी 'टॉक' साहित्य के कोटेशनों, कीट्स जैसे बड़े कवियों के ज़िक्र से भरी हुई थी...और वे ख़ुद को पढ़ा-लिखा मानते थे तो इतना ही बोले—'यस...यू कुड मेक इट इन्ट्रेस्टिंग!' अभी कुछ वर्षों पहले, लेखक मित्र प्रियंवद के उकसाने पर इस विषय पर फिर लौटना हुआ...और मैंने 'शरीके मै' लेख लिखा...उन लोगों के क़िस्से जिनके साथ बैठ मैंने शराब पी या वे बड़े लोग जिन्हें पीते देखा। इसे पढ़कर मेरे दूसरे लेखक मित्र—गिरिराज किशोर, जो साफ़-सुथरे, शराब से कोसों दूर थे—वे बोले, 'यार! यह लेख पढ़कर तो लगा कि मैंने शराब से परहेज रखकर ज़िन्दगी में भारी भूल की!'

पुराने बैच के विदाई के पहले हम एक नाटक खेलने की तैयारी में जुटे—'टी विद ए लेजेंड', जिसमें एक बूढ़े कवि से मिलने छात्रों का एक ग्रुप आता है, जिसमें उसकी प्रशंसिका एक सुन्दर लड़की भी है। कवि का रोल मैं कर रहा था और लड़की का मेरे सीनियर बैच की वह सुन्दर बंगालिन लड़की। कैसा इत्तिफ़ाक़ कि वह नाटक जैसे मेरे भावी जीवन को प्रस्तुत कर रहा था—पूर्व पीठिका। आज मेरे घर में अँतरे-चौथे दिन नाटक 'टी विद ए लेजेंड' जिया जाता है। मैं वृद्ध साहित्यकार, मुझसे मिलने मेरे प्रशंसक, शोध करने वाले लड़के-लड़कियाँ आते रहते हैं, कोई ख़ूबसूरत लड़की हुई तो उसकी तरफ़ मेरा थोड़ा अतिरिक्त झुकाव भी हो जाता है, मेरी बुज़ुर्ग पत्नी ठीक वैसी जैसी उस नाटक में थी...वैसा ही उसका व्यवहार...अन्दर से गुर्राती, बाहर से बर्दाश्त करती। इस मायने में वह एकांकी नाटक सचमुच कालजयी रचना है, भले ही साहित्यकार के सीमित सन्दर्भ वाली। उसके लेखक का नाम याद नहीं। नाटक में कवि का नाम 'बर्नर्ड' था, लड़की का फैनेला...फैनेला प्रेम से उसे बनी कहने लगती है। नाटक मंचित होने के पहले पुराने बैच की विदाई हो गई...और जब नाटक मंचित हुआ तब फैनेला का रोल बाद के बैच की एक दुबली-पतली लड़की को करना पड़ा जो उतनी सुन्दर नहीं थी जिनती पहली फैनेला। ट्रेनिंग के बाद पहली फैनेला की पोस्टिंग दिल्ली हो गई थी। ट्रेनिंग कॉलेज से मैं उसे 'फैनेला' सम्बोधित करते हुए पत्र लिखने लगा और वह भी 'माई डियर लॉर्ड बर्नर्ड' से शुरू करते हुए जवाब देती। कभी-कभी वह 'माई डियर बनी' लिखती, तब मैं उचका-उचका फिरता। उस सुन्दर लड़की की शादी दक्षिण के उसके उस बैचमेट से भी नहीं हुई, जिससे कहते थे ट्रेनिंग कॉलेज में उसका 'अफेयर' था। फैनेला लम्बे अर्से तक उपयुक्त वर की तलाश में रही...सुन्दर लड़कियों के साथ यह होता है। बहुत समय बाद... तैंतीस की उम्र के आसपास उसने हमारी सर्विस के एक उम्रदराज विधुर से शादी की। दुर्भाग्य से फैनेला का देहान्त अल्पायु में ही कैंसर से हो गया। अगर वह और

जीती रहती, मुझे साहित्य में डूबा देखती, तब शायद उस नाटक को याद करते हुए हममें प्रेम कुछ ज़्यादा ही उमड़ता...पर शायद नहीं, क्योंकि दिल्ली में नियुक्ति के बाद उसकी परिस्थितियाँ बदल गई थीं।

मेरे रिटायरमेंट के बाद जब मेरे घनिष्ठ मित्र वी.पी. ने अपनी बहू का परिचय मुझसे कराया...मैं हैरान रह गया कि यह, बिलकुल फैनेला की हमशक्ल कहाँ से आ गई! मेरे दोस्त की बहू दरअसल फैनेला की लड़की थी...

जैसे दूर-दूर का हमारा प्रेम रहा था, वैसे ही दूर-दूर के रिश्ते में उसकी लड़की मेरे मित्र के यहाँ आ गई! ईश्वर का कैसा विधान!

अपने जीवन को पीछे देखते हुए, एक बात मैं अक्सर अपने आपसे पूछता पाता हूँ। अगर मुझे अपनी पहली प्रेमिका से सचमुच उतना प्रेम था...जितना मैं सोचता हूँ कि था, तो यह कैसे हुआ कि इतनी जल्दी...नागपुर आते ही, फैनेला से मिलते ही उसके लिए प्रेम जैसा कुछ महसूस करने लगा...और वैसा जीवन भर होता चला गया। कुछ पहली प्रेमिका के साथ जैसे गहरे रिश्ते भी बने। क्या प्रेम-व्रेम कुछ होता ही नहीं, परिस्थितियाँ अगर सामीप्य की गुंजाइश दें तो किसी से भी हो जाएगा? फिर पत्नी से क्यों नहीं होता...जैनेन्द्र कुमार जी कहा करते थे—'पत्नी से प्रेम...? वह कैसे हो सकता है। वह तो प्राप्त है, प्रेम तो अप्राप्त से ही हो सकता है।' शायद यह सच हो, क्योंकि जहाँ प्रेमिका से विवाह होता है वहाँ उसके पत्नी बनते ही प्रेम उड़ने लगता है। जहाँ तक मेरा सवाल है, अपने पहले प्रेम की तलाश ही मुझे आगे आने वाली प्रेमिकाओं के पास ले गई। मैं उनमें वही ढूँढ़ता था जो मेरी पहली प्रेमिका में था। वह नहीं मिला क्योंकि वे नई प्रेमिकाएँ, भिन्न समय, भिन्न परिवेश, भिन्न संस्कारों की थीं, यह समझ में आया है तो अब जाकर...जब आप सबसे दूर आ गए। मेरा निष्कर्ष सामान्य निष्कर्ष नहीं माना जा सकता, क्योंकि हर प्रेमी की बुनावट अलग-अलग तरह की होती है। कुछ तो जीवन भर एक शरीर से दूसरे शरीर से खेलते रहते हैं। प्रेम महसूस ही नहीं कर पाते। मेरा अपने अनुभवों के आधार पर यह मानना है कि पहले प्रेम जैसा फिर नहीं हो सकता, दूसरी बात—सच्चे प्रेम के लिए सिर्फ़ शरीर का आकर्षण नहीं, मन और सोच का मिलना बेहद ज़रूरी है। जितना ज़्यादा यह मेल होगा, उतनी ही गहरी प्रीति की अनुभूति होगी, उतना आगे वह चलेगी भी। एक बहुत बड़ा प्रभाव उस समय का भी पड़ता है जिसमें प्रेमी होते हैं। जैसे आज जिस समय में हम जी रहे हैं, उसमें हमारी प्रेम महसूस करने की प्राकृतिक शक्ति जन्मती तो है, पर बड़ी जल्दी बाहरी कितनी चीज़ों के प्रभाव के चलते वह सूख जाती है। यही रहा तो आगे आने वाले वक़्त में कम लोग होंगे जो प्रेम ले या दे सकेंगे, स्वार्थ जितनी तेज़ी से बढ़ता चला जा रहा है।

नागपुर में ट्रेनिंग के दौरान मेरी पहली सन्तान 'मनोज' का बाँदा में जन्म हुआ। मैं अब भी विवाह और उससे सम्बन्धित जिम्मेदारी माँ पर थोपे हुए था...कुछ उनके

प्रति आक्रोशवश भी। दूसरे मैं अब भी अपने को विद्यार्थी ही समझता था, नागपुर में हॉस्टल में रहता था। घर-परिवार की जिम्मेदारी से बचता था। नागपुर ट्रेनिंग पूरी होने तक मैंने पत्नी और मनोज को बाँदा ही रखा। मुझे यह भी लगता था कि मेरी सन्तान को मेरे माँ-बाप के संस्कार मिलना चाहिए...जो आज के माँ-बाप नहीं मानते।

गणपति जी से मेरा आजीवन सम्बन्ध रहा। पूरे कैरियर में उनकी छाप मुझ पर रही, हालाँकि उनके जैसा बड़ा व्यक्तित्व मेरा नहीं था...फिर भी मैंने रईसों/व्यापारियों से भी जो मुझे पसन्द आए, उनके साथ मिलने-जुलने में कोई हिचक कभी इसलिए नहीं रखी कि मैं आयकर विभाग का हूँ। इसका फ़ायदा भी मुझे हुआ—मैं जहाँ भी तैनात रहा, लोग मुझे आर-पार जानते थे, जैसे गणपति को पूरे हिन्दुस्तान में फैले महकमे के लोग और बिजनेसमैन जानते थे। मुझ पर ही नहीं आगे आने वाले सभी बैच, जिन्होंने उनके ट्रेनिंग कॉलेज में रहते ट्रेनिंग पाई...उनके सभी अफ़सरों पर गणपति का प्रभाव अनायास ही पड़ा। यह उनका ही प्रभाव था कि मैं जहाँ भी रहा, क्लब का सदस्य रहा...फ़र्क़ सिर्फ़ इतना कि गणपति जी ब्रिज के लिए रोज़ क्लब जाते थे, मैं टेनिस की वजह से। ब्रिज मैंने सीखा ज़रूर...लेकिन चूँकि वह मेरे लेखन के आड़े आता था तो मैंने उससे दूरी बनाए रखी। टेनिस आज भी साथ है। दूसरी चीज़ जो गणपति जी से सीखी और साथ चली वह थी...किसी की भी मदद करने वाला दृष्टिकोण रखना...करदाता की भी मदद, जो-जो क़ानूनन उसे मिलना चाहिए।

अवचेतन के रास्ते भीतर पैठे प्रभाव कितने स्थायी होते हैं...यह गणपति जैसे लोगों के उदाहरण से समझा जा सकता है। इसलिए जैसे अध्यापकों की, वैसे ही सरकारी नौकरी के प्रशिक्षकों के चुनाव में बेहद सावधानी बरतना चाहिए। यह इत्तिफ़ाक़ नहीं है कि आज नागपुर की 'डायरेक्ट टैक्सेज़ एकेडेमी' में दो ही मूर्तियाँ लगी हैं, दोनों बहुत ही सम्मानित प्रशिक्षकों की। एक गणपति की, दूसरी बापट जी की, जो गणपति जी के बाद दूसरे लोकप्रिय प्रशिक्षक हुए। मेरा उनसे परिचय नहीं रहा...लेकिन उन्हें विद्वान और प्रेरक प्रशिक्षक के रूप में याद किया जाता है।

नागपुर की ट्रेनिंग के दौरान मेरा परिचय ओमप्रकाश मेहरा से हुआ, जो मेरे बाद के बैच में ट्रेनिंग कॉलेज आया। वह बाहर की तमाम गतिविधियों से अछूता-सा, अपने में ही सिमटा हुआ कहानियाँ लिखता था। तब उसकी कहानियाँ 'कहानी' पत्रिका, जो इलाहाबाद से श्रीपत राय जी निकालते थे, उसमें ख़ूब छपती थीं। ओमप्रकाश के लिए मेरा आकर्षण लेखक को लेकर था, मेरी इच्छा होती कि मैं भी उसकी तरह छपूँ, लेकिन मेरा लिखना ही शुरू नहीं हुआ था...साहित्य का विद्यार्थी, साहित्य से लगाव रखने वाला मैं अकाउंट्स सम्बन्धित विषयों से मुठभेड़ कर रहा था, क्योंकि विभागीय परीक्षाओं में उत्तीर्ण होना ज़रूरी था। तब हम बहुत क़रीब नहीं आ पाए क्योंकि जल्दी ही वह आई.ए.एस. में चुन लिया गया और कॉलेज छोड़कर चला गया। उसकी तैनाती मध्य प्रदेश में हुई...सालों बाद हमारा सम्पर्क फिर हुआ, जब

वह भोपाल में था और मैं दिल्ली में। मैं दौरे पर भोपाल आया था जहाँ मैंने उसे ढूँढ़ निकाला। अब तक साहित्य की दुनिया में मेरा नाम हो चुका था और वह क़रीब-क़रीब गुमनाम। मेहरा प्रतिभाशाली और संवेदनशील था, लेकिन आई.ए.एस. की नौकरी में नेताओं से नज़दीकियाँ और अपने पद के प्रभाव की ताप साहित्य को खा जाती है, आप साधारण आदमी की तरह नहीं जी सकते...जो साहित्य की ज़रूरी माँग है। ओमप्रकाश को अपनी सर्विस का खमियाजा भुगतना पड़ा। आई.ए.एस. क्या, किसी भी सर्विस में लिखने जैसी किसी चीज़ से अतिरिक्त लगाव अच्छी नज़रों से नहीं देखा जाता। ओमप्रकाश को मुझसे कभी कोई ईर्ष्या नहीं हुई...हँसकर कहा करता—'गुरु गुड़ रह गया, चेला चीनी हो गया'। अपनी पत्नी से बड़ा जुड़ाव था उसका। उनके देहान्त का उसे ज़बरदस्त आघात लगा। रिटायरमेंट पर जब मैं भोपाल आकर बसा, वह इन्दौर में पब्लिक सर्विस कमीशन का चेयरमैन था, अकेला रहता था। उसने इंटरव्यू बोर्ड में बैठने के लिए मुझे बुलाया...हफ़्ते भर इन्दौर में। वह सोचता था, रिटायर होने के बाद मुझे कुछ काम में लगना अच्छा लगेगा। पहली बार तो मैं गया लेकिन जब दूसरी बार भी उसने मुझे आने का प्रस्ताव दिया तो मैंने मना कर दिया कि भाई अब रोज़ यह दाढ़ी बनाना, टाई पहनकर बोर्ड में एक मुद्रा बनाकर बैठना... मुझसे अब यह नहीं होता। वह समझ गया। रिटायर होकर जब वह भोपाल अपने घर रहने आया...तब वह और हम पड़ोसी थे। हम अक्सर शाम को साथ बैठते, बहसें भी होतीं...लेकिन नीचे आत्मीयता बराबर बनी रहती, अन्त तक रही। दुर्भाग्य से कुछ साल पहले दिल की बीमारी उसे ले गई। मैं उससे ज़्यादा प्रतिष्ठित लेखक ज़रूर हो गया मगर इनसान वह मुझसे बड़ा था।

उछलकूद

नागपुर ट्रेनिंग ख़त्म होने पर फील्ड में पोस्टिंग होनी थी। मैंने गणपति जी से कहा कि मुझे कोई ख़ास जगह नहीं चाहिए...मुझे ऐसी जगह भेजिए, जहाँ आप जैसा कोई इनसान मेरा 'बॉस' हो। उन्होंने छूटते ही कहा—'यू गो टू ए.सी. जैन'। जैन साहब राँची में असिस्टेंट इन्स्पेक्टिंग कमिश्नर थे, उनके अंडर मेरी तैनाती धनबाद में आयकर अधिकारी बी. वार्ड—सन् 1963 में हुई। जाते ही वहाँ मैं यूनियन क्लब का सदस्य हो गया और वहाँ टेनिस खेलने लगा। टेनिस की बुनियाद मसूरी-नागपुर में पड़ ही चुकी थी। यूनियन क्लब दफ़्तर के इतना पास था कि पैदल चले जाओ। क्लब के सेक्रेटरी हेमशंकर सहाय जो ठेकेदारी करते थे, क्लब के ही दो कमरों में रहते थे। उनकी पत्नी धनबाद के महिला डिग्री कॉलेज में लेक्चरर थीं। दोनों ही बहुत मीठे इनसान। मेरा उनके यहाँ आना-जाना होने लगा, अक्सर दोपहर का खाना वहीं खा लेता था। मिसेज़ सहाय थोड़ा स्थूलकाय थीं, लेकिन खाना बड़ी नफासत से और ज़रूरत से कम ही परोसती थीं...सूखी सब्ज़ी दो छोटी चम्मच थाली में डाल दी तो बहुत हो गया। मैं इस पर उनसे मज़ाक़ भी करता था। एक बार सहाय जी कुछ उचटे-उचटे, चिन्तित नज़र आए। दूसरी बार भी वैसे ही मिले तो मैंने उनसे वजह पूछी तो बोले, कोई ख़ास बात नहीं...बैंक का मामला है, सुलझ जाएगा...तीसरी बार जब उनसे मिला तब भी वही जवाब...चौथी बार भी जब उनका लटका चेहरा मिला तो मैंने भाभी जी से पूछा। उन्हें भी कुछ नहीं मालूम था, बोलीं—रात में भी अक्सर उठकर टहलने लगते हैं, पूछो तो कुछ नहीं बताते...उस दिन मैं अड़ गया कि आज वजह मालूम करके ही जाऊँगा। जब हम दोनों सहाय जी को घेरकर बैठे तब उनके मुँह से निकल गया...'कुछ नहीं इनकम टैक्स का एक छोटा मामला है।' मैं उचक गया—'बताओ क्या मामला है, मैं अपने दूसरे साथियों से कहकर हल करा दूँगा।' मुश्किल-मुश्किल से वे आयकर विभाग का एक 'आर्डर' लेकर आए, जिसमें आयकर जमा न होने के कारण उनका बैंक एकाउंट अटैच कर लिया गया था। नीचे मैंने देखा...उस पर मेरे दस्तख़त थे...'धत् तेरे की', मैं चीख़ पड़ा। मेरे सामने कई डिफॉल्टर्स जो आयकर

जमा करने से चूके—ऐसे कइयों के बैंक एकाउंट 'अटैच' करने के ऑर्डर रखे गए होंगे...उनमें सहाय जी का भी रहा होगा...यह पट्‌ठा ऐसा संकोची इनसान कि मेरी नज़दीकियों का फ़ायदा कैसे उठाए...तो अपनी बीवी को भी नहीं बताया, चुपचाप रुपयों का इन्तज़ाम कर टैक्स चुकाने के बारे में सोचता रहा, तनाव में रहता रहा। मैंने उसे ज़बरदस्ती दफ़्तर बुलाया...'इंस्टालमेंट करने की एक दरख्वास्त बनवाकर उन्हें किस्तों में जमा करने की सुविधा का आदेश दिया और बैंक एकाउंट को फ्री कराया। जब भाभी जी को यह क़िस्सा बताया...तो वे हँसकर बोलीं—'मुझे इन्होंने बताया होता तो मैं बहुत पहले तुम्हारा कान पकड़कर यह करवा लेती।'

हेमशंकर सहाय भाई पहले ऐसे इनसान थे—इतने संकोची—जो मुझे मिले। आगे कैरियर में मेरे कई ऐसे मित्र बने जिनका मैं अन्तरंग था और जिन्होंने मुझसे कभी कोई काम के लिए नहीं कहा। अब तो परिचय ही लोग इस ख़याल के साथ करते हैं कि आप काम की चीज़ हो, और इसके लिए आपसे दोस्ती गाँठी जाए।

क्लब में एक ठाकुर साहब हमारे साथ टेनिस खेलते थे। वे एक कोलियरी में चीफ़ मैनेजर थे। दफ़्तर से आकर टेनिस में पसीना बहाते, फिर क्लब में ही नहाकर कलफ़दार कुर्ता पहनकर बाहर निकलते। तब तक उनका ड्राइवर क्लब के बड़े चबूतरे पर कुर्सी-मेज़ लगा देता, कार से स्कॉच की बोतल, गिलास और बर्फ़दानी निकालता। ठाकुर साहब आसपास जो भी दोस्त/परिचित दिखा, उसे साथ बिठाकर नशिस्त जमा लेते। (क्लब में बार नहीं था, सदस्य अपनी बॉटल लाकर यों ही बैठते थे।) मैं भी कभी-कभी उनकी नशिस्त में शामिल हो जाता। ठाकुर साहब का रोबीला चेहरा, घनी मूँछें बिलकुल ठाकुर वाली थी...दो-तीन पैग के बाद उनकी आँखें लाल हो जातीं...वजनदार आवाज़ में वे क़िस्से पर क़िस्से सुनाते...आर-पार खुला व्यक्तित्व था उनका। उन्होंने कभी इस बात को कोई महत्त्व नहीं दिया कि मैं आयकर विभाग का हूँ या कि क्या हूँ...मुझे यह अच्छा लगता था।

किसी भी शहर में क्लब...और वहाँ टेनिस खेलने वाले या वहाँ के कॉलेजों के प्रोफ़ेसर, लेखक...अजनबी शहर में मेरे दोस्त इन्हीं दो जगहों से हुआ किए। यूनियन क्लब में एक किशन पिलानी अच्छी टेनिस खेलता था...उम्र में मुझसे थोड़ा बड़ा...मेरा दोस्त हो गया। वह बम्बई से आकर यहाँ बसा था। बम्बई के कोलाबा में ब्रैडी-फ़्लैट्स में एक बड़ा फ़्लैट उसका था। हम तीन-चार लोगों ने साथ बम्बई जाने का कार्यक्रम बनाया...मुझे बम्बई देखने की उत्सुकता थी। हम थर्ड क्लास स्लीपर से चले। महिलाओं समेत छह लोगों की बारात थी वह। किशन पिलानी की पत्नी, दो-तीन कनस्टर खाने के सामान से भरकर ले आई थीं। दो दिन-दो रात हम घर की तरह ट्रेन में चले, सोते-जागते, पिकनिक-सी मनाते, एक-दूसरे को छेड़ते-छाड़ते। साथ में एक भानो बाबू भी थे, गोल-मटोल, व्यापारी। उनका बासी पूड़ियों का नाश्ता... सवेरे कोई दर्जन भर पूड़ियों की गड्डी मुँह के पास लिए हुए वे भद-भद खाते चले

जाते। खाते हुए उनकी साँस धौंकनी-सी चलने लगती थी। बम्बई में एक शाम देखा कि वे कोई चालीस-पचास चप्पलों के डिब्बे कुली के सिर पर रखवाए चले आ रहे हैं...बोले, 'इकट्ठी लेने में पाँच सौ को नफा हो गयो...छह-सात साल को फुर्सत'। मज़ेदार व्यक्ति। बासी पूड़ियों का नाश्ता करते हुए उन्हें बरसों बाद बैंगलोर में भी देखा, जब वे धनबाद छोड़ बैंगलोर आ बसे थे।

बम्बई में मेरी इच्छा मीनाकुमारी से मिलने की थी, जिनका फैन मैं बचपन से था। यूनिवर्सिटी के दिनों में हॉस्टल के कमरे में उनकी फ़ोटो लगाए रहता था। मेरी प्रेमिका को मेरी इस दीवानगी का पता था और वे भी फ़िल्मों में मीनाकुमारी को देखकर मेरे साथ वैसे ही हाव-भाव करती थीं...इस तरह मेरी और भी प्रिय बन जाती थीं। किशन ने एक सी.ए. श्री भुवानिया के मार्फत एक स्टूडियो में मीनाकुमारी की शूटिंग देखने का प्रोग्राम बनवा दिया। वहाँ 'पाकीजा' का बड़ा सेट लगा था और 'इन्हीं लोगों ने ले लिया दुपट्टा मेरा' की शूटिंग चल रही थी। हम नौ बजे स्टूडियो पहुँच गए... और दर्शकों के बीच जाकर खड़े हो गए। हर बार एक इसी लाइन की शूटिंग होती और हर बार ही कमाल अमरोही उसे 'कट' कहकर फिर से करने को कहते...सेट पर लाल कुर्ता सफ़ेद सलवार में मीनाकुमारी नादिरा के साथ बैठी थीं। साँवला रंग, शरीर मोटापे की तरफ़ सरकता हुआ...दूर से देखने में एक़दम साधारण...मगर मैं तो उनका फैन था। किशन और दूसरे साथी एकाध घंटा रुककर चले गए, मैं रुका रहा कि मीनाकुमारी से मिलकर ही जाऊँगा। मैंने आसपास खड़े कुछ नौजवानों से तहक़ीक़ात की—उनसे मिलना कैसे हो सकेगा? एक ने कहा—'उनके एक मिनट की कीमत लाख रुपए है...तुम उनसे नहीं मिल सकते...यहीं से देख लो...और रास्ता नापो।' सवेरे नौ बजे से शाम सात बजे तक मैं खड़ा ही रहा, मौक़ा तलाश रहा था... आख़िर जब एक बार कट हुआ...और मीनाकुमारी स्टेज पर ही कुर्सी पर बैठी थीं... मैं छलाँग लगाकर सीधा स्टेज पर जा पहुँचा—और एक साँस में कह गया—"मैं अपने हॉस्टल के कमरे में आपकी फ़ोटो लगाए रहा हूँ, उसे देखकर पढ़ता रहा हूँ... और ये लोग मुझे आपसे मिलने नहीं दे रहे..."

वे चौंकीं—"कौन लोग?"

मैंने उस तरफ़ का इशारा किया जिधर से उचककर आया था...

"क्या करें...?"

तब मैंने उनकी आँखों को देखा...बड़ी आँखें नहीं थीं, लेकिन दर्द अथाह था उनमें...उनकी दर्द भरी एक्टिंग का स्रोत थीं वे आँखें। लोगों की तरफ़ से आँखें हटा फिर उन्होंने मुझे देखा...ऐसी नज़र जैसे पी जाएँगी मुझे।

"मैं आपकी जीवनी लिखना चाहता हूँ।"

"पर मैं तो अभी मरी नहीं..." फिर दर्द भरी आवाज़।

"कल ग्यारह बजे यहाँ मेरे मेकअप रूम में आ जाना, वहाँ बात करेंगे।"

मैं स्टेज से उतरकर वहीं से निकला, जहाँ से गया था कि उन नौजवानों में से कोई मुझे निशाना बनाकर कह रहा था—

"जाने कहाँ से चले आते हैं साले...शूटिंग देखेंगे, हीरोइन से मिलेंगे! अब पैर रखना कभी स्टूडियो में, टाँग तोड़ दी जाएगी!"

मैं डर गया। पान खाये, गले में काली ताबीज डाले खड़े वे गुंडे दिखते थे। थे भी। डर की वजह से मैं अगले रोज़ नहीं गया। दो-तीन दिनों बाद मैंने अपने एक आयकर सहकर्मी की मदद से यश चोपड़ा का—जो तब पाकीजा के मुख्य कैमरामैन थे—उनसे जान-पहचान निकाली, उनके साथ पाकीजा के उसी सेट पर गया; उन्हीं गावतकियों पर टिककर ठाठ से बैठा जहाँ फ़िल्म में 'इन्हीं लोगों ने ले लीन्हा दुपट्टा मेरा...' सुनने वाले बैठते हैं...उन गुंडों को चिढ़ाते हुए। यश चोपड़ा जी ने मीनाकुमारी से मेरी मुलाक़ात कराई—

"मैंने इनसे कहा तो था अगले रोज़ मेकअप रूम में आने को?" वे बेबाकी से बोलीं। मैंने गुंडों की धमकियों के बारे में बताया। वे एक उसाँस लेकर रह गईं। यह वह समय था जब मीनाकुमारी कमाल अमरोही की पत्नी थीं, और कमाई में सोने की चिड़िया, जिसके फुर्र से उड़ जाने का ख़तरा था...इसलिए उनके इर्द-गिर्द चौकीदारी का एक जाल बिछा दिया गया था। मैंने शूटिंग के अन्तराल में उनसे वहीं बैठकर बातें कीं।

एक दिन मैं गाने की रिकॉर्डिंग देखने पहुँचा। मदनमोहन जी—'अगर मुझसे मोहब्बत है, मुझे सब अपने गम दे दो'—गाने की रिकॉर्डिंग कर रहे थे। लता मंगेशकर को बार-बार टरां रा रां आं...की धुन सिखाते और लता जी बार-बार वह लाने की कोशिश कर रही थीं। बाहर जहाँ मैं बैठा था, वहाँ पान से रँगे होंठ वाले एक सज्जन बैठे थे...कमीज़-पायजामा में, नाड़ा लटकता हुआ। ये गीतकार राजा मेहँदी अली खान थे...जो धुन पर झूम रहे थे। वहाँ तब जो भी हमारी तरफ़ से गुज़रता 'टरां रां रां...गुनगुनाता हुआ ही। संगीतमय...एक धुनमय वातावरण!

'पाकीजा' की शूटिंग में यह बात दिखाई दी थी और यहाँ भी। 'पर फैक्शनिस्ट' थे ये लोग। कमाल अमरोही उस लम्बे-चौड़े सेट पर अगर पीछे किसी जगह एक लड़की भी नाचने की किसी मुद्रा में चूक गई तो कट बोल देते थे, फिर तैयारी। इसी तरह यहाँ एक ही गाने की रिकॉर्डिंग...और पूरा दिन उसी में लगा दिया। आज फ़िल्मी दुनिया में कला की तरह अपने काम को लेना, उसमें पूर्णता लाने की कोशिश-दर-कोशिश किए जाना...यह नहीं दिखाई देता। इसलिए न 'पाकीजा' जैसी फ़िल्में हैं न 'अगर मुझसे मोहब्बत है'...जैसे दिलकश गाने।

बम्बई में किशन के एक दक्षिण भारतीय मित्र वेंकटेश्वर से परिचय हुआ। उसे वैंकी कहकर बुलाते थे। उसके साथ किशन और मैंने रात को कोलाबा में रंडियों के फ़्लैट्स झाँकने शुरू किए...लेखक होने की तैयारी। वैंकी कहीं भी बिचौलियों

से रेट को लेकर भिड़ जाता...तब वह अंग्रेज़ी का एक फिकरा छोड़ता 'टैलिंग मी? आई नो ब्लडी ईच एंड एवरी फ़्लैट इन बॉम्बे...!' इससे रौब पड़ता था और बिचौलिये पीछे हट जाते...हम उन फ़्लैट्स, वहाँ की सेक्स वर्कर को देख-दाख बाहर निकल आते। हमारा इरादा दूसरा कुछ करने का था नहीं। लिपी-पुती वे लड़कियाँ आकर्षित भी नहीं करती थीं। मेरी अपनी कमज़ोरी यह बराबर रही है कि जब तक मेरा किसी लड़की से मानसिक जुड़ाव न हो जाए, मैं उसके साथ कुछ नहीं कर सकता। लड़की की बातचीत, उसका दिमाग़ी स्तर, कोमलता, संवेदनशीलता, एक दूसरे का ख़याल...ये चीज़ें हैं जो उसे आकर्षक बनाती हैं। इसलिए वहाँ क्या... ऐसी स्थितियों में कहीं भी मैं कभी कुछ कर नहीं सका...जबकि उन दिनों एड्स बीमारी का हव्वा नहीं खड़ा हुआ था और मैं अगर वैंकी के सामने किसी लड़की के लिए इच्छा ज़ाहिर करता तो वह ज़रूर बन्दोबस्त करा देता। बहरहाल हम चक्कर लगाकर लौट आते। तीसरे दिन चौपाटी में एक जगह, जिसे कांग्रेस हॉल कहते थे वहाँ हम एक मुजरे में ज़रूर बैठे।

समुद्र के पहले दर्शन बम्बई में ही हुए—मरीन ड्राइव पर। वहाँ समुद्र जैसे बाँध दिया गया था...और पर्यटक ऊपर सड़क के किनारे सैर करते थे। सब कुछ सभ्य-सभ्य। न समुद्र, न हम ही अपनी प्राकृतिक अवस्था में। तो मैंने किशन से उनका घर छोड़ एक पूरी रात अकेले समुद्र के साथ बिताने की इच्छा ज़ाहिर की। उसने भुवानिया से ही कहकर जूहू समुद्र तट पर किसी ख़ाली पड़ी कॉटेज में व्यवस्था करा दी। मैं अकेला वहीं...आधी रात तक समुद्र की रेत में घूमा, फिर कॉटेज आकर रात भर जागता समुद्र की बदलती आवाज़ें सुनता रहा, समुद्र तट पर प्रेमियों के क्रियाकलापों को दूर से देखता हुआ भी। प्रेमियों के साथ आज जैसी कोई अभद्रता कहीं नहीं दिखाई दी।

ये सब अनुभव मैं लेखक बनने के बहाने थोड़ा अपने दोस्तों पर वह रुआब डालकर ले रहा था...पर भीतर लेखक होने की कशिश सचमुच उठ रही थी। धनबाद लौटकर मैंने एक टाइपराइटर ख़रीद लिया और अब क़रीब-क़रीब हर हफ़्ते एक कहानी लिखता, उन्हें देश की सभी प्रमुख पत्रिकाओं में भेजता, जहाँ से वे सधन्यवाद वापस आ जातीं। कुछ दिनों में मैं यह मानकर चलने लगा था कि वे वापस आएँगी ही तो एक पत्रिका से वापस आई कहानी, दूसरी पत्रिका, दूसरी को तीसरी पत्रिका में भेजने का खेल खेलने लगा। हेमशंकर सहाय की पत्नी के यहाँ उनकी एक सुन्दर सहकर्मी लेक्चरर से मुलाक़ात हुई; मैंने उससे दोस्ती बढ़ाई...वह संकोची बंगालिन थी, एक-एक पग सोच-समझकर चलने वाली। उस पर उन्हीं दिनों लिखी मेरी एक कहानी है—'सीधा...दूर तक सीधा'। स्थानीय डिग्री कॉलेज में लेक्चरर रमेश किरण से दोस्ती हुई...वे कविताएँ लिखते थे, मेरी तरह नए थे। हमने आपसी ख़र्चे से एक पुस्तिका छपा डाली—'भटकता तिनका, नई आस्थाएँ', जिसमें मेरी कहानियाँ और

रमेश किरण की कविताएँ थीं। किरण ने भूमिका गया के हंसकुमार तिवारी जी से लिखवा ली। उसकी योजना अपनी कविताओं पर तिवारी जी से और मेरी कहानियों पर रेणु जी से लिखवाने की थी। रेणु जी ने सिर्फ़ दो पंक्तियाँ मेरी कहानियों पर लिखीं, तो तिवारी जी ने अपनी भूमिका में ही मेरी कहानियों पर विस्तार से बात की।

बम्बई की यात्रा से दो-तीन उन चीज़ों ने सिर उठाया जो मेरे साथ बराबर रहने वाली थीं—एक...परिवार को छोड़ यात्रा पर अकेले चल देना (बम्बई यात्रा में दूसरे साथियों की तरह मैं पत्नी को साथ ले जा सकता था, पर मैंने उसे बाँदा भेज दिया और अकेला गया)। आगे अधिकतर मेरी यात्राएँ अकेले ही हुईं, जिसकी वजह से उन यात्राओं पर यात्रावृत्त लिखे जा सके। पत्नी के साथ ज़्यादा यात्राएँ तीर्थों की हुईं, जिन पर यात्रावृत्त नहीं लिखे गए, क्योंकि नहीं लिखे जा सकते थे। दो...मैंने देखा कि कोई भी अनुभव लेखक के लिए त्याज्य नहीं है, बाहरी दुनिया बहुत बड़ी है, लेखक को जहाँ जो, जैसा भी अनुभव मिले...उससे भागना नहीं चाहिए...इसलिए बम्बई में मैंने तवायफ़ों के कारोबार, मुजरा, वहाँ का वातावरण, फ़िल्मी दुनिया, समुद्र, जो मिला सबके अनुभव लिए। तीन...मैं अफ़सरी ताक में रख साधारण आदमी की तरह ही चलता था। जब तक ज़रूरी न हो, अफ़सर होने का परिचय ही न देता था। जैसे 'पाकीजा' की शूटिंग देखने वाले पहले दिन...सवेरे नौ बजे से सात बजे शाम तक खड़ा रहा, भीड़ में, गुंडों के आसपास ही। तो यह सीख—बेशक वह मेरा स्वभाव भी था—अपने व्यक्तित्व में हमेशा-हमेशा के लिए सहेजकर रख ली।

कलकत्ता से एक पत्रिका निकलती थी—'बीच का आदमी'। रमेश किरण ने वहाँ मेरी एक कहानी भेज दी...मेरे परिचय में आयकर अधिकारी लिख दिया, पता मेरे घर का दे दिया। एक दिन उसके सम्पादक मेरे घर आ धमके और 'मान-न-मान मैं तेरा मेहमान' बन मेरे घर पर ही रुक गए। सवेरे उठकर शीर्षासन करते, पत्नी को उनके लिए दस-पन्द्रह रोटियाँ सेंकनी पड़तीं और वे मुझे रईसों से मिलवाने के लिए उकसाते, जिनसे वे अपनी पत्रिका के लिए विज्ञापन ले सकें...और उसमें मेरी रचनाएँ छपें। मैं लेखन और अपने पद को अलग रखता था...यहाँ तक कि दोस्ती में भी मैं एक व्यक्ति की तरह ही पेश आता था। मुझे यह अजीब लगा कि मैं उनकी पत्रिका चलवाऊँ जिसके एवज उसमें वे मेरी रचनाएँ छापें। मैं सोचने लगा कि मेरी रचनाओं को अपने स्तर के बल पर ही छपना चाहिए। मैंने उन सज्जन को एक भी विज्ञापन नहीं दिलवाया, उनसे कहा—वे मेरे घर रहकर अपनी दौड़-धूप करें... और जो हासिल कर सकें करें...आगे से मेरे यहाँ ठहरे भी नहीं। सम्पादक महोदय कहते—मैंने सोचा था कि आयकर अधिकारी के यहाँ जा रहा हूँ...तो स्टेशन पर मुझे लेने के लिए एक कार खड़ी होगी, व्यापारियों से मुझे पत्रिका के लिए दनादन विज्ञापन मिल जाएँगे...पर यहाँ तो कुछ भी नहीं है। उन्होंने यह भी कहा कि 'आप कैसे बन सकेंगे लेखक?' आख़िर मैंने उनसे साफ कहा—"आप अपना समय

बर्बाद न करें, मैं आपकी कुछ मदद नहीं कर सकूँगा, जब तक मैं अपनी रचना के आधार पर नहीं छपता, मुझे कैसे मालूम होगा कि मुझे लिखना आ रहा है या नहीं... कहानियों का वापस आना मुझे निराश नहीं करता..." जल्दी ही मैंने उन्हें रिक्शे पर बिठाकर विदा किया।

मेरे एक सहकर्मी थे—श्री मलिक—आयकर अधिकारी। उनके साथ मैं एक शिकार पार्टी में गया। (तब शिकार पर पाबन्दी नहीं लगी थी) उन्होंने एक-दो रईसों को पकड़कर इन्तज़ाम कराया था। मलिक साब खाकी ड्रैस में बन्दूक लेकर चले... एक़दम शिकारी के प्रोफ़ेशनल अन्दाज़ में। जंगल में देर रात तक खाना-पीना हुआ। क़रीब तीन बजे सुबह हम जीप में शिकार के लिए निकले। हमारे मेजबान मलिक साब को ख़ुश करना चाहते थे...तो हर बार वे या उनका लड़का...इशारा करता—वह देखिए ख़रगोश, उस झाड़ी में दुबका, चलाइए गोली...मलिक निशाना लगाते, चूक जाता। चलते-चलते थोड़ा दूर पेड़ों के नीचे आवाज़ हुई, स्पॉट लाइट उधर की तो एक साँभर जा रहा था...स्पॉट लाइट ने उसे निश्चल कर दिया, मेजबान के लड़के ने मलिक साब को फिर मौक़ा दिया...सर, गोली चलाइए फ़ौरन। मलिक साब की गोली फिर हवा में चली गई, तभी पीछे से लड़के ने गोली दाग दी और साँभर गिर गया। हम जीप से उतरकर साँभर की तरफ़ पैदल चले...मादा साँभर थी, आख़िरी साँसें लेती हुई। उसकी दर्द भरी आँखें हमसे पूछ रही थीं—'उसका कुसूर?' मलिक साब गर्व के साथ दिखा रहे थे...यह मेरी गोली थी, यहाँ लगी। पीछे मेजबान का लड़का अपनी मुस्कान दबाए हुए था। मैं मादा साँभर की आँखों से नज़र नहीं हटा पा रहा था। वे आँखें मेरे साथ चली आईं। उस वक़्त मैंने संकल्प लिया कि जंगल तो जाऊँगा, जानवरों को भी देखूँगा...लेकिन हथियार लेकर कभी नहीं। भाग्य से जल्दी शिकार करने पर भी मनाही लग गई...लेकिन मादा साँभर की वे आँखें मुझमें ठहरी रहीं। अभी कुछ दिनों पहले ही मेरी एक कहानी 'घायल' में वे आँखें फिर लौटकर आई हैं। जंगल घूमने का शौक़, बेशक उस ट्रिप से शुरू हुआ और जीवन भर चला, लेकिन वहाँ जानवरों को मुक्त घूमते हुए देखना अच्छा लगता था...आगे चलकर मैं ऐसी वन-यात्रा का भी आनन्द लेने लगा जहाँ एक भी जानवर देखने को न मिले। पेड़ों...वनस्पति का आवारा फैलाव...पहाड़ियाँ, नदी-नाले...इनमें भी जींवन धड़कता है।

एक दिन पटना कमिश्नर के दफ़्तर से आदेश आया कि मैं ज़रूरी मीटिंग के लिए तत्काल पटना पहुँचूँ, रिजर्वेशन नहीं मिले तो भी। मैं होल्डाल बाँधने लगा तो पत्नी रोने लगी...वह मेरे इस तरह एकाएक कहीं चल देने की अभ्यस्त न थी। मैं उसे यह भी नहीं बता सकता था कि मैं लौटूँगा कब, क्योंकि मुझे भी नहीं मालूम था। यह मेरी ज़िन्दगी का पहला सरकारी दौरा था। पत्नी को लग रहा था कि मैं उसे छोड़ रहा हूँ...किसी-किसी तरह उसे समझाया। पटना में और सहकर्मी इकट्ठे थे। हमें

इकट्ठे ही कहीं जाना है...कहाँ—यह किसी को पता नहीं। हम एक इनकम टैक्स रेड में ले जाए जा रहे थे, हमारे लीडर थे मेरे बॉस श्री ए.सी. जैन और मल्होत्रा जी। रेड दरभंगा के एक अनाज, मसाला आदि के थोक व्यापारी के यहाँ था। एक टीम दुकान, एक टीम घर और एक गोदाम पर पहुँची। मैं गोदाम वाली टीम में था... वहाँ जब भी हम बाहर सड़क पर आते, पड़ोसी हमें उकसाते—नीचे खोदो...माल वहाँ गड़ा है। एक-दो जगहें उनके कहने पर हमने खुदवाईं भी...कुछ नहीं मिला तो व्यापारी ताने मारता—'वहाँ भी खोदो...पूरी इमारत खोद डालो...हीरे-जवाहरात गड़े हैं न!' हम अपनी असफलता पर कुढ़कर रह जाते। एक कमरे की तलाशी पूरी होने पर व्यापारी ने मिर्चों वाली एक ख़ाली बोरी फटकारी...भुस हमारी नाकों में घुसी तो हम छींकते हुए जल्दी-जल्दी कमरे के बाहर भागे। पीछे से व्यापारी ने कहा—'यह कमरा देख लिया न, किवाड़ भेड़ देता हूँ, आप लोगों को छींकें आ रही हैं...'

हम बाहर आ गए...तभी मुझे कौंधा—व्यापारी उस कमरे से हमें निकालने के चक्कर में क्यों था...तो मैं चुपचाप अकेले पीछे फिर उस कमरे में गया, धीरे से किवाड़ खोले। वह एक बड़ा कमरा था—दीगर सामान के बोरे एक पर एक रखे हुए थे, ऊपर सीलिंग के नीचे कुछ जगह छोड़ी हुई थी! मैं बोरों पर से बन्दर की तरह ऊपर चढ़ता चला गया...सीलिंग के नीचे बोरों के पीछे की जगह ख़ाली थी। वहाँ कुछ काला-काला दिखा...मैं उधर उतर गया तो देखा कि काले किवाड़ थे, एक किवाड़ को हल्का धक्का दिया तो अन्दर एक बड़ी तिजोरी रखी दिखाई दी... मैं वहीं से चिल्लाया—'सर...सर...एक़दम फ़िल्मी अन्दाज़ में। टीम के सदस्यों ने आवाज़ के सहारे मुझे ढूँढ़ा। बोरे हटाए गए...तब हमारी टीम के लीडर मल्होत्रा जी आए, तिजोरी देखकर उन्होंने सबके साथ नारे लगाए—'हिप-हिप हुर्रे...'

व्यापारी ने तिजोरी की चाबी नहीं दी—खो गई है। आख़िर तिजोरी को तुड़वाना पड़ा, उसमें दो लाख की नगदी निकली...तब के दो लाख!

शाम खाने के दौरान मल्होत्रा जी ने सबके सामने मुझे शाबाशी दी—आज का हीरो तो मिश्रा रहा! पटना के अख़बारों में मोटे अक्षरों में ख़बर छपी, 'छिपी तिजोरी मिली', नीचे कमिश्नर की वाहवाही थी...सारा रेड उनकी बारीक प्लानिंग थी, उनके निर्देशन में...उनकी सूझबूझ...मल्होत्रा जी, मेरा कहीं कोई ज़िक्र नहीं। नौकरी से मेरा यह पहला मोहभंग था—जहाँ काम कोई और करता है, श्रेय कोई और मार ले जाता है।

उन दिनों आयकर विभाग द्वारा व्यापारियों पर डाले जाने वाले ये छापे नए-नए शुरू हुए थे। कमिश्नर नडकर्णी छापों के लिए बड़े उत्साही थे। उन्होंने अधिकारियों से कहा था—'रेड का केस गुपचुप बनाओ, पूरी तैयारी से...लेकिन लिखित कहीं नहीं।' चुपचाप हाथोंहाथ प्रस्ताव लेकर मेरे पास आओ, मुझसे दफ़्तर में नहीं घर पर मिलो...जिससे किसी को शक न हो।' कमिश्नर को ही रेड के आदेश देने का

पावर था। दरभंगा छापे के बाद मैं भी बहुत उत्साहित था। मेरे कार्यक्षेत्र में आनेवाले करकौंद क़स्बे के एक सज्जन मुझसे मिले। उन्होंने वहाँ के एक व्यापारी के बारे में मुझे जानकारी दी। उनके साथ मैंने बिलकुल फ़िल्माना तरीक़े से व्यापारी की दुकानों, दफ़्तर और घर का एक-दो बार बस से गुपचुप जाकर सर्वे किया, चुपचाप दफ़्तर की फ़ाइल से उसे मिलाया। इस तैयारी में तीन महीने लग गए। मैंने अपने हाथ से लिखकर प्रस्ताव बनाया और उस 'इन्फॉर्मर' के साथ बिना रिजर्वेशन थर्ड क्लास आर्डनरी में बैठ पटना पहुँचा। स्टेशन में ही तैयार होकर हम सीधा कमिश्नर के बँगले पहुँचे—छह बेली रोड। नाडकर्णी जी की जगह अब कोई माथुर कमिश्नर आ गए थे। गणपति जी का सिखाया मैं आत्मविश्वास से चलता था (गणपति जी कहा करते थे—किसी अफ़सर की चाल से जाना जा सकता है कि वह ईमानदार है या घूसखोर!)। बरामदे में एक चपरासी था...मैंने अपना परिचय दिया, कहा—कमिश्नर साब से मिलना है। वह अन्दर जाने लगा तो मैंने उससे ड्राइंग रूम खोलने के लिए कह दिया...आख़िर कमिश्नर अफ़सर था तो मैं भी तो अफ़सर था...मैं सोचता था। चपरासी ने ड्राइंग रूम खोल दिया। मैं इन्फॉर्मर को लेकर ड्राइंग रूम में अन्दर बैठ गया। हम कमिश्नर साब का इन्तज़ार करने लगे। इस बीच अन्दर बरामदे की खिड़की से कमिश्नर साब झाँके, वे दाढ़ी बना रहे थे...देखकर उन्होंने झट से पर्दा खींच लिया। थोड़ी देर में वे गाउन पहने ड्राइंग रूम में आए...हम दोनों ने खड़े होकर नमस्ते किया—

"यस...?"

"सर...ही इज़ एन इन्फॉर्मर। आई हैव ब्रॉट प्रपोजल फॉर ए रेड..."

"सो...? वाट्स अर्जेन्ट अबाउट इट...सी मी इन द ऑफ़िस..."

उन्होंने डाँटकर हमें रास्ता दिखा दिया। इन्फॉर्मर घबरा गया। वह दफ़्तर जाने को क़तई तैयार नहीं था...क्योंकि वह उस व्यापारी के यहाँ नौकरी करता था, कहीं व्यापारी को पता चल गया तो उसकी जान को ख़तरा हो सकता था। दफ़्तर में कोई उसे पहचान सकता था। वह इस भ्रम में यहाँ तक आ गया था कि कमिश्नर से मेरे ताल्लुकात नज़दीकी थे। यहाँ आलम उलटा देखा तो घबराकर कमिश्नर के घर से सीधा स्टेशन चला गया। मैं अकेला ही कमिश्नर के दफ़्तर पहुँचा। उनके कमरे में दाख़िल होते ही वे मुझ पर बरस पड़े—

"यू ब्रिंग एनी टौम डिक एंड हैरी टु माइ ड्राइंग रूम ऐज़ इफ ही इज़ एन ओल्ड फ्रेंड ऑफ़ माइन..."

"सर ही वाज़ एन इन्फॉर्मर! हमें रेड के लिए मटीरियल देकर वह विभाग की मदद कर रहा था। वह ऑफ़िस आने को तैयार नहीं था। वह सोचता था यहाँ वह पहचाना जा सकता है और तब उसकी जान का ख़तरा हो जाएगा...वह वापस चला गया। वह आपको कन्विंस कर देता कि यह फिट केस है।"

"यू विहेव एज़ इफ़ यू नो ए लॉट! व्हाट डू यू नो ऑफ़ इनकम टैक्स?"

"सर एज़ मच एज़, वे यंग मैन ऑफ़ नॉर्मल इंटेलीजेंस इज़ सपोज्ड टु नो इनकोर्स ऑफ़ टू इयर्स!"

"यू थिंक वेरी हाइ ऑफ़ योर सेल्फ..."

"नथिंग मच सर...आई ओनली हैव सेन्स ऑफ़ माय सेल्फ रिस्पेक्ट..."

"आई हैव सीन सो मेनी यंग मैन हैविंग दिस सेन्स ऑफ़ सेल्फ रिस्पेक्ट... सफरिंग इन लाइफ..."

'सफरिंग' की बात आते ही, मेरे भीतर सोया साहित्य...एम.ए. में पढ़ा अंग्रेज़ी साहित्य, टॉमस हार्डी...जाग गया—

"सर, माई सफरिंग विगेन व्हैन आई वाज़ बॉर्न। इट इन्क्रीज़्ड व्हैन आई ज्वाइंट इनकम टैक्स। नाउ इट्स ए मैटर ऑफ़ डिग्रीस ओनली..."

"यू मे गो नाउ..." कमिश्नर बौखला गए, दाँत पीसते बोले।

"यस सर...बट आय विल क्लेम माय टी.ए..."

मैं बाहर निकल आया। बाहर मेरे समकक्ष एक अफ़सर बाग्ची—आई.टी.ओ. जुडीशियल का कमरा सटा हुआ था। हमारी तेज़-तेज़ बातें सुनकर वह घबरा रहा था। मैंने उसे जो हुआ वह बताया...वह और भी घबरा गया...मुझसे कहीं-कहीं ज़्यादा। नौकरी से मेरा यह दूसरा मोहभंग था।

मेरी ग़लती यह हुई कि पुराने कमिश्नर नडकर्णी के निर्देश कि—जैसे ही रेड का प्रस्ताव बने सीधा मेरे घर आओ, ऑफ़िस नहीं ताकि गोपनीयता रहे—उसी के आधार पर मैं नए कमिश्नर के घर जा पहुँचा। यह न सोचा कि नए के तौर-तरीक़े कुछ और हो सकते हैं, वे ज़्यादा फार्मल हो सकते हैं। मेरी दूसरी ग़लती यह थी कि मैं कमिश्नर को अपनी तरह दार्शनिक अभिरुचि वाला मान बैठा। आयकर विभाग में अधिकारी इस सोच के कहाँ होंगे। मुझे यह समझना चाहिए था कि कमिश्नर को मेरा दर्शन बघारना नागवार गुज़रेगा। मैं 'सफरिंग' का ज़िक्र आते ही पगला गया। सोचता था—'सफरिंग' बहुत बड़ी चीज़ होती है, 'जूड द औव्स्क्योर' की, 'टैस ऑफ़ द ड्यूरिबिल्स' की, हार्डी की...जबकि कमिश्नर या कोई सामान्य अधिकारी सिर्फ़ ऑफ़िस, पद, पदोन्नति की भाषा जानता है।

नादानी क्या...वह मेरी ग्रंथि थी...कॉम्प्लेक्स जो अभी तक नहीं गया। चूँकि मेरी ज़िन्दगी में दु:ख बहुत रहा, तो मैं उसे बहुत बड़ी चीज़ समझता हूँ...उस आधार पर दूसरों को हीन और ख़ुद को बेहतर मान बैठता हूँ...एक तरह के सुपीरियरटी कॉम्प्लेक्स की गिरफ़्त में आ फँसता हूँ...जबकि दु:ख और चीज़ों की तरह यथार्थ ही है। उसे हम झेलते हैं क्योंकि झेलना ही पड़ता है, वह कोई गुण तो नहीं हुआ जिसके बल पर हम ख़ुद को दूसरे से बेहतर मान बैठें।

मैंने बेवजह कमिश्नर को नाराज़ नहीं, बहुत नाराज़ कर दिया था। ये कमिश्नर प्रमोटी थे...प्रमोशन से ऊपर आए हुए। ये हम सीधे यू.पी.एस.सी. से आए अफ़सरों

से वैसे ही खुन्दक खाए रहते थे। सब और मैं भी जानते थे कि दंड मिलेगा। मेरा टी.ए. बिल तो पास कर दिया गया, रोका जाता तो मैं हल्ला मचाता। मैंने सिर्फ़ थर्ड क्लास का रेलवे टिकट और रिक्शा ख़र्च क्लेम किया था। मुझे दूसरा कोई दंड देने के लिए कमिश्नर के पास कोई आधार नहीं था। उनके लिए सबसे आसान था—तबादला कर देना। सालाना तबादलों के आदेश में मेरा नाम नहीं निकला। उसके बाद अलग से एक-दो अफ़सरों के लिए आदेश आया। तब बिहार और उड़ीसा एक कमिश्नर के चार्ज में ही आते थे। उड़ीसा को पनिशमेंट पोस्टिंग माना जाता था। मेरी तैनाती आई.टी.ओ. सैलरी सर्किल भुवनेश्वर की कर दी गई, धनबाद में दो साल बाद ही।

भुवनेश्वर तब नया-नया बस रहा था, 1965 में आयकर अधिकारी, भुवनेश्वर का पहला दफ़्तर मुझे ही जमाना था। कमिश्नर की तरफ़ से किराये का एक घर—मामूली किराये तक का—लेने की अनुमति थी, तीन क्लर्क पोस्ट कर दिए गए थे। बाक़ी सब मुझे करना था। कमिश्नर ने मुझे दंडित करने के लिए सोच-समझकर यह जगह ख़ास चुनी थी। सैलरी सर्किल में आयकरदाता नौकरी-पेशा ही थे, जिनमें ख़ास प्रान्तीय सरकार के कुछ बड़े अफ़सर थे। मैं सीधा प्रान्त के सेक्रेटरी पंडा जी आई.ए.एस., जिनके पास सरकारी मकान आवंटित करने का विभाग था, उनके पास पहुँचा। पंडा जी बहुत ही आत्मीयता से मिले। उन्होंने उसी दिन मुझसे एक पत्र लेकर ख़ाली सरकारी मकानों में से एक दफ़्तर के लिए एलॉट कर दिया। आज अफ़सरों में यह त्वरता—मुझमें यह कि मैंने उनको सीधे अलॉटमेंट के लिए पत्र वहीं का वहीं लिख दिया...और उन्होंने उसी वक़्त एक बंगला आयकर दफ़्तर के लिए अलॉट कर दिया—यह मुश्किल है। अफ़सर फ़ाइल चलाने...इससे-उससे पूछने में लग जाएँगे। पंडा जी बोले—'कल उनका एक अधिकारी कार लेकर मेरे पास आएगा, मुझे इस नए दफ़्तर के पास तीन-चार मकान दिखाएगा, मैं अपने रहने के लिए जो पसन्द करूँगा, वह शाम तक मुझे अलॉट कर दिया जाएगा।' एक हमारे पटना वाले कमिश्नर थे, जो एक नागरिक के उनके सरकारी मकान के ड्राइंग रूम में बैठने से ही उखड़ गए थे! दफ़्तर और घर का मसला सुलझने के बाद पंडा जी ने भुवनेश्वर में मुझे कोई तकलीफ़ नहीं होने दी...कुछ दिनों में पुरी के आयकर अधिकारी के छुट्टी पर जाने पर मुझे वहाँ का अतिरिक्त प्रभार दिया गया। मैं दौरे पर जिस शाम वहाँ पहुँचा तो रेस्ट हाउस में लगातार शेर के दहाड़ने जैसी आवाज़ आ रही थी...मैंने लोगों से पूछा—यहाँ आसपास चिड़ियाघर है क्या? मुझे बताया गया—समुद्र की आवाज़ है...मैं रोमांचित। ज़्यादा दूर नहीं था...तो मैं उसी वक़्त अँधेरे में ही एक साथी के साथ समुद्र से मुलाक़ात को जा पहुँचा... अँधेरे में भी लहरों की सफ़ेदी उजाला ला रही थी। दूसरे दिन सवेरे पुरी समुद्र तट पर छककर लम्बी सैर की।

मैं भुवनेश्वर में ख़ुद को जमाने की पूरी कोशिश कर रहा था, लेकिन भाग्य में जो तकलीफ़ें लिखी थीं, उन्हें कैसे रोक सकता था। भुवनेश्वर मैं तीन महीने ही रहा। मेरी दूसरी सन्तान बच्ची को पीलिया हो गया। उसे सरकारी हस्पताल में भर्ती किया। जब-जब डॉक्टर विजिट पर आते, उस छोटी-सी जान का पेट इधर-उधर से दबाते, मुझसे देखा न जाता। बच्ची को बचाया न जा सका...

विवाह मेरे मन का नहीं था...लेकिन सन्तान से ऐसा मोह...इसका जवाब प्रकृति के पास ही होगा। मुझे सारा संसार वीरान लगने लगा, पत्नी के लिए आत्मीयता जागी। उसके दु:ख के निवारण का एक ही तरीक़ा मेरी समझ में आया। भुवनेश्वर फ़ौरन छोड़ दूँ, उसे तीर्थों की यात्रा कराऊँ। कटक में मुझसे दो बैच सीनियर अमरेन्द्र मिश्र आयकर अधिकारी थे। मैंने उन्हें चार्ज दिया, कमिश्नर को सूचना भेज दी और भुवनेश्वर छोड़ दिया। पहले वाराणसी रुका—तीन दिन! बाबा विश्वनाथ के दर्शन और दशाश्वमेध घाट पर दोपहर तक बैठे हुए गंगा का प्रवाह देखना, शाम को दूसरे मन्दिर। रोज़ यही दिनचर्या। वहाँ से चला—तो इलाहाबाद दो दिन—रोज़ संगम जाना, वहाँ नदियों का प्रवाह देखते हुए बैठे रहना...

हमारे तीर्थ स्थान और नदियाँ! उनका प्रभाव नास्तिकों पर भी यों पड़ता है कि कितने सालों से कितने-कितने तीर्थयात्री वहाँ आते रहे हैं, उनकी भावनाएँ वहाँ तीर्थों की ज़मीन में पुंजीभूत हैं...तीर्थों के मन्दिरों का उतना नहीं जितना उस भूमिखंड का प्रभाव पड़ता है। और नदियाँ...उनका बहते जाना...हमें कालबोध कराता है, वीतरागी बनाता है। ऐसे ही नहीं सदियों से ज़िन्दगी से मार खाए हुए लोग इनकी शरण में आते रहे हैं। वाराणसी तो कलकत्ते की दुखियारी महिलाओं का घर ही रहा है।

इलाहाबाद से चित्रकूट आया। पयस्विनी नदी में स्नान...जिसे राम गंगा भी कहते हैं। मैंने पत्नी को चित्रकूट के सभी तीर्थ-स्थलों के दर्शन कराए। हमने साथ कामद्गिरी की परिक्रमा की।

चित्रकूट से हम बाँदा आ गए। वहाँ से मैंने कमिश्नर पटना को पत्र लिख दिया कि मेरे परिवार में यह दुर्घटना हो गई है, जिस कारण मैं भुवनेश्वर से चला आया, वहाँ वापस न जा सकूँगा। मेरी दूसरी जगह तैनाती कर दी जाए, तब तक मुझे छुट्टी पर माना जाए, मेरे खाते में छुट्टी न बचे तो वेतनहीन छुट्टी पर रखा जाए। अगर प्रशासन की मंशा मुझे सैलरी सर्किल में ही रखने की है तो जमशेदपुर सैलरी सर्किल ख़ाली पड़ा है, जो आयकर की दृष्टि से भुवनेश्वर से ज़्यादा महत्त्वपूर्ण है। मेरी तैनाती वहाँ की जा सकती है।

मेरी मनोदशा उन दिनों ऐसी थी कि अगर कमिश्नर मुझे फिर से भुवनेश्वर जाने पर ही अड़ता तो शायद मैं नौकरी छोड़ देता, लेकिन कुछ दिनों में ही मेरी जमशेदपुर पोस्टिंग के आदेश बाँदा आ गए। शायद मुझ पर बरसी त्रासदी ने कमिश्नर को सद्बुद्धि दी थी।

तीन माह का भुवनेश्वर प्रवास इस तरह समाप्त हुआ। वहाँ की प्राप्ति सिर्फ़ यह रही कि वहाँ मेरी दोस्ती विभाग के ही मेरे सीनियर अमरेन्द्र मिश्र से हुई। बहुत ही निष्कलुष, मददगार इनसान। हमारी दोस्ती आजीवन चली।

गणपति जी द्वारा दिया गया आत्मविश्वास था कि जमशेदपुर पहुँचते ही मैं रूसी मोदी, जो तब वहाँ टाटा-समूह के मैनेजिंग डायरेक्टर थे, उनसे सीधा मिला। हमारे विभाग के अपने मकान थे नहीं...मैंने उन्हें अपनी समस्या बताई। उन्होंने टाटा-ग्रुप का एक बँगला मुझे तत्काल आवंटित करने के आदेश सम्बन्धित अधिकारी को दे दिए। हमारी दोस्ती हो गई। रूसी मोदी से मेरी मुलाक़ातें उनके घर पर होने लगीं... मैं अक्सर शाम उनके घर पर उनके साथ ड्रिंक लेता। रूसी मोदी अविवाहित थे... बेलौस और पूरी तरह से अनौपचारिक। कभी-कभी मैं जाता, चपरासी फ़ौरन दरवाज़ा खोल देता, रूसी अपने बेडरूम में नंगे दिखाई देते, कपड़े पहनने के क्रम में। टाटा समूह में उनके समकक्ष श्री आर.एस. पांडे भी थे, जो आई.ए.एस. से रिटायर होकर टाटा समूह में डायरेक्टर थे। उनके रास्ते कई रिटायर्ड आई.ए.एस. अफ़सरों को भी टाटा ग्रुप में नौकरी मिल गई थी।

मैं सैलरी सर्किल का इंचार्ज था तो उस प्रभाव से मैंने ख़ुद को और अपने तीनों सीनियर आयकर अधिकारियों को जमशेदपुर के क्लबों का सम्मानित सदस्य बनवा दिया। अब मैं किसी क्लब में टेनिस खेलता, कहीं सिनेमा देखता। बँगला अलॉट होने के बाद पत्नी और बेटे मनोज को भी ले आया था। मैं भुवनेश्वर के दुःख को भरने के ख़याल से क्लबों में कुछ ज़्यादा ही जाता था। कानाफूसी पटना में कमिश्नर तक पहुँची...वहाँ अब भी वे ही थे जिनसे मेरी झड़प हुई थी और जिन्होंने मुझे भुवनेश्वर पोस्टिंग का दंड दिया था, बाद में प्रशासनिक लचीलेपन की मिसाल बनते हुए मेरी माँगी जगह जमशेदपुर दे दी थी। अब फिर छह माह के बाद ही उन्होंने मेरा तबादला जमशेदपुर से आरा कर दिया, जो जमशेदपुर के मुक़ाबले देहात था और वहाँ सिर्फ़ मैं ही एक अकेला आयकर अधिकारी था। कमिश्नर दफ़्तर के अधिकारी बाग्ची, जो कमिश्नर से मेरी झड़प का साक्षी था, उसने मुझे नेक सलाह दी कि आप ज्वाइन करने के पहले पटना होते और कमिश्नर से मिलते हुए जाएँ...मैंने भी सोचा कि कमिश्नर का रोष बना रहेगा तो वह मेरी कन्फीडैंशियल रिपोर्ट भी ख़राब कर सकता है। इसलिए बाग्ची की सलाह मान मैं कमिश्नर से मिला। वहाँ शासन का एक और पैंतरा मेरे सामने आया। जो कमिश्नर मुझसे इतने क्रुद्ध हुए थे वे बड़ी मुलायमियत से मुझसे बोले—'विभाग की इज़्ज़त आरा में बहुत गिर गई है, उसे उठाने के लिए वहाँ मेरे जैसे ईमानदार छवि वाले अफ़सर की ज़रूरत थी।'...कैसा बेवकूफ़ बनाते हैं ये घाघ प्रशासक...मैं समझ रहा था।

जमशेदपुर के कुछ महीनों के प्रवास में ही मैंने लेखक कमल जोशी और वीर भारत तलवार को ढूँढ़ निकाला। कमल जोशी उन दिनों 'धर्मयुग' में ख़ूब छपते थे,

मुझे उनसे रश्क होता था। वीर भारत तलवार क्रान्तिकारी तेवर वाला था। कमल जोशी का आज कहीं कोई नाम नहीं...माने छपना ही सब कुछ नहीं होता। आपके लेखन में वज़न भी होना चाहिए। वीर भारत तलवार आलोचक हुए, पर उन्होंने अधिक लिखा नहीं।

आरा में आयकर दफ़्तर एक पुरानी महलनुमा इमारत में था। नीचे दफ़्तर, ऊपर एकमात्र अधिकारी, यानी कि मेरी रिहाइश थी। वहाँ मैं, मेरी पत्नी, मनोज। बाँदा से मुल्लू मामा को बुला लिया। गाँव से खिम्मा कक्का को इलाज के लिए ले आया—उनके चेहरे पर फुन्सियाँ ही फुन्सियाँ निकल आई थीं। कम्पाउंड बड़ा था, इसलिए मैंने एक कुत्ता रख लिया था। इस तरह अपने इर्द-गिर्द भराव कर लिया। आरा का क्लब नाम का ही था, बस्ती के बाहरी छोर पर। फिर भी मैं शाम को पैदल दो-तीन किलोमीटर चलकर क्लब जाता (इसका अभ्यास मुझे नागपुर में सी.पी. क्लब जाते हुए हो चुका था)। रास्ते में, ख़ासतौर से लौटते वक़्त उस सुनसान रास्ते में चोर-उचक्कों का डर रहता था...तो मैं घड़ी भी घर में उतारकर जाता था, बल्ला क्लब में ही छोड़ देता था। यह सिलसिला बहुत दिनों तक नहीं चला और मैंने दफ़्तर के कम्पाउंड में ही बैडमिंटन कोर्ट बना ली, जहाँ एक दिन टहलते हुए पुराने लेखक राधिका रमण सिंह आ पहुँचे। उन्होंने पटना के अपने घर, अपने बेटे उदयराज सिंह, उनकी पत्रिका—'नई धारा' का पता दिया। आने वाले दिनों में कहानियों की रेडियो-रिकॉर्डिंग, उदयराज जी से मिलने और 'नई धारा' में छपने के सिलसिले में मैं ट्रेन से पटना अक्सर जाने लगा। एक घंटे की रेल यात्रा। उन्हीं दिनों मेरी कहानी 'नए पुराने माँ-बाप', 'माध्यम', जो इलाहाबाद से श्री बालकृष्णराव के सम्पादन में निकलती थी, उसमें स्वीकृत हुई। स्वीकृति का एक सफ़ेद कार्ड आया। मैं कितने दिनों तक उसे बार-बार देखता रहा। एक स्तरीय पत्रिका, उसमें बिना जान-पहचान के सिर्फ़ रचना के आधार पर छपने का सुख।

तभी महाराजा कॉलेज, आरा के प्राध्यापक विजयमोहन सिंह और क़स्बे में रह रहे मधुकर सिंह से परिचय हुआ। दोनों शाम को नियमित मेरे घर आने लगे। हम अपनी छत पर बैठ साहित्य-चर्चा करते। हमने आरा में एक छोटे-मोटे लेखक सम्मेलन की योजना बनाई। विजयमोहन सिंह के सम्पर्क से एक दिवसीय उस सम्मेलन में—कमलेश्वर, काशीनाथ सिंह, रवीन्द्र कालिया, गंगाप्रसाद विमल शामिल हुए। कमलेश्वर उन दिनों 'सारिका' के सम्पादक होकर जा रहे थे। उन्होंने विजयमोहन सिंह को बताया कि वे एक जेब में उन लेखकों की लिस्ट लिए जा रहे हैं जिन्हें लेखक बनाना है, दूसरी उनकी जिन्हें लेखन की दुनिया से उखाड़ फेंकना है। मैं—जिसने लिखना हालिया शुरू किया था—सोचने लगा कि क्या लेखक यों बनाए या उखाड़े जा सकते हैं? उदयराज जी ने मुझसे 'नई धारा' में छापने के लिए सम्मेलन में पढ़े आलेखों को माँगा और मुझे 'सम्मेलन अंक' का अतिथि सम्पादक बन जाने को

कहा। मैं गद्गद। मैंने सबके लेख ले लिए, रवीन्द्र कालिया ने कहा—वह अपना लेख स्टेशन पर देगा। आरा छोटा स्टेशन था, अँधेरा था, कालिया ने स्टेशन के एक लैम्प की रोशनी में खड़े-खड़े अपने लेख में एक जगह किसी का नाम काटकर मेरा लिख दिया। मैं सोचता रहा जिस सन्दर्भ में उस लेखक का नाम आया था, उस सन्दर्भ में क्या मैं 'फिट' होता था...लेकिन मैं अब अतिथि-सम्पादक था तो...। इस तरह साहित्य-जगत में 'नेम ड्रापिंग' से मेरा परिचय हुआ।

लेखन के क्षेत्र में मैं आगे आ रहा था—रेडियो रिकॉर्डिंग, 'नई धारा' में छपने से लगाकर, 'माध्यम' में छपने, लेखक सम्मेलन (भले ही अपने और अपने मित्रों द्वारा आयोजित!) और 'नई धारा' के विशेषांक का अतिथि सम्पादक तक। आदमियों और प्रकृति में भी मेरी दिलचस्पी बढ़ी। दफ़्तर में मेरे स्टेनो बहादुर और चपरासी अर्जुनसिंह के मार्फत मैंने भोजपुरी बोली की मिठास चखी। अर्जुनसिंह को मैं एक दिन उसकी लेट-लतीफी पर डाँट रहा था, जब वह बोला कि—'हुजूर! मिज़ाज तनिक सर्दिया गया था'...तो बोली की मिठास से मेरा सारा ग़ुस्सा काफ़ूर हो गया। स्थानीय रईस रामखिलावन सिंह जी की रईसियत यह थी कि वे रिक्शा में बैठकर मुझसे मिलने आते थे। उन्होंने कम्पाउंड के पीछे पड़ी ज़मीन पर अरहर की खेती का सुझाव दिया, एक उम्दा नस्ल की बकरी मुझे खरीदवा दी। उस बकरी की एक सन्तान मैंने बाँदा भिजवा दी...जहाँ कई सालों तक उसकी कई पीढ़ियाँ पलतीं और दूध देती रहीं। पीछे अरहर इतनी हुई कि खिम्मा कक्का का किसानी में अनुभव ही था जो सँभाले रहा।

उम्दा इनसान मुझे हर जगह मिलते रहे हैं। यहाँ 'डेहरी ऑन सोन' में डॉ. पाठक मिले। उनके साथ डाल्टनगंज के जंगल घूमते हुए मैं उनका क़रीबी हुआ। यह दोस्ती भी आजीवन चली। उन्होंने ग्रामीण इलाक़े में एक सैनीटोरियम खोला, जिसका नाम 'जगजीवन राम सैनीटोरियम' रखा था। उस सिलसिले में वे जगजीवन राम, जो केन्द्र में मंत्री थे, उनसे, जब भी वे सासाराम दौरे पर आते थे मिलते थे। एक बार उन्होंने मेरी भी मुलाक़ात करा दी। जगजीवन राम जी प्राइवेट में गोल्ड फ्लेक पीते थे, छिंगी वाली उँगली से सिगरेट फँसाए हुए सुट्टा मारकर। किसी चीज़ के लिए न करना वे जानते ही नहीं थे—'वचने का दरिद्रता!' दिल्ली पहुँचने के बाद मैं अकेला उनसे मिला और उनके मंत्रालय में डेपुटेशन पर आने की इच्छा प्रकट कर दी। उन्होंने तत्काल 'हाँ' कर दिया और शायद तत्काल ही भूल गए। राजनेताओं की इस अदा से यह मेरा पहला परिचय था—हर बात के लिए हाँ बोलो, बहुत बाद में मैंने अपनी खोज से इस अदा में यह भी जोड़ा कि राजनेता जो बोलता है वह करता नहीं और जो करता है वह बोलता नहीं।

डॉ. पाठक के घर जाना, कभी-कभी रात उनके यहाँ रुकना भी हो जाता था। उनके घर में दो बड़े कुत्ते थे। एक बार मैंने देखा कि आँगन में दोनों कुत्ते डॉ. पाठक

के कानों पर भूँक रहे हैं—एक इधर से, एक उधर से...और डॉ. पाठक हँसे जा रहे हैं। मुझे लगा कि डॉ. पाठक, जो हमेशा हँसमुख रहते हैं, उसका रहस्य इस यौगिक क्रिया में छिपा हुआ है।

आरा में एक दिन सवेरे-सवेरे सिसोलर गाँव से मेरे छोटे कक्का सुन्दरलाल जी प्रकट हो गए, कम्पाउंड में बैठे इत्मीनान से दातौन कर रहे थे। खिम्मा कक्का अब स्वस्थ हो चुके थे, चेहरे की फुन्सियाँ ग़ायब थीं। कैसे उन्हें पता चला कि उनके भाई अब स्वस्थ हैं और उन्हें मेरे यहाँ से उठा ले जाने का वक़्त आ गया है।

गाँव के लोग भी ख़ासे शातिर दिमाग़ के हो सकते हैं...सुन्दरलाल कक्का इसकी उम्दा मिसाल थे। खिम्मा कक्का का जब इलाज करवाना था तब उन्हें मैं ले आऊँ—इसके लिए वे मुझे उकसाते रहे। अब खिम्मा कक्का को ले जाना था तो मुझसे पूछना भी नहीं। खिम्मा कक्का बैल थे, खेती के लिए बहुत उपयोगी...सोचने की कूवत क़तई नहीं, सिसोलर की खेती में वे बहुत काम की चीज़...तो सुन्दरलाल कक्का उन्हें बैल की तरह ही हाँक कर ले गए। मेरी सहमति लेने की ज़रूरत न उन्होंने समझी, न खिम्मा कक्का ने ही। वे उसी दिन चले गए।

मुल्लू मामा अपनी पत्नी—अजब से परेशान थे ('कोहरे में क़ैद रंग') तो मैं उन्हें ले आया था...लेकिन उन्हें अब अपने घर की याद सताने लगी थी। उन्हें भी बाँदा भेजने का इन्तज़ाम करना पड़ा।

एक तरह से अच्छा हुआ कि दोनों अपनी इच्छा से और समय से चले गए। साथ बने रहते तो मेरे लिए समस्या ही बनते...

पटना रेडियो रिकॉर्डिंग से कहानी पढ़ने के लिए जब भी बुलावा आता, मैं कहानी तैयार कर लेता और जाता था। एक बार पटना में तैनात अपने सहकर्मी बी.के. सिन्हा—जो मुझसे एक बैच सीनियर और नागपुर ट्रेनिंग कॉलेज में मेरे साथ थे—मिल गए। बोले, दिल्ली से एक सीनियर अफ़सर आए हैं, उनके सम्मान में डिनर है, तुम भी आ जाओ...देर रात की गाड़ी आरा के लिए पकड़ लेना।

"कुछ बियर-वियर भी है?" मैंने हँसते हुए पूछा।

"बिलकुल!"

मैं रुक गया। सिन्हा ने एक कमरे में बियर का इन्तज़ाम कर रखा था। हम कुछ नौजवानों ने पहले अपनी सेवा बियर से की, फिर हॉल जिसमें डिनर था, वहाँ पहुँचे। हॉल में दिल्ली से आए मथुरादास आहूजा, आई.ए.एस. अकेले बैठे बोर हो रहे थे। कमिश्नर—वही थे जिनका दंड—पहले उड़ीसा में मिल चुका था और अब आरा में मैं भोग रहा था। जब सब पहुँच जाएँ, तभी वे आख़िर में चीफ़ गेस्ट की तरह प्रकट होते थे। उनका आई.टी.ओ. हेडक्वार्टस जब सब आ जाएँ तब कमिश्नर साहब को यह सूचना देता था। और जब तक कमिश्नर न पहुँच जाएँ डिनर कैसे शुरू हो। इधर हमारे यहाँ के अफ़सरान दिल्ली के आई.ए.एस. अफ़सर से बात

करने में हिचक रहे थे। आहूजा जी झल्ला रहे थे...'डज दिस कमिश्नर वान्ट मी टु वेट टिल मिडनाइट...?' मैंने सुन लिया...और मैं उनकी तरफ़ बढ़ गया। बियर के सुरूर में मैं फटाक-फटाक उनसे अंग्रेज़ी में आर्ट, कल्चर, साहित्य पर बातें करता चला गया। आहूजा जी ख़ुश...बोले—"आई नैवर न्यू देयर इज़ सो मच टैलेंट इन पटना...ऑफ़ीसर्स लाइक यू शुड बी इन डेलही..."

"तो बुला लीजिए न सर मुझे...।"

"रिमाइंड मी इन मार्च...ऑर्डर्स अप्रैल में निकलते हैं।"

तब तक कमिश्नर आ गए...और फिर दोनों बातें करने लगे। डिनर शुरू हो गया।

मैंने मार्च में आहूजा साहब को याद दिलाया। उन्होंने नोट कर लिया और अगले आदेश में मेरी तैनाती दिल्ली हो गई। 6 जून, 1966 को मैं दिल्ली था। धन्यवाद करने जब मैं आहूजा जी के घर गया तो उन्होंने बताया कि आदेश निकालने के पहले उन्होंने मेरे बारे में पटना कमिश्नर से पूछा था। कमिश्नर ने कहा था...'यह अफ़सर तो पगलैट है, कमिश्नर की जगह ख़ुद ही तय कर डालता है कि अपना चार्ज किसको देना है'...वे भुवनेश्वर में जो मैं कटक के आयकर अधिकारी, मुझसे सीनियर, मिश्रा को भुवनेश्वर का चार्ज देकर चला आया था, उसकी तरफ़ इशारा कर रहे थे। मैंने आहूजा जी को उस वक़्त की अपनी मानसिक स्थिति बताई, यह भी समझाया कि भुवनेश्वर में कोई दूसरा अफ़सर नहीं था, सबसे पास कटक ही था...अगर कमिश्नर भी ऑर्डर करते तो मिश्रा को चार्ज देने के लिए ही...

मेरी कैफ़ियत जो थी, वह एक तरफ़...मथुरादास आहूजा पुरानी परम्परा वाले अफ़सर थे—जो वायदा कर दिया, उसे निबाहना। इससे नए आए अफ़सरों का प्रशासन-तंत्र पर विश्वास जमता है। आज के अफ़सर होते तो कमिश्नर की मेरे बारे में रिपोर्ट सुनकर, मुझसे मीठी-मीठी बातें करके, आगे के लिए आश्वासन वग़ैरह देते हुए हाथ झाड़ लेते...और मेरी बजाय किसी नेता की सिफ़ारिश पर चल पड़ते... क्योंकि दिल्ली तब महत्त्वपूर्ण तैनाती मानी जाती थी।

छलाँग

दिल्ली-महानगर। मैं अपने साथ सिर्फ़ दो लोगों के लिए परिचय लाया था। डॉ. पाठक से उनके दोस्त छिब्बर का और उदयराज सिंह जी से उनके बड़े भाई आर.पी. सिन्हा का...जो राज्यसभा में कांग्रेस के सांसद थे। छिब्बर जी ठेठ पंजाबी, साउथ एक्सटेंशन-II में रहते थे। मेरे साथ पत्नी, छोटा भाई मुकुन्द और आरा में पाला डॉगी—टॉमी—थे। मनोज बाँदा में माँ के पास था। मैं क़स्बाई मानसिकता वाला... सोचता था कि शुरू के कुछ दिनों छिब्बर जी के साथ रहकर घर ढूँढ़ लूँगा—लाव-लश्कर के साथ पहुँच गया—जिसे देख छिब्बर जी घबरा गए। क़ायदे से मुझे पहले अकेले जाना चाहिए था...बाद में इन लोगों को बुलाता। छिब्बर जी, सरकारी सीमेंट कम्पनी के सीनियर अफ़सर थे...पूरे ग्राउंड फ़्लोर वाले फ़्लैट में अकेले रहते थे। उन्होंने दोपहर का खाना हमें खिला दिया और अपराह्न पड़ोस के किराये पर चढ़ने वाले फ़्लैट मुझे दिखाने ले गए। इससे पहले उन्होंने मुझसे अन्दाज़ ले लिया कि मैं कितने तक का किराया दे सकता हूँ। तीन सौ रुपए में एक मकान का पिछवाड़ा मिला। छिब्बर ने शाम तक हमें वहाँ शिफ्ट कर दिया। अपने घर से एक स्टोव भिजवा दिया और एक स्टोर्स से ज़रूरी चीज़ें भी खरीदवा दीं। उसी रात को ही मेरी रसोई चालू कराकर वे फारिग हो गए!

बिहार की लाट साहबी से उतारकर छिब्बर ने एक ही दिन में मुझे ज़मीन पर फेंक दिया। महानगर का पहला झटका। मकान के पिछवाड़े वाला हिस्सा होने की वजह से वहाँ गन्दगी भी काफ़ी थी, बहुत दिनों तक नहीं रहा जा सकता था। मैंने इतवार के अख़बार में विज्ञापन देखने की तरकीब छिब्बर जी से सीख ली थी...और हर इतवार मकान देखने निकल पड़ता। दो हफ़्ते में ही लाजपत नगर में एक ऊपरी मंज़िल का दो कमरे का फ़्लैट तय करके वहाँ शिफ्ट हो गया। सरकारी नौकर होने की वजह से मुझे किराये पर मकान देने में सभी सुरक्षित महसूस करते थे।

मुश्किल से पन्द्रह दिनों का छिब्बर जी से पड़ोसी जैसा सम्पर्क रहा। वे मददगार तो नहीं पर मज़ेदार व्यक्ति थे। कार में उनके साथ चलते...तो रास्ते में

जिनसे भी कार चलाने में उन्हें अवरोध मिलता...वे कार रोककर उन पर समुचित व्यंग्य-बाणों की बारिश शुरू कर देते। जैसे अगर लड़का-लड़की सड़क पर बात करते दिखे तो कहेंगे—'मोहब्बत की बातें किनारे खड़े होकर बेहतर हो सकती हैं...', तरबूज ऊपर से थोड़ा काट, उसमें बड़ी चम्मच डाल-डालकर खाते...इस तरह सामने वाले को देना नहीं पड़ता। सामने बैठा मैं उन्हें तरबूज खाते देखता रहता। बड़े शहर के टिपिकल व्यावहारिक व्यक्ति थे वे। उनकी पत्नी ने उन्हें छोड़ दिया था। नई जगह शिफ्ट होने के बाद मेरी भी उनसे फिर कभी मुलाक़ात करने की इच्छा नहीं हुई।

दो दोस्त—डॉ. पाठक और छिब्बर, दोनों कितने विपरीत स्वभाव के। डॉ. पाठक...हर की मदद करने वाले, छिब्बर अपना ही स्वार्थ देखने वाले। मदद करने वाले को लोग आजीवन याद रखते हैं, जबकि स्वार्थी को उसकी बीवी भी छोड़कर चली जाती है। जीवन में मुझे दोनों तरह के लोग मिले। मैंने यही सीखा कि मदद करने के लिए हमेशा प्रस्तुत रहना चाहिए, हालाँकि इसमें धोखा भी है। मेरे निकटस्थ मुझे बताते रहे हैं कि फलाँ आपका इस्तेमाल कर रहा है। मदद को इस्तेमाल किए जाना माना जाता है! फिर भी मैंने हमेशा ख़ुद को कबीर की पंक्तियाँ याद दिलाईं—'कबिरा आप ठगाइए, आप न ठगिए कोय...।'

लाजपतनगर वाले फ़्लैट में भी बहुत दिनों तक रहना नहीं हुआ। मैं सांसद आर.पी. सिन्हा जी से मिला तो उन्होंने उसी दिन मुझे विट्ठलभाई पटेल हाउस में एक कमरे वाला सरकारी फ़्लैट देने के लिए आवास संचालनालय को लिख दिया था। मुझे जल्दी ही वह अलॉट हो गया। तब संसद-सदस्य के पत्र को काफ़ी अहमियत दी जाती थी, सांसद सम्माननीय व्यक्ति माने जाते थे। उनका अपना व्यवहार भी गरिमामय होता था, आज की तरह फूहड़पन्ती भ्रष्टाचार वाला नहीं। आज आए दिन सांसदों की शिकायतें सुनने में आती हैं कि अफ़सर उनकी सुनते नहीं। इसके लिए सांसद स्वयं ही जिम्मेदार हैं। उन्होंने ख़ुद को इस लायक नहीं रखा। अब तक मेरी आत्मीयता नीचे रह रहे मकान मालिक के परिवार से हो गई थी। मैं थोड़ा शर्मसार था कि उन्हें कम से कम साल भर रहने का कहकर आया था और तीन महीने में ही उनका मकान छोड़ रहा था। मैंने उन्हें साफ़ बताया कि सरकारी फ़्लैट मुझे कितना सस्ता पड़ रहा है। उनके मन में कोई खराश नहीं उगी। सच बता दो तो वह कितने कलुष धो डालता है—मैंने यह कई मौक़ों पर देखा है। सच का वज़न होता है। मकान मालिक की क़िशोर लड़की टॉमी से बहुत खेलती थी तो मैंने टॉमी को उसी के पास छोड़ दिया। दिल्ली में मैं उसे अपने साथ रख भी नहीं सकता था, अच्छा हुआ कि उस निरीह जीव को मुझे बेचना नहीं पड़ा। टॉमी को घर मिल गया और मुझसे ज़्यादा चाहने वाला...मकान मालिक की लड़की। विट्ठलभाई पटेल हाउस मिलते ही मैं मनोज को बाँदा से ले आया और उसका दाख़िला बाल भारती एयरफोर्स स्कूल

लोदी रोड में करा दिया। बाँदा से महानगर...एडजस्ट करने में बच्चे को तकलीफ़ ज़रूर हुई (कहानी—'शुरुआत')।

श्री आर.पी. सिन्हा...विट्ठलभाई पटेल हाउस के पास कैनिंग लेन के बँगले में रहते थे। मैं उनके यहाँ अक्सर चला जाता। वे चूड़ीदार पायजामा, शेरवानी पहनकर संसद जाते, कभी-कभी उस पोशाक में टहलते हुए मुझसे बातें करते जाते। चुस्त-दुरुस्त...बातों में भी स्मार्ट, हर किसी की मदद करने वाले। दिल्ली में मैं क्लब की तलाश कर रहा था। दफ़्तर में मेरी मुलाक़ात डी.डी. ग्रोवर से हुई—धर्मदास ग्रोवर, लेकिन वह ख़ुद को उस पुरानी शैली के नाम से नहीं, डी.डी. कहा जाना ज़्यादा पसन्द करता था। वह मुझे कभी-कभी पास के चैम्सफोर्ड क्लब में टेनिस खिलाने ले जाता, शराब का शौक़ीन और अविवाहित। उसका परिवार—माँ-बाप, भाई-भाभी और उनकी एक बच्ची—तब राजेन्द्रनगर में रहता था। वे बर्मा से भागकर आए थे... दिल्ली, जैसे पार्टीशन के बाद पाकिस्तान से भागकर आए लोगों की शरणस्थली। डी.डी. किसी से भी अपने परिचय के बाद बताता—'आई एम फ्रॉम बर्मा!' इस तरह वह पाकिस्तान से आए शरणार्थियों से ख़ुद को अलग और विशेष बताता था। स्मार्ट था, लेकिन उससे ज़्यादा ख़ुद को दिखाता था (कहानी 'दोस्त'), बड़ी जल्दी लोगों से दोस्ती बिठा लेता था। उसके मार्फत मैं अपने कुछ बौसों का भी प्रशंसित हो गया जो बिहार में मैं नहीं हो पाता था। हमारी दोस्ती उसके देहान्त तक चली। दिल्ली में वह मुझे अपने वयोवृद्ध पिता से ज़रूर मिलवाता, मैं आयकर का हूँ...यह परिचय उन्हें ज़ोर-ज़ोर से देता। वह कहता था कि इससे उसके पिता का हौसला बढ़ता है। उसके पिता की अन्त्येष्टि में मैं श्मशान गया था। डी.डी. की ज़िन्दादिली उसके भाग्य को न बदल सकी। उसके बड़े भाई की बीवी—जो राजेन्द्रनगर घर की ऊपरी मंज़िल पर अपने पति और बच्ची के साथ रहती थी, बहुत दुष्ट थी। डी.डी. की माँ की मृत्यु रहस्यात्मक ढंग से हुई, कुछ समय बाद उसके बड़े भाई की हार्ट अटैक से। इनके लिए जिम्मेदार डी.डी. की भाभी ही थी। उसके बाद डी.डी. ने राजेन्द्रनगर का घर छोड़ दिया। अपने भाई के परिवार को पूरा घर दे दिया और नारायणा में अपने फ़ैक्टरी-परिसर में अकेले रहने लगा। वहाँ भी उसकी भाभी ने फ़ैक्टरी हथियाने के ख़याल से वहाँ के एक कर्मचारी से मिलकर डी.डी. की हत्या करा दी। कैसा जीवन्त डी.डी. और कैसा दुखी अन्त! वह बाहर तो इन्तज़ाम बढ़िया जमा लेता था लेकिन अन्दर...अपने घर में न जमा पाया। न अपनी शादी कर पाया, न भाभी के कुकर्मों को रोक पाया। कितना अजीब...कि अगर वे सब साथ रहते तो भी आख़िर में सब कुछ ग्रोवर की भतीजी को ही मिलना था...लेकिन उसकी भाभी ऐसी दुष्टा कि एक के बाद एक...सास, पति और अन्त में डी.डी. तीनों की असमय मृत्यु हुईं; पति हार्ट-अटैक से गए तो सास और डी.डी. की तो साफ हत्याएँ हुईं...जिनके पीछे उसी का दिमाग़ था। जब मैं जिमखाना क्लब का सदस्य हो गया, तब डी.डी., मैं और

खुशवन्त सिंह वहाँ टेनिस खेलते थे। डी.डी. की हत्या के वक़्त मैं बम्बई में तैनात था, वहाँ मुझे ख़बर मिली। खुशवन्त सिंह दिल्ली में ही थे...उन्होंने डी.डी. पर एक फीचर भी लिखा है, जैसे कि अब मैं लिख रहा हूँ...लेखकों की बेबसी! डी.डी. की तरफ़ से कोई लड़ने वाला नहीं था...तो उसकी भाभी बच ही निकली होगी...लेकिन क्या प्रकृति ने उसे छोड़ा होगा?

विट्ठलभाई पटेल में रहते हुए एक दिन मैंने देखा कि मेरी इलाहाबाद की प्रेमिका के मेरे लिए लिखे पत्र, जिन्हें मैं अब तक बहुत सुरक्षित रखे था, जब-तब उन्हें देखकर उसकी याद ताज़ा कर लेता था...वे ग़ायब हैं। पत्नी ने कुबूला कि उसने वे जला डाले। उस दिन मैं इमारत के सामने वाले पार्क पर अकेला बैठा रोता रहा...मुझे लगा कि मेरे बहुत ही प्रिय की हत्या कर दी गई है, अब न मेरी वह प्रेमिका और न वे इलाहाबाद के दिन मैं अपने लिए वापस ला सकूँगा...जैसे पहले कभी-कभी कर लेता था। पत्नी के लिए जो फाँक उस दिन पैदा हुई, वह फिर कभी भरी न जा सकी। क्यों किया पत्नी ने ऐसा...जब वे पत्र लिखे गए थे, तब मेरी पत्नी, मेरी प्रेमिका के पति...ये तो कहीं नहीं थे कि उन पत्रों को इनमें से किसी के साथ धोखा माना जाता!

यह करने की बजाय अगर मेरी पत्नी मेरी प्रेमिका, उसकी याद को आदर देती तो वह मेरे प्रेम की सुपात्र ही बनती! भुवनेश्वर की त्रासदी और वहाँ से लौटने में जो तीर्थयात्रा हमने साथ-साथ की थी...उससे जो आत्मीयता हमारे बीच बनी थी...उस सबको धो दिया इस कुकृत्य ने।

अपने छोटे भाई मुकुन्द को इलाहाबाद से एम.ए., एल.एल.बी. मैंने कराया था। मैं उसे अपने साथ दिल्ली आई.ए.एस. इम्तहान की तैयारी की कोचिंग दिलाने के ख़याल से ले आया था। तब कर्जन रोड (आज का कस्तूरबा गांधी मार्ग) में दो कमरे वाले अपार्टमेंट्स बन रहे थे। सिन्हा जी की मदद से मुझे एक अलॉट हो गया...तो पटेल हाउस की एक कमरे में रहने वाली दिक़्क़त भी ख़त्म हो गई। मुकुन्द ने वहीं तैयारी कर इम्तहान दिया और 'धानी' (दिल्ली-हिमाचल प्रदेश की सिविल सर्विस) के लिए चुन लिया गया। ट्रेनिंग रिंग रोड स्थित इंस्टीट्यूट ऑफ़ पब्लिक एडमिनिस्ट्रेशन दिल्ली में थी। नौकरी लगने के बाद अब वह अपने पैरों पर खड़ा हो...तो जैसे ही उसे हॉस्टल मिला, मैंने उसे स्वतंत्र कर दिया।

मुकुन्द को स्वतंत्र कर मैंने अपने कैरियर की तरफ़ ध्यान दिया। अब तक आयकर विभाग में मुझे आठ साल हो चुके थे। विभाग में मेरे अनुभव अच्छे नहीं रहे थे और मैं उस नौकरी से छुट्टी पाना चाहता था। मैंने एयर इंडिया के मैनेजर पद के लिए आवेदन किया, उसकी लिखित परीक्षा पास की, दो-दो इंटरव्यू में भी सफल हुआ। देश में आठ लड़के चुने गए थे, उनमें से एक मैं था। नागपुर में मेरे ट्रेनिंग कमिश्नर रहे श्री आर.डी. शाह, जो तब दिल्ली में निदेशक, अन्वेषण ब्यूरो थे, मुझे एयर इंडिया जाने के लिए उकसाते रहते—विदेश-यात्राएँ, विदेश में तैनाती...सारी

दुनिया घूम लोगे—वे कहते। उनका प्रभाव, मेरी आयकर के काम से उबास...मैं एयर इंडिया की नौकरी पर मुम्बई चल दिया, दिल्ली से ख़ुद को उखाड़कर—परिवार बाँदा भेज दिया। मुम्बई में तब सांताक्रूज एयरपोर्ट पर ही 'एयर इंडिया ऑफ़िसर्स' ट्रेनिंग कॉलेज था—देश में एक वही एयरलाइन थी। दिल्ली से मेरे साथ एक लड़का और चुना गया था। हम दोनों ने सांताक्रूज में ही एक कमरा 'पेइंग गेस्ट' के लिए शेयरिंग पर ले लिया। दिल्ली से मैं अपनी फियट कार ले आया था। हम उसी में ट्रेनिंग कॉलेज जाते-आते। तीन महीने की थियोरी ट्रेनिंग के बाद फील्ड ट्रेनिंग थी। मुझे फोर्ट एरिया में 'टिकटिंग ट्रेनिंग' के लिए भेजा गया। वहाँ से मैं अक्सर चर्च गेट स्थित आयकर भवन चला जाता और फ़िल्म सर्किल के आयकर उपायुक्त सिन्हा जी के कमरे में बैठता। एक बार उन्हीं के कमरे में राजकपूर से मुलाक़ात हुई, सिन्हा जी ने मेरा परिचय आयकर के अपने जूनियर आफिसर के रूप में कराया। राजकपूर मुझसे भी 'सर-सर' कर बातें करते रहे। दो दिन बाद ही एयर इंडिया में मुझसे कहा गया कि सी.आई.पी. (कमर्शियली इम्पॉर्टेंट पर्सन) को हैंडिल करने की ट्रेनिंग में मुझे एयरपोर्ट पर राजकपूर को हैंडिल करना है...मैंने अपने मैनेजर से कहा कि मैं किसी दूसरे को हैंडिल कर लूँगा, क्योंकि कुछ ही दिनों पहले राजकपूर मुझे 'सर...सर...' कर चुके हैं, अब मुझे उन्हें 'सर' कहना होगा। वे समझे और मान गए। कुछ दिनों बाद मेरा अपनी इंचार्ज एक महिला—जिसके साथ मैं नई जगह रखा गया था—उससे जरा-सी बात पर झगड़ा हो गया। मैं पाँच मिनट के लिए सिगरेट पीने बाहर गया था, जब लौटा तो वह ग़ुस्से में बोली—"मि. मिश्रा...व्हैयर हैड यू वैनिश्ड..." मैं साहित्य का विद्यार्थी...'वैनिश्ड' शब्द के इस्तेमाल से ही तुनक गया। क्या मैं कोई घोस्ट हूँ जो वैनिश हो जाएगा! उसने कड़े होकर कहा, दो मिनट के लिए भी अगर कहीं जाऊँ तो उससे पूछकर...

मुझे लगता था कि एयर इंडिया की नौकरी तो मेरा व्यक्तित्व ही बदलकर रख देगी—रोज़ दाढ़ी बना, टाई लगा, दफ़्तर में उतरो, सभी से सर, सर करते हुए मिमियाते हुए बात करो। आयकर विभाग में अपेक्षाकृत स्वतंत्रता थी, अपना व्यक्तित्व बचाए रखा जा सकता था। यहाँ रहकर तो मैं अपनी वैयक्तिकता की ही हिफ़ाज़त नहीं कर सकूँगा, लेखक क्या बनूँगा। मेरे इस सोच पर मेरे एक नए मित्र पाठक की राय का भी असर पड़ रहा था। वह मरीन ड्राइव के पास गेलार्ड रेस्तोराँ में दिन भर बैठता था—वहीं ब्रेकफास्ट, लंच, शाम की चाय, डिनर...और इन्हीं के दौरान अपना व्यापारिक काम वहीं बैठे-बैठे करता रहता...उसके लिए दफ़्तर रखने, उस पर ख़र्च करने की ज़रूरत नहीं। वह मेरा परिचय जिससे भी कराता था...उसे हँसते हुए बताता...इनकी बेवकूफ़ी देखिए, आयकर नौकरी छोड़कर एयर इंडिया चले आए...

और अब इंचार्ज महिला से यह झड़प। इसने मुझे इतना उखाड़ दिया कि मैं उसी वक़्त एयर इंडिया छोड़ देना चाहता था। फनफनाता हुआ पास ही डायरेक्टर

राव साहब के दफ़्तर पहुँचा, जिन्होंने फाइनल इंटरव्यू में मुझे एयर इंडिया के लिए चुना था और जो ट्रेनिंग के दौरान मेरे सुपर बॉस थे। मैंने उनसे इस्तीफ़ा देने की बात की तो उन्होंने समझाया कि ऐसे फ़ैसले ग़ुस्से में नहीं लिए जाते, मेरी मन:स्थिति को एक ख़ास केस मानते हुए वे एक हफ़्ते की छुट्टी देते हैं, मैं घर हो आऊँ, परिवर्तन हो जाएगा, उसके बाद मेरा यहाँ मन लगने लगेगा। छुट्टी पाकर मैं सांताक्रूज कमरे में पहुँचा, अटैची लगाई, अपने पार्टनर को ख़बर कर दी...और उसी समय कार से दिल्ली रवाना हो गया, साथ सिर्फ़ एक मोटर मैकेनिक...हालाँकि कार मेरी नई फियट थी। नासिक के पहले, घाट तक पहुँचते-पहुँचते शाम हो गई। मैंने एक ढाबे में खाना खाकर वहीं रात बिताने का सोचा। खुले आकाश के नीचे नंगी चारपाई पर...जिस पर ट्रक ड्राइवर आकर पसर जाते हैं।

मेरा सोचना कुछ भी रहा हो, महिला इंचार्ज से वह झड़प...यह निश्चित ही प्रकृति की तरफ़ से दिया गया धक्का था। वह न आता तो एकाएक जो मैं चल दिया—यह न हो पाता। क्या पता मैं सोचता रह जाता...दरम्यान या उसके बाद जल्दी ही एयर इंडिया की तरफ़ से कुछ ऐसे प्रलोभन आते—विदेश यात्रा जैसे—जिनमें मैं फँसकर रह जाता और एयर इंडिया में ही कैरियर बनाने में लग जाता, ज़्यादा से ज़्यादा राव जी की ही तरह डायरेक्टर के पद से रिटायर होता...लेकिन लेखक तो क़तई नहीं हो सकता था। वहाँ हर क़दम पर चमकने, आगे बढ़ने के लिए सतत प्रयास, प्रतियोगिता...मुझे कैरियर-व्यक्ति बनाकर ही छोड़ते। एक बार छलाँग लगाकर देख आया, उसके बाद आगे अब वैसी कोई कोशिश मुझे नहीं करनी थी। मेरे सामने यह साफ़ हो गया कि मेरा कैरियर तो साहित्य ही रहने वाला है, आयकर में चुपचाप नौकरी करते हुए लेखन में लगा रहूँगा।

एक रात घाट के ढाबे पर खुले में, दूसरी एक और रात रास्ते के एक होटल में बिता दिल्ली पहुँचा। मथुरादास आहूजा अब भी थे, उनसे मिला...दिल्ली रहने के दौरान उनसे थोड़ी खटपट हुई थी ('वह/अपना चेहरा')। मुझे डर था कि वे मेरी मदद नहीं करेंगे...पर जैसे ही मैंने विभाग में लौटने की इच्छा ज़ाहिर की, वे तपाक से बोले—'आ जाओ, सरकार ने जिस अफ़सर की ट्रेनिंग वग़ैरह पर इतना ख़र्च किया है, उसे वह खोना नहीं चाहेगी।' व्यक्तिगत से ऊपर उठकर यह सोचना... उस दिशा में व्यवहार करना...उस वक़्त के अफ़सरों में यह था। जब पहली बार वे मुझे बिहार से दिल्ली लाए थे तो मुझसे व्यक्तिगत रूप से प्रभावित होकर। अब हममें व्यक्तिगत सम्बन्धों में थोड़ी खटास के बावजूद जो वे कर रहे थे, वह ज़्यादा आदरणीय था...इसलिए कि वे अपने 'व्यक्ति' से ऊपर उठकर विभाग का सोच रहे थे। मैंने आगे कहा कि अगर दिल्ली ही मेरी नियुक्ति हो जाए तो मैं एयर इंडिया को यहीं से इस्तीफ़ा भेज दूँगा। वे इसके लिए भी तैयार हो गए, बावजूद इसके कि यहाँ मैं उनके लिए काँटा ही था ('वह/अपना चेहरा')। मैंने इस्तीफ़ा भेज दिया,

दिल्ली पोस्टिंग मिल गई। जंगपुरा एक्सटेंशन में किराये का मकान लिया, बाँदा से परिवार बुला लिया, बालभारती एयरफोर्स स्कूल में मनोज का दाख़िला फिर से करा व्यवस्थित जीवन पर चल पड़ा।

जंगपुरा एक्सटेंशन वाला घर पुराने टाइप का स्वतंत्र मकान था...बाहर नीम का पेड़, प्रांगण, अन्दर आँगन, जगह काफ़ी थी। एक सरदार जी के मार्फत मकान तय हुआ था। एक रोज़ सवेरे चार बजे उन्होंने घंटी बजाई...'अभी आप सोये पड़े हो जी'...मुझे लानत भेजते हुए वे धड़धड़ाते हुए अन्दर चले आए...पीछे दो-तीन लोग...कोई पुरानी चारपाइयाँ तो कोई पुराने बक्से लिए हुए। आँगन से सटा एक कमरा उन्हें ख़ाली दिखाई दिया तो अपने आप ही तय करके साथ लाया सामान जमाने लगे। मैं हैरत में...क्या वह मेरे साथ घर 'शेयरिंग' की सोच रहा था, नींद में था तो कुछ समझ में नहीं आ रहा था। निंदास गई तो मैंने थोड़ा कड़े होकर कहा—'ये क्या कर रहे हैं!'

'कुछ नहीं जी, यहाँ इतनी जगह ख़ाली पड़ी है...तो मेरा यह सामान रखा रहेगा...आपका सामान तो कुछ है नहीं...'। छिब्बर के बाद महानगर की यह दूसरी शख़्सियत...अतीव व्यावहारिक। उस वक़्त तो मैंने सरदार जी से कड़ाई से कह दिया...'कि अब और सामान न लाइए और यह भी एक महीने में उठा लिया जाए...' लेकिन बाद में समझ में आया—सरदार जी विभाजन के समय आए शरणार्थियों में से ही रहे होंगे...तो उनकी वह धकापेल वाली आदत भी उसी वक़्त की होगी!

दिल्ली में पुनर्व्यवस्थित होते ही मैंने लेखन से नाता जोड़ना शुरू किया, स्थानीय लेखकों से मुलाक़ात का सिलसिला उठाया। इसकी शुरुआत एयर इंडिया जाने के पहले, इत्तिफ़ाक़न दफ़्तर में अमृता प्रीतम से मुलाक़ात हो चुकी थी। उन्होंने हौजख़ास में मकान बनवाया था और आयकर अधिकारी उनसे रेत, सीमेंट, ईंटों पर किए गए ख़र्चे का हिसाब माँगता चला जा रहा था। कई पेशियों में उन्हें बुलाया और वे आती भी थीं। उस बार उन्होंने विभाग में ही इधर-उधर पूछताछ की कि क्या कोई यहाँ पढ़ने-लिखने में दिलचस्पी लेने वाला शख़्स है। किसी ने मेरा नाम सुझा दिया होगा और वे मुझसे मिलने आ गईं। मैं उनके नाम से परिचित था, उनकी कुछ रचनाएँ भी पढ़ चुका था। उनकी तकलीफ़ सुन मैंने उनके आयकर अधिकारी को पहले तो समझाने की कोशिश की कि एक लेखक ईंट-सीमेंट का हिसाब रखेगा या लिखेगा? फिर उसके पास अघोषित आय, जिसे तुम मकान पर हुए ख़र्चे के मार्फत ढूँढ़ रहे हो...वह कहाँ से आ सकती है? वह मुतमइन नहीं हुआ, इतना मान गया कि किसी तरह वह अमृता प्रीतम का केस मेरे यहाँ ट्रांसफर करने का प्रस्ताव बनाकर ऊपर भेज देता है, फिर मैं जानूँ। अमृता जी का केस मेरे पास आ गया तो मैंने तीन लाइन का आदेश लिखकर मामले को ख़त्म कर दिया—'करदाता राष्ट्रीय ख्याति-प्राप्त साहित्यकार है। सम्बन्धित वर्ष में उसने अपनी रिहायश के लिए घर बनाकर पूरा

किया है, इस सम्बन्ध में ख़र्च का ब्यौरा दिया है जिसे मान लिया जाता है। रिटर्न पर दिखाई इनकम पर आयकर।' मेरा वह सहकर्मी मेरा आदेश देखकर घबरा गया, बोला, कोई भी ऐसा आदेश देखकर तुम्हारे ख़िलाफ़ 'इन्क्वायरी' शुरू करा देगा। मैं अपने बचाव के लिए तैयार था, कहूँगा कि अगर विभाग साहित्यकार की बात का विश्वास नहीं कर सकता तो फिर किसकी बात का करेगा...

दिल्ली फिर से आने के बाद मैंने उनसे सम्पर्क किया। तपाक से उन्होंने मुझे घर बुलाया। उसके बाद हमारी दोस्ती बढ़ती चली गई, जो उनके जीवित रहने तक चली। उन्हीं दिनों मेरी कहानी 'दोस्त' छपी थी, जो उन्हें पसन्द आई थी। उसका पंजाबी में अनुवाद उन्होंने ख़ुद किया और अपनी पत्रिका 'नागमणि' में छापा, रांगेय राघव की कहानी 'गदल' के साथ। मैं अब उनके घर अक्सर जाता। इमरोज़, मैं और अमृता जी साथ बैठते। वे सिगरेट बहुत पीती थीं। उनकी रचनाएँ अतिभावुक होती थीं, जो मेरी पीढ़ी के लेखन का मुहावरा नहीं था। जीवन में भी वे अतिभावुक थीं...और इमरोज़ तो ख़ैर ऐलानिया अमृता के दीवाने थे।

एयर इंडिया से लौटकर जैनेन्द्र कुमार, भीष्म साहनी, निर्मल वर्मा, कृष्णा सोबती आदि से परिचय हुआ, जो आगे चलकर आत्मीयता में बदलता गया। ये और दूसरे लेखकों जिनसे आत्मीयता आगे चलकर हुई...उनके संस्मरण मेरी किताब 'सान्निध्य साहित्यकार' में संगृहीत हैं। उन्हीं दिनों मोहन राकेश के यहाँ फ़ोन किया तो अनीता औलक जी ने कहा...वे बहुत व्यस्त हैं, आज नहीं मिल सकते, जब आइए 'अपॉइंटमेंट' लेकर आइए। यह तो विशुद्ध अफ़सरी मुद्रा थी। मैंने फिर उनसे मिलने का ख़याल छोड़ दिया...और उनसे कभी मुलाक़ात न हो सकी। इस बीच मेरा उपन्यास 'वह/अपना चेहरा' तैयार हो गया था। उसके प्रकाशन के लिए विजयमोहन सिंह के मार्फत मैं नामवर जी से मिला, जो तब राजकमल प्रकाशन के सलाहकार थे, शीला सन्धू के क़रीबी। उन दिनों राजकमल प्रकाशन और शीला सन्धू की बहुत प्रतिष्ठा थी। साहित्य अकादेमी पुरस्कार ज़्यादातर राजकमल प्रकाशन की पुस्तकों को मिलते थे। उन लेखकों के सम्मान में शीला जी रिंग रोड (अब महात्मा गांधी मार्ग), साउथ एक्सटेंशन से सटे अपने घर पर डिनर देती थीं, स्कॉच व्हिस्की के साथ। वहाँ शहर के सभी नामी लेखक इकट्ठे होते थे। नामवर जी ने मेरा उपन्यास पढ़ा, उन्हें अच्छा लगा और उन्होंने शीला जी से इसे छापने की सिफ़ारिश की। शीला जी ने—'गोविन्द मिश्र को अभी कौन जानता है' कहकर नामवर जी के प्रस्ताव को ख़ारिज कर दिया। मुझे ख़राब लगा कि हिन्दी के—इतने प्रतिष्ठित व्यक्ति की राय नहीं मानी गई। अपना नहीं—मैं तो था ही क्या उन दिनों—मुझे वह नामवर जी का अपमान लगा, नामवर जी ने भले कुछ महसूस न किया हो। बावजूद इसके शीला सन्धू ने अपने सालाना एकेडेमी अवार्ड से सम्मानित लेखकों वाले डिनर में मुझे निमंत्रित करना ज़रूर शुरू कर दिया।

'वह/अपना चेहरा' की पांडुलिपि लेकर फिर मैं राजेन्द्र यादव के पास गया, जो 'अक्षर प्रकाशन' चला रहे थे। मैंने सोचा, लेखक एक नए लेखक के प्रति ज़्यादा हमदर्दी रखेगा...लेकिन वे तो और बड़े व्यापारी निकले। साफ़ बोले, प्रकाशन-ख़र्च तुम दो, नाम 'अक्षर प्रकाशन' का डाल दूँगा। मैंने कहा—'इतने रुपए मेरे पास कहाँ...' तो बोले, 'किसी सेठ से कह दो।' मैंने कहा—'यह करना पड़ा तो मैं उपन्यास को फाड़कर फेंक देना बेहतर समझूँगा।' राजेन्द्र भाई को भी उपन्यास पसन्द आया था...क्योंकि वह एक नए परिवेश—ब्यूरोक्रेसी को उठाता था। उन्होंने पांडुलिपि लौटाई नहीं। छह महीने गुज़र गए, इस बीच राजेन्द्र भाई फ़ोन पर टालमटूली करते रहे। आख़िर एक दिन मैंने फ़ोन पर झूठ बोल दिया—कि मैं उपन्यास एक दूसरे पब्लिशर को दे रहा हूँ, मेरे पास पांडुलिपि की अतिरिक्त कॉपी है। राजेन्द्र भाई बोले, 'मैं मर गया क्या...आओ बात करेंगे।' मैं मिलने पहुँचा तो उन्होंने कहा—'ठीक है, अक्षर छापेगा...पर तुम्हें एक पैसा भी रॉयल्टी का नहीं मिलेगा।' मैंने यह बात मान ली। किताब छपी...उस पर अच्छी समीक्षाएँ निकलीं...मुझे लोग जानने लगे। पुस्तकें छपने की कोई दिक़्क़त मुझे इसके बाद नहीं हुई। इस बीच मेरा दूसरा उपन्यास 'उतरती हुई धूप' भी तैयार हो गया था, उसे राजपाल एंड संस के विश्वनाथ जी ने सप्रेम छापा।

नौकरी के ग्यारहवें वर्ष मेरी पदोन्नति हुई—तब के आई.टी.ओ. से सहायक आयकर आयुक्त। मथुरादास आहूजा रिटायर हो चुके थे। पोस्टिंग के लिए मैं श्री आर.डी. शाह, जो अब चेयरमैन थे...उनके घर पहुँचा। दिल्ली अब तक मुझे रास आने लगी थी...मैं यहीं रहना चाहता था। मुझे देखते ही श्री शाह ने—'यू हैव कम फॉर पोस्टिंग...आई हैव नो टाइम फॉर यू' कहकर मुझे बाहर से ही रुखसत कर दिया। मुझे धक्का लगा—वे ही शाह जिनका नागपुर में मैं पसन्दीदा प्रोबेशनर था, जिनकी सलाह पर मैं एयर इंडिया गया था और जिनके परिवार के सदस्य की तरह मैं उनके यहाँ हमेशा उनके घर के अन्दर बैठता था! चेयरमैन होकर वे इतना बदल गए...पद कैसे आदमी की भावनाओं को भी सुखा डालता है! ग़लत...यह आदमी, आदमी पर निर्भर है। आगे मैं भी चेयरमैन हुआ...लेकिन मुझे बराबर अपने पुराने रिश्तों का ख़याल रहा।

पदोन्नति पर मेरा तबादला फिर बिहार, पटना। मुझे अच्छा तो नहीं लग रहा था, लेकिन मैं उसे बदलवाने के लिए फिर श्री शाह से मिलने नहीं गया। चुपचाप पटना चला गया। उदयराज सिंह जी के घर के पास ही बोरिंग कनाल रोड पर किराये से एक फ़्लैट लेकर जम गया। 1 जनवरी, 71 को बेटी मनु का जन्म दिल्ली के होली फैमिली हस्पताल में हुआ था...मैं बेटी ही चाहता था और इत्तिफ़ाक़ कि उस रोज़ उस हस्पताल में होने वाली वह अकेली बच्ची थी। मैंने उसका नाम रखा—'मनोकामना' (जो बाद में छोटा होकर 'मनु' हो गया)। आज यह अविश्वसनीय लग सकता

है—उसके जन्म में हस्पताल का कुल ख़र्च साढ़े सत्रह रुपए आया था। पटना में वह दो साल की ही थी। पटना में मेरे सीनियर असिस्टेंट कमिश्नर श्री एस.पी. सिंह ने प्रस्ताव किया कि मेरी पत्नी इनकम टैक्स व्वाइस एसोसिएशन, जिसकी अध्यक्षा कमिश्नर की पत्नी थी...उसकी सदस्य बन जाए। मैंने प्रतिवाद किया—कि मैं इनकम टैक्स का हूँ तो मेरी बीवी कहाँ से इनकम टैक्स की हो गई! इस एसोसिएशन की हर महीने दो मीटिंगें कमिश्नर के घर पर होती थीं...जहाँ सब मातहत अफ़सरों की बीवियाँ कमिश्नर की बीवी की चापलूसी करतीं। साल में एकाध सांस्कृतिक कार्यक्रम एसोसिएशन की तरफ़ से करा दिया जाता, जिसमें भाग लेने वाली एसोसिएशन की एक भी महिला न होती। श्री सिंह को मेरे मना करने पर आश्चर्य हुआ। कोई मातहत अफ़सर ऐसा नहीं करता था, क्योंकि उसमें कमिश्नर का कोपभाजन होने का ख़तरा था। मौजूदा कमिश्नर बेशक वे नहीं थे जिन्होंने मुझे उड़ीसा भेजा था...पर थे तो कमिश्नर। उन्हीं दिनों मेरी दोस्ती युवा कवि आलोक धन्वा और ज्ञानेन्द्रपति से हुई थी। हम अक्सर कॉफ़ी हाउस में बैठते। ख़बर उड़ते-उड़ते कमिश्नर तक पहुँच गई, तो एक दिन किसी प्रसंग पर सबके सामने उन्होंने तंज कसा—'मिसरा तो दाढ़ी वालों के साथ उठता-बैठता है, ख़ुद को 'इन्टेलेक्चुअल' समझता है।' मुझसे न रहा गया—मैंने कहा—'सर! इन्टेलेक्चुअल तो बहुत बड़ा शब्द है, पता नहीं मैं उसमें फिट होता हूँ या नहीं, लेकिन आयकर विभाग के परिप्रेक्ष्य में मैं ज़रूर 'इन्टेलेक्चुअल' बैठूँगा।' कमिश्नर खुन्दक खा गए और आगे वे हर मौक़े-बेमौक़े मुझे इस तरह या उस तरह अपमानित करते। मेरी समझ में आ गया कि ये मुफस्सिल की पोस्टिंग मेरे अनुकूल नहीं है। मेरे जैसे स्वभाव वाले, अपने को ऊँचा समझने वाले, मुँहफट के लिए महानगर ही ठीक रहेगा तो जैसे ही मुझे दिल्ली निदेशक केन्द्रीय अनुवाद ब्यूरो होकर जाने का प्रस्ताव मिला, मैंने लपक लिया और 1973 में दिल्ली फिर आ गया। घर आनन्द निकेतन में, दफ़्तर हौजख़ास में। निदेशक के लिए कार थी—जो सुविधा आयकर विभाग में अभी बहुत-बहुत समय तक नहीं मिलनी थी।

इस बार बिहार की तैनाती...वह भी पटना में—का एक फ़ायदा मैंने उठाया। यहाँ से नेपाल पास था और हवाई जहाज़ से किराया भी मात्र तीन सौ रुपए था। मैंने अपने पूरे परिवार...माँ-बाप समेत...की हवाई जहाज़ और नेपाल यात्रा करा दी। तब नायलन का प्रचलन नया-नया हुआ था...नायलन कपड़ों को विदेशी चीज़ में गिना जाता था, भारत गिनी-चुनी चीज़ें ही लाई जा सकती थीं। मेरी माँ और पत्नी लौटते समय एक के ऊपर एक पाँच साड़ियाँ पहनकर ले आईं। मैं ख़ुश था कि परिवार को हवाई यात्रा का अनुभव करा दिया, लेकिन पिता जब वापस पटना एयरपोर्ट पर उतरे, तब उन्होंने राहत की साँस ली, हवाई यात्रा को कोसते हुए बोले—'जान बची, ऊपर आधे सरग में टँगे थे ससुर।' पिता ख़ुश हुए जब मकर संक्रान्ति के दिन उन्हें गंगास्नान कराया। उनका कहना था कि पटना की तरफ़ जो गंगा है वह पुण्यदायक

नहीं है तो हम मोटर-बोट से उधर के किनारे गए...वहाँ स्नान किया और मैथिल स्टाइल का दही (घड़े में जमाया गया) चूड़ा खाया।

पटना की उन दिनों की यादों में एक छोटी लेकिन महत्त्वपूर्ण याद बांकीपुर क्लब की है...जो गंगा के एक़दम किनारे है। पास ही स्टीमर—जो पटना से गंगापार जाने के लिए नियमित और लोकप्रिय सवारी थी—उसका स्टेशन था। भोंपू बजाते स्टीमर गंगा पर से निकलता। मैं स्टीमर स्टेशन कई बार हो आया...बिहार की जनता, संस्कृति और मीठी बोली...वहाँ सभी एक साथ देखने-सुनने को मिलते थे। अक्सर बांकीपुर क्लब के लॉन से गुज़रते स्टीमर को देखता। एक-दो बार यहीं फणीश्वरनाथ रेणु के साथ बैठना हुआ...उन दिनों वे बहुत उदास रहते थे...बीमारी और 'तीसरी कसम' फ़िल्म लटके होने के कारण। हम दोनों चुपचाप अपने ड्रिंक्स पर झुके गंगा को देखते रहते।

केन्द्रीय अनुवाद ब्यूरो का काम प्रशासन और भाषा से सम्बन्धित था...इसलिए मुझे पसन्द था। मैंने वहाँ अनुवाद-प्रशिक्षण का नया विभाग खुलवाया, प्रशिक्षणार्थियों के रहने के लिए एक नई इमारत किराये पर ली। अनुवाद प्रशिक्षण विभाग आगे चलकर फैलता गया, देश में लोकप्रिय और मान्य भी हो गया। उन्हीं दिनों बम्बई के महेन्द्र कार्तिकेय ने समकालीन लेखक सम्मेलन दिल्ली में किया। उसके एक सत्र में मैंने अपना आलेख पढ़ा, सत्र के अध्यक्ष डॉ. प्रभाकर माचवे थे। मैंने समकालीन लेखन में जो यथार्थ को लेकर अतिरिक्त आग्रह था उस पर चोट की...तो बाद के सारे वक़्ता मुझ पर ही पिल पड़े। एक ने तो यहाँ तक कहा कि ये अफ़सर लोग टहलाव के लिए साहित्य के क्षेत्र में आ जाते हैं (जैसे साहित्य सिर्फ़ प्रोफ़ेसरों के लिए आरक्षित क्षेत्र हो), एक ने यह शिकायत की कि लोग बेवजह नाचीज़ गोविन्द मिश्र को ही केन्द्र में रखकर बातें किए जा रहे हैं...और अध्यक्ष प्रभाकर माचवे सो रहे हैं। माचवे जी ने कहा—"मैं सोया नहीं था...'भज गोविन्दम्, भज गोविन्दम्' की टेर लगातार सुनता रहा हूँ।"

लेखकों के किसी बड़े सम्मेलन में शिरकत करने का मेरा यह पहला अनुभव था। मैं थोड़ी देर चुपचाप सुनता रहा, फिर उठकर चला आया। दूसरे दिन नहीं गया। सत्र के समापन पर बेचारे महेन्द्र कार्तिकेय के साथ वामपंथी लेखकों ने झूमाझटकी की, उनके कपड़े फाड़ डाले...यह सुनकर मन में लेखकों के लिए वितृष्णा जागी। कार्तिकेय से वामपंथी लेखक इसलिए भी नाराज़ थे कि उन्होंने धर्मवीर भारती से उद्घाटन कराया था, जिन्हें प्रतिक्रियावादी माना जाता था। उन दिनों प्रगतिवादियों और अप्रगतिवादियों का पारस्परिक बैर चरम पर था। मेरी वितृष्णा इस कारण और भी गहराई।

मुझे जल्दी ही सरकारी मकान मिल गया। दिल्ली में यह कितना मुश्किल था... इसे मैं अपने पहले प्रवास में देख चुका था। पहले, मोतीबाग में टाइप-फाइव, ऊपरी

फ़्लैट, बाद में 37, नेताजी नगर, नीचे का फ़्लैट। राममनोहर लोहिया हस्पताल में बेटे मनीष का जन्म हुआ। मेरी चौथी सन्तान (भुवनेश्वर में दिवंगत बच्ची को शामिल करते हुए)। मेरे पिता ('कचकौंध' कहानी के पंडित जी) तब रिटायर होकर मेरे साथ ही रहते थे, वे कुछ ही महीनों के मनीष को चम्मच-चम्मच दूध पिलाकर बड़ी तृप्ति महसूस करते थे।

उन्हीं दिनों अज्ञेय जी विदेश से आए और उन्होंने 'नया प्रतीक' निकालना शुरू किया। वे तब वसन्त बिहार में रहते थे। एक दिन अपने किसी मित्र के साथ वे मेरे नेताजीनगर वाले घर पर आए, मुझसे 'नया प्रतीक' में लिखने को कहा। अब तक मेरी कहानियाँ, 'लहर', 'कहानी', 'विकल्प विशेषांक' जैसी प्रतिष्ठित पत्रिकाओं में आ चुकी थीं, दो उपन्यासों की समीक्षाएँ कई जगह निकली थीं। मैंने जब विजयमोहन सिंह से अज्ञेय जी के आने का ज़िक्र किया तो उसने मुझे आगाह किया—"उन लोगों की संगत में मत पड़ना, बदनाम हो जाओगे।" मुझे बड़ा अजीब लगा कि अज्ञेय जी का साथ क्योंकर बदनामी का सबब बनेगा। इतना बड़ा लेखक मेरे जैसे नए लेखक के घर रचना माँगने आता है, (जबकि आयकर विभाग से जुड़े होने के कारण मेरे पास नई पत्रिका निकालने वाले विज्ञापनों के लिए ही आते थे और मैं उनहें चलता कर देता था) ऐसी लेखकीय विनम्रता! मैंने 'नया प्रतीक' में लिखना शुरू कर दिया। इस बीच पद्माकर त्रिपाठी जो तब नेशनल पब्लिशिंग हाउस में काम करते थे... उनके प्रयत्न से मेरा कहानी संग्रह 'अन्त:पुर' वहाँ से छपा। उस पर कनाट प्लेस में एक गोष्ठी भी पद्माकर जी ने आयोजित की, जिसमें और लेखकों के अलावा निर्मल वर्मा, राजेन्द्र यादव, रवीन्द्रनाथ त्यागी वग़ैरह शामिल हुए।

'लाल पीली ज़मीन' उपन्यास दस्तक दे रहा था। मैंने अपने इलाहाबाद के मित्र हरप्रसाद शर्मा, जो तब लखनऊ में 'इस्टेट अफ़सर' थे...उनसे लिखने के लिए नैनीताल जाने की इच्छा प्रकट की। उन्होंने नैनीताल क्लब का कमरा रिजर्व करने के निर्देश भेज दिए। मैं पूरी लेखकीय मुद्रा में वहाँ पहुँचा। हरप्रसाद शर्मा की वजह से, कुछ इस कारण भी कि मैं वहाँ लिखने आया था, मैनेजर मुझे कमरे पर कमरे दिखा रहा था और मुझे एक भी पसन्द न आता था। मुझे शर्म आई कि मैनेजर के दिमाग़ में इस वक़्त वह कहावत बार-बार गूँज रही होगी—'नाच न आवे आँगन टेढ़ा'। आख़िर मैंने एक कमरा चुन लिया और लिखने का जमाने लगा...लेकिन लिखना कि आए ही न, पूरा दिन...यों ही बीता। दूसरे दिन अपराह्न तक यह स्पष्ट हो गया कि मैं बेकार आया हूँ, लिखना न हो सकेगा...और मुझे लौट जाना चाहिए। सोचा, लौटने के पहले मुक्तेश्वर देख आया जाए, वहाँ प्रेमशंकर दुबे वैटिनरी संस्थान में पुस्ताकालयाध्यक्ष थे, पद्माकर त्रिपाठी के साढ़ूभाई। पद्माकर त्रिपाठी ने उनसे परिचय कराया था।

मैंने मुक्तेश्वर वाली बस पकड़ी, रास्ते में रामपुर पड़ा, जहाँ महादेवी वर्मा जी अक्सर लिखने आती थीं। उन्हें याद करते हुए मुक्तेश्वर पहुँचा। इत्तिफ़ाक़न प्रेमशंकर

का परिवार तब वहाँ नहीं था, वर्ना उनके दो कमरे के एक साधारण क्वार्टर में मैं कहाँ से अँटता। प्रेमशंकर मेरे आने पर ख़ुश हुए। मैंने आगे के कमरे में अटैची रख दी और बाहर उनके आँगन रूपी चौहद्दी में लिखने के लिए साधारण कुर्सी-मेज़ जमा दी। दिन की गुनगुनी धूप, सामने हिमालय की लम्बी चली गई श्रेणी...ऐसा मन लगा कि मैं वहाँ दस दिन क़रीब रह गया। प्रेमशंकर संस्थान चले जाते...और मैं मट्ठा पीकर लिखता रहता। मुक्तेश्वर छोटी बस्ती थी, सुबह जो बस नैनीताल जाती, उसके ड्राइवर को मैं अपनी सिगरेट विल्स का पैकेट नैनीताल से ले आने के पैसे दे आता, शाम को वही बस लौटती...उससे जाकर ले आता। अक्सर प्रेमशंकर मेरे लिखे हुए को पढ़ते...उसकी तारीफ़ (झूठी या सही) से मेरा उत्साहवर्द्धन होता।

किसी जगह ख़ुद को बाँध लेना और लिखने पर बैठ जाना...सिर्फ़ लिखना...दूसरा कोई काम नहीं...इस तरह का यह मेरा पहला अनुभव था...जो आगे चलकर एक सिलसिला-सा बन गया और ज़्यादातर मेरे उपन्यास इसी तरह लिखे गए। मुक्तेश्वर में मेरी सहायता प्रकृति ने की—सामने हिमालय का दृश्य, खुली धूप...जैसे हिमालय के नीचे एक टीले पर बैठा मैं लिख रहा था। आगे ऐसा सुन्दर प्राकृतिक परिवेश तो नहीं मिला...लेकिन प्रकृति के प्रांगण में बैठना मेरे लिए ज़रूरी रहा...लिखने और थककर जंगल या पेड़ों के आसपास ही घूमकर ऊर्जा लेने के लिए। 'हुज़ूर दरबार' खुशवन्त सिंह की कॉटेज कसौली में लिखा, कई उपन्यास पचमढ़ी में, 'अरण्य तंत्र' धर्मशाला में, 'धूल पौधों पर' बेलगाँव में...वग़ैरह।

दिल्ली आकर मैंने 'लाल पीली ज़मीन' की टंकित पांडुलिपि कृष्णा सोबती को पढ़ने को दी। वे बहुत प्रभावित हुईं...बोलीं—'इट्स मर्डर!' उन्होंने शीला सन्धू को ख़बर दी। शीला जी ने मुझे इंडिया इंटरनेशनल में लंच पर बुलाया और उपन्यास छापने की इच्छा ज़ाहिर की...लेकिन मेरे मन में जो 'वह/अपना चेहरा' की उन्होंने नामवर जी की सिफ़ारिश नहीं मानी थी...वह खुन्दस अब भी थी। शीला जी भले सर्वाधिक प्रतिष्ठित प्रकाशक हों...और मैं नया लेखक...मैं उन्हें जताना चाहता था कि लेखक मुख्य होता है, न कि प्रकाशक! तो मैंने चुपचाप 'लाल पीली ज़मीन' राजपाल के विश्वनाथ जी को दे दी। कृष्णा जी को सारी बात साफ़-साफ़ बता भी दी...यह कि मुझे नामवर जी की राय न माना जाना ख़राब लगा था...इसलिए। शीला जी के लिए मन में कोई द्वेष नहीं है और अगला उपन्यास उन्हें दूँगा।

'लाल पीली ज़मीन' पर अज्ञेय जी ने अपने घर पर गोष्ठी रखी, जिसमें जैनेन्द्र कुमार, निर्मल वर्मा आदि नगर के सभी प्रतिष्ठित लेखक आए। अज्ञेय जी फ़ोटो भी ले रहे थे...फ़ोटो तो नहीं, हर लेखक के वक्तव्य रिकॉर्ड में रहे और वे मेरी किताब...'साहित्य, साहित्यकार और प्रेम' में संगृहीत हैं।

'लाल पीली ज़मीन' उपन्यास बहुत चर्चित हुआ। लेखन के क्षेत्र में वह छलाँग साबित हुआ। मैं एकाएक प्रतिष्ठित लेखक हो गया। मेरे इतने उपन्यास आ जाने के

बाद आज भी मेरे कई पाठक उसी उपन्यास के मुरीद मिलते हैं, जबकि मुझे वह उपन्यास थोड़ा नकारात्मक लगता है। क्या किसी परिवेश में अच्छी चीज़ें होती ही नहीं, उस उपन्यास में वे दर्ज भी की गई हैं...पर वहाँ की गुंडई, हिंसा के नीचे वे दब गईं। लिखते वक़्त मेरी स्मृति में ज़्यादा ये ही चीज़ें क्यों रहीं...शायद उस समय का मेरा बालमन उन हिंसक घटनाओं से सहमा हुआ, आतंकित रहा था...इसलिए वे अंकित भी गहरे हुईं। भारती जी को उपन्यास भेजा। अपने प्रशंसात्मक पत्र में उन्होंने यह भी लिखा कि अफ़सरी की नकली ज़िन्दगी जीते हुए इन स्मृतियों को टटके और सुरक्षित रखा—यह क़ाबिले तारीफ़ है। रखा क्या...मैं तो इन क्रूर स्मृतियों से निजात पाना चाहता था। 'लाल पीली ज़मीन' लिखकर काफ़ी कुछ मुक्त हुआ तो साहित्य का यह करिश्मा भी सीधे-सीधे महसूस किया।

'धर्मयुग' में उपन्यास के चार अंश प्रकाशित हुए। तब 'धर्मयुग' लाखों में छपता था, हर जगह पहुँचता और पढ़ा जाता था। उपन्यास में कई नाम तक वही थे—जैसे खंदिया, झल्लू पंडित, कल्लू...खंदिया मोहल्ले वालों ने पढ़ा और मेरे पास धमकियों भरे कुछ पत्र भी आए...कि वे मुझे कोर्ट में घसीटेंगे। वैसा कुछ हुआ ज़रूर नहीं... क्योंकि कोर्ट में जाने के लिए पैसे चाहिए...वह बूता वहाँ किसी में नहीं था।

खुशवन्त सिंह से परिचय जिमखाना क्लब में टेनिस खेलते हुए हुआ। वे मुझे अच्छे व्यक्ति लगे, हालाँकि वक़्त के ज़रूरत से ज़्यादा पाबन्द, कुछ ज़्यादा फार्मल भी। वे अक्सर मेरे बच्चों मनु-मनीष—जो उनके घर के पास सरदार पटेल विद्यालय में पढ़ते थे—क्लब से लौटते समय स्कूल छोड़ देते थे। मैंने ख़ुद को उनके फितूरों के अनुसार ढाल लिया और हमारी दोस्ती आजीवन चली। 'शरीके मै' लेख में उनकी चर्चा है। सर्जनात्मक साहित्य से वे पत्रकारिता में कैसे सरक गए, इस पर उन्होंने बड़ी ईमानदारी से कहा—'उनकी समझ में आ गया था कि उसे वे बहुत आगे तक नहीं खींच सकते, 'ट्रेन टु पाकिस्तान' उनकी अच्छी किताब थी। यह ईमानदारी उनकी आत्मकथा में भी दिखाई देती है। खुशवन्त सिंह की कसौली कॉटेज में रहकर मैंने 'हुजूर दरबार' लिखा। यह उपन्यास भी मैं शीला सन्धू को नहीं दे पाया, क्योंकि वह पद्माकर त्रिपाठी ने बीच में ही नेशनल के लिए लपक लिया।

1975 के एक दिन सवेरे कहीं भी अख़बार नहीं थे। अख़बार यों तो तृतीय श्रेणी—उससे भी नीचे—के लेखन से भरे होते हैं...लेकिन राष्ट्रीय स्तर पर सभी पर प्रतिबन्ध, मुझे लगा कि जैसे पूरे देश को गूँगा कर दिया हो। देश में आपातकाल लगा दिया गया था। आने वाले दिनों में हमारे वरिष्ठ लेखक अपनी-अपनी तरह से विरोध कर रहे थे।

विनोबा जी से 'अनुशासन पर्व' कहलवाने के बाद जब इन्दिरा समर्थक जैनेन्द्र जी के पास समर्थन के लिए पहुँचे तो उन्होंने कहा—'इन्दिरा जी अबला कहाँ, वे तो सबला हैं...उन्हें मेरे समर्थन की क्या ज़रूरत! बल माने सेना...यह व्यंग्य कुछ

तक पहुँचा होगा, कुछ तक नहीं। श्रीकान्त वर्मा से मेरी मुलाक़ात निर्मल वर्मा, उषा प्रियम्वदा के साथ मेरे घर पर काफ़ी पहले हो चुकी थी। एक दिन उनका फ़ोन आया कि मैं चार बजे...जगह पहुँच जाऊँ, साहित्य सम्बन्धी चर्चा होगी, कई प्रतिष्ठित साहित्यकार आएँगे। मैं उस पते पर गया तो देखा, वह रेलमंत्री कमलापति त्रिपाठी का बँगला था। मैं अन्दर गया तो दरवाज़े पर ही कमलापति जी बैठे थे। सब उनके पैर छू-छूकर अन्दर जा रहे थे। जो आता...उसके आगे कमलापति जी स्वत: अपने पैर बढ़ा देते। मैंने पैर नहीं छुए, नमस्कार कर आगे बढ़ गया। अन्दर के बरामदे के आगे आँगन में पंडाल लगाकर बनाए गए बड़े हॉल जैसी जगह खाने की चीज़ें सजी थीं, चाय का भव्य आयोजन था। यशपाल कपूर एक काग़ज़ पर आए हुए लेखकों के आपातकाल समर्थन पर दस्तख़त करा रहे थे। उनका रवैया आक्रामक था। मेरी समझ में आ गया कि यह साहित्य-आयोजन नहीं, इमरजेन्सी समर्थन आयोजन था। मेरे सामने दुविधा थी...मन आपातकाल के ख़िलाफ़ जाता था और सरकारी अधिकारी होने के नाते समर्थन के अलावा मैं कुछ और कर ही नहीं सकता था। मैंने सोचा एक लेखक के रूप में अभी भी मैं इतना प्रतिष्ठित नहीं हूँ कि कोई मेरी उपस्थिति नोट कर रहा हो और अनुपस्थिति ग़ौर करेगा। भीतर से डरते हुए पर बाहर से ख़ुद को सामान्य दिखाते हुए मैं पीछे के रास्ते से भाग लिया।

केन्द्रीय अनुवाद ब्यूरो का समय मेरे लिए अच्छा रहा। दो विदेश यात्राएँ उस दरम्यान हुईं...यात्रावृत्त 'धुन्धभरी सुर्खी' और 'दरख़्तों के पार...शाम' में हैं। पहली यात्रा सरकारी ट्रेनिंग के लिए थी—इंग्लैंड, स्कॉटलैंड, वेल्स...साथ में फ्रांस, एम्सटर्डम और बेल्जियम...इन यात्राओं में मैं बेहद उत्साहित था...जो 'धुन्धभरी सुर्खी' में भी उतरा है। दूसरी यात्रा सांस्कृतिक आदान-प्रदान के तहत, बतौर लेखक योरुप की थी—जर्मनी, चेकोस्लोवाकिया और हंगरी...इनमें मैं उत्साहित तो था...लेकिन कहीं-कहीं जो एस्कॉर्ट मुझे मिलती थी...उसकी वजह से किरकिराहट यात्रा के दरम्यान आ जाती थी...जो 'दरख़्तों की शाम' में भी आ गई है। मुझमें भावनात्मक पक्ष प्रबल है—वह रचनाओं में तो सीधे-सीधे उतरता ही है, अक्सरान जीवन में भी उतर आता है। अपने रूमानी स्वभाव के कारण मैं कभी-कभी अनुचित हरकतें भी कर बैठता हूँ। चेकोस्लोवाकिया की यात्रा के दौरान मेरा वहाँ रेडियो में एक इंटरव्यू था। इंटरव्यू लेने वाली चेक लड़की सुन्दर और मेरे सामने ही बैठी थी। मैं साक्षात्कार देता रहा पर उस दौरान उस लड़की की उँगली में पड़ी अँगूठी को घुमाता भी रहा...उस अँगूठी से उसकी उँगलियाँ तब बहुत ख़ूबसूरत लग रही थीं। महिला के चेहरे का रंग कभी-कभी सुर्ख हो जाता, लेकिन वह इंटरव्यू बीच में रोक भी नहीं सकती थी। बाद में उसने मेरी शिकायत मेरी एस्कॉर्ट मारिया से की। मारिया एक बुज़ुर्ग और शान्त स्वभाव की महिला थी, (कहानी—'ख़ाक इतिहास') अपने पति पर प्रशासन द्वारा ढाये ज़ुल्म से गुज़र चुकी थी, उसने रेडियो वाली लड़की को शान्त किया।

अगर वह लड़की अपने विभाग में ऊपर शिकायत कर देती, तो मामला मेरे देश भेजा जाता और मेरे लेने के देने पड़ जाते।

बॉस से खटपट जिससे आयकर विभाग बिहार में दो-दो बार गुज़र चुका था... उससे अनुवाद ब्यूरो में भी बचा न रह सका। यहाँ यों तो बॉस 'डॉ. ब्रह्मदेव शर्मा' (बस्तर के आदिवासियों के लिए संघर्ष को लेकर प्रसिद्ध) संयुक्त सचिव थे...पर जो ज़बरदस्ती बॉस बन बैठते थे...वे थे तत्कालीन हिन्दी सलाहकार श्री रमाप्रसन्न नायक, आई.सी.एस.। हमें अक्सर कार्यक्रमों में साथ होना होता था और वहाँ मेरी हालिया लेखकीय प्रसिद्धि-चर्चा जो कहें, उम्र के कारण भी...मैं आकर्षण का केन्द्र बिन्दु हो बैठता था...जो नायक जी को नागवार गुज़रता। वे मुझे मौक़े-बेमौक़े अपमानित करते रहते। एक बार उनके कमरे में डॉ. नगेन्द्र बैठे थे, जब मेरा किसी काम से वहाँ जाना हुआ। नायक साहब 'वह/अपना चेहरा' से एक लाइन पढ़ते हुए बोले..."आप होंगे लेखक...पर हिन्दी आप ग़लत लिखते हैं...अब देखिए लिखा है 'उसने आवाज़ मारी', जबकि मुहावरा है...आवाज़ दी, या आवाज़ लगाई। मैंने बच निकलने की कोशिश की...'सर, हम लोग तो लिख देते हैं, सही है या ग़लत... ये आलोचक तय करेंगे। तभी नगेन्द्र जी ने प्रतिवाद किया...' नहीं...व्यंजना है... आवाज़ मारी में!' नायक जी को फिर कुछ बोलते न बना।

दरअसल नायक साहब के एक क़रीबी रिश्तेदार केन्द्रीय अनुवाद ब्यूरो में डेपुटेशन पर ऑफ़िस सुपरिंटेंडेंट थे। नायक जी चाहते थे कि उन्हें, ऊपर के पद—प्रशासन अधिकारी बनाकर ब्यूरो में स्थायी कर लिया जाए, जबकि नियमानुसार वह पद ब्यूरो के ही कर्मचारियों के लिए प्रमोशन के रास्ते आरक्षित था। ब्यूरो के कर्मचारियों का वह हक़ मारा जाना अनुचित था। मैंने नायक जी को बताया भी... लेकिन आई.सी.एस...ये लोग ख़ुद को सरकार समझते हैं और कुछ भी कर डालना अधिकार। वे अपनी साख उचित-अनुचित कैसे भी अपने काम करा डालने में समझते हैं! मैंने उनका वह काम नहीं किया। इस मायने में मैंने हमेशा ऑफ़िस के कामों में ख़ुद को नियमों से अनुशासित रखा...इस कारण और ईमानदार रहने की ख्याति होने की वजह से कभी मेरी कोई शिकायत नहीं हो सकी। हाँ, अपने बौसों को मैं कभी ख़ुश भी न रख पाया...इसलिए अधिकांशत: उन्होंने अपना आक्रोश मेरी सालाना रिपोर्ट में निकाला। या तो रिपोर्ट अति साधारण लिखी या प्रतिकूल।

जब मैं विदेश से लौटा तो एयरपोर्ट पर मेरे संयुक्त निदेशक—'डॉ. काशीराम शर्मा' ने (जो मेरी अनुपस्थिति में ब्यूरो का काम देख रहे थे) गृह मंत्रालय का एक आदेश मुझे दिया, जिसमें मुझे तत्काल प्रभाव से मेरे विभाग आयकर वापस भेजने की बात थी। डॉ. काशीराम जी का सुझाव था, कि रमाप्रसन्न नायक अप्रसन्न हैं, मैं उनसे एक बार मिल लूँ। मैं क्यों मिलूँ...मुझे ब्यूरो में बने रहने का कोई लालच नहीं था। मैं उनसे मिलने नहीं गया और चुपचाप अपने विभाग आ गया जहाँ मेरी तैनाती

अपीलेट असिस्टेंट कमिश्नर के पद पर आयकर भवन में हुई। इस पद के साथ घर में टेलीफ़ोन की सुविधा नहीं थी। मुझसे जूनियर अफ़सर दिल्ली में आई.ए.सी. (इन्स्पेक्टिंग असिस्टेंट कमिश्नर) बनते जा रहे थे—फील्ड पोस्टिंग! पैसा बनाने वाले चतुर अफ़सर इन पोस्टों को हथिया लेते, मैं देखता रह जाता। आख़िर मैं बोर्ड के सदस्य कुरुविला जी से मिला, उनसे कहा कि मुझे आई.ए.सी. बनने का कोई लालच नहीं है, लेकिन चूँकि उसके साथ घर के टेलीफ़ोन की सुविधा मिलती है तो मैं अपना दावा पेश करता हूँ कि मुझे मेरी सीनियरटी के हिसाब से पोस्ट दी जाए। मेरी तैनाती आई.ए.सी. पद पर फिर भी नहीं की गई, स्पेशल पे पर मैनेजमेंट निदेशालय में डिप्टी डायरेक्टर के रूप में हो गई...जिस पोस्ट पर घर का फ़ोन था। विभाग की इस तरह की जगहों पर कोई जाना नहीं चाहता था...लेकिन मैं सन्तुष्ट था। वहाँ मैं पूरे टर्म—चार-पाँच साल रहा, क्योंकि वह दफ़्तरी तनाव-रहित पद था, लिखने के लिए सुविधाजनक।

रमाप्रसन्न नायक जी का क्रोध मुझे वापस भेजने तक सीमित नहीं रहा। उन्होंने मेरी कॉन्फिडेंशियल रिपोर्ट ख़राब कर दी...जिसके चलते मुझे अगला प्रमोशन नहीं मिल सकता था। मैं अपने बैच में सबसे कम उम्र का था, अगर मुझे सही समय पर हर प्रमोशन मिलते गए तो मैं विभाग के सर्वोच्च पद—'अध्यक्ष केन्द्रीय प्रत्यक्ष कर बोर्ड' बन सकता था। मैंने प्रतिकूल प्रविष्टि के जवाब में नायक जी की एक-एक बात को काटा। निर्णय गृह-राज्यमंत्री श्री रामनिवास मिरधा को करना था। वे बहुत ही सज्जन व्यक्ति थे। उन्होंने मुझ पर किए गए अन्याय को देखा। वे नायक जी के स्वभाव को भी जानते थे, क्योंकि हिन्दी सलाहकार गृह मंत्रालय के अन्तर्गत ही आता था। प्रतिकूल प्रविष्टियाँ हटा दी गईं और उस वर्ष की मेरी रिपोर्ट न लिखी हुई मान ली गई। अपने साथ मैंने यह देखा है—जब भी कोई व्यक्ति मुझे हानि पहुँचाने के लिए बढ़ता है, मेरी मदद के लिए कोई देवदूत भी कहीं से प्रकट हो जाता है। इसे क्या कहा जाए—भाग्य या दैव...वह कहाँ से आता है? 'पूर्वजन्म कृतं कर्म तद्दैवं इत्ति कथ्यते' याद आता है। पूर्वजन्म न भी माना जाए तो कम से कम इस श्लोक से इस जन्म में अच्छे काम करने की प्रेरणा तो मिलती ही है।

ब्यूरो के कार्यकाल में ही मेरी सुवर्णा से मुलाक़ात, फिर आत्मीयता हुई...जो आगे सालों चली। यह प्रसंग विस्तार से 'तुम्हारी रोशनी में' उपन्यास में आया है। यहाँ उस पर कुछ लिखना दोहराव ही होगा...इसलिए छोड़ता हूँ। यह उपन्यास अपने वायदे के मुताबिक़ मैंने शीला सन्धू जी को दिया और अपनी खलिश धो डाली। अपने उपन्यासों में यह मुझे और मेरे कुछ विशिष्ट पाठकों को बहुत प्रिय है...शायद उसमें जो कोमलता, काव्यात्मकता, स्निग्धता और सूक्ष्मता है...इनके लिए। हाल इसका अंग्रेज़ी में अनुवाद 'In the glow of your being' भी हुआ है।

प्रबन्धन निदेशालय में कार्यकाल पूरा होने पर मैं रिंगरोड स्थित 'इंडियन इंस्टीट्यूट ऑफ़ पब्लिक एडमिनिस्ट्रेशन' की एक साल की ट्रेनिंग में चला

गया—अप्पा—एडवांस्ड कोर्स ऑफ़ पब्लिक एडमिनिस्ट्रेशन, जिसमें सभी सर्विस के अधिकारी थे, जैसे कि मसूरी में थे। मसूरी में तब, एक ही बैच के होते थे... यहाँ बैच भी फ़र्क़-फ़र्क़ थे। ट्रेनिंग में एक शोधपत्र लिखना होता था। अधिकतर प्रतिभागी अपनी सर्विस से ताल्लुक रखने वाला ही कोई विषय लेते थे। मैंने आयकर न लेकर 'ट्राइबल डेवलपमेंट' विषय लिया। इस सिलसिले में मुझे मध्य प्रदेश के बस्तर इलाक़े के अबुझमाड़ क्षेत्र की यात्रा का मौक़ा मिल गया जो नक्सल प्रभावित क्षेत्र होने के कारण अब तो पूरी तरह प्रतिबंधित है। तब भी वहाँ नक्सल गतिविधियाँ शुरू हो गई थीं, यात्रा की मनाही थी, सिर्फ़ विशेष परमिट से ही जा सकते थे। हमारे निदेशक ने मध्य प्रदेश के मुख्य सचिव को पत्र लिखकर मुझे परमिट दिलवा दिया। इस यात्रा का विस्तृत विवरण बस्तर पर लिखे यात्रावृत्त में है—'सभ्यता के सर्पों के बीच : बस्तर'। दूसरी यात्रा ट्रेनिंग की समाप्ति के ठीक पहले—श्रीलंका, इंडोनेशिया, थाइलैंड, सिंगापुर, मलयेशिया की थी। इन पर यात्रावृत्त नहीं लिखे जा सके, क्योंकि वहाँ मैं कहीं अकेला नहीं होता था। जब तक आप अकेले न घूमें, बाहर की चीज़ें उतनी तीव्रता से आत्मसात् नहीं होतीं, भीतर तरंगें नहीं उठतीं...तो साधारणत: लिखा भी नहीं जाता। जैसे यह यात्रा लिखने से रह गई, वैसे ही कश्मीर की। वहाँ मेरे बैच के श्री ठक्कर चीफ़ सेक्रेटरी थे। मैं सपरिवार गया था, हम ठक्कर के घर ही ठहरे, क्योंकि मेरी बेटी मनु और ठक्कर की बेटी दोस्त थीं...उनकी पहल थी।

अपना दुःख...दूसरों के दुःख

अप्पा ट्रेनिंग के फ़ौरन बाद मेरी पदोन्नति कमिश्नर अपील्स बम्बई के पद पर हो गई। कैरियर में यह पहली पोस्टिंग थी जहाँ सरकारी मकान पहुँचते ही मिल गया...3, वैलवेडियर, वार्डन रोड। दफ़्तर आयकर भवन चर्चगेट में। बम्बई मैं धनबाद पोस्टिंग के दौरान देख चुका था, वहाँ के लिए उत्साहित था। दिल्ली में जहाँ हर चीज़ के लिए सोर्स लगाना पड़ता था...यहाँ काम फटाफट हो जाते। गैस कनेक्शन के ट्रांसफर के लिए गया तो कर्मचारी ने फटाफट काम कर मुझे विदा कर दिया। मैंने देखा कि यहाँ ज़्यादा फिकर लोगों को समय की रहती है...क्योंकि समय पर लोकल पकड़ना होती है। गैस कर्मचारी की चिन्ता यह थी कि कब वह मेरा काम ख़त्म कर मुझे रुख़सत करे। मैंने यह भी नोट किया कि यहाँ कोई किसी की ड्रैस नहीं देखता, लड़कियाँ भी साधारण सवारी थीं...उन्हें देखने की किसी को फुर्सत नहीं। तब इनकम टैक्स कमिश्नर के लिए सरकारी कार नहीं होती थी। हम वैलवेडियर बिल्डिंग से बस से ही चर्चगेट आयकर भवन जाते थे। पचास पैसे का टिकट लगता था। मेरे साथ मेरे सीनियर बैच के इनामदार भी जाते थे। वे आजीवन अविवाहित रहे, उनका मज़ाक़िया अन्दाज़ बेजोड़ था। हर रोज़ वे बस में बैठते ही मुझसे कहते—'यार गोविन्द बाबू! मेरे पास चेंज नहीं है, मेरा भी टिकट ले लोगे क्या?' दफ़्तर में उनका कमरा मेरे कमरे से बड़ा था लेकिन लंच लेकर वे मेरे कमरे में आ जाते और सोफ़े पर बैठ खर्राटे लेने लगते, अक्सर तब मेरे यहाँ अपील की सुनवाई में जिरह चल रही होती...पर उन्हें कोई फ़र्क़ नहीं पड़ता था। एक दिन मैंने उनसे कहा भी तो बोले...'क्या करूँ, तुम्हारे कमरे में ही मुझे नींद आती है।'

बेटी मनु और मनीष की स्कूल-भर्ती के लिए मैं बग़ल के स्कूल ग्रीन लान्स की प्रिंसिपल सारा डिमैलो से मिला। उनसे कहा कि मैं अध्यापक परिवार का हूँ—मेरे माँ-बाप, मामा-मौसी अध्यापक थे। मैं ख़ुद अध्यापक रहा था और अब लेखक हूँ। इसे बच्चों की भर्ती के लिए मैं अपनी सबसे बड़ी अर्हता मानता हूँ। जिन क्लास के लिए मेरे बच्चों की भरती होनी थी...उनमें जगहें नहीं हैं—कहकर डिमैलो जी ने मुझे

चलता कर दिया। मैंने सोमानी स्कूल जो कोलाबा में था, वहाँ बच्चों का दाख़िला करा दिया; फीस जमा कर दी, बच्चे वहाँ जाने भी लगे...कि क़रीब पन्द्रह दिनों बाद डिमैलो जी के दफ़्तर से फ़ोन आया कि मैं उनसे मिलूँ। मैं पहुँचा तो उन्होंने बच्चों के बारे में पूछा। मैंने उन्हें बताया कि वे सोमानी स्कूल जाने लगे हैं...

"आप उन्हें ले आइए...यहाँ दाख़िला हो जाएगा।"

"आपके यहाँ उन क्लासेज़ में तो जगहें नहीं हैं।"

"अब हो गई हैं, कल ले आइए।"

"लेकिन मैंने तो वहाँ फीस भी जमा कर दी है।"

"कोई बात नहीं, वह यहाँ एडजस्ट हो जाएगी..."

मैं हैरत में था। डिमैलो जी ने जब मना किया था, वह स्कूल वालों का आम रवैया था...लेकिन इस तरह बुलाकर, यों दाख़िला देना—यह ख़ास था। बच्चों का एक छोटा-सा टेस्ट हुआ और वे दूसरे दिन से ग्रीन लान्स जाने लगे। जितनी फीस मैंने सोमानी स्कूल में दी थी उसकी क्रेडिट मुझे यहाँ दे दी गई। कुछ महीनों बाद जब मैं डिमैलो जी से थोड़ा खुल गया था...तब मैंने उनसे उत्सुकतावश उनके बदले रवैये के बारे में पूछा...तब उन्होंने बताया—"एडमीशन के लिए दिए गए आपके फॉर्म पर जब मेरी नज़र पड़ी तब मैंने देखा कि बच्चों का पिता कमिश्नर था और उसने मुझसे मुलाक़ात में एक बार भी इसका ज़िक्र नहीं किया। अध्यापक-परिवार, लेखक—यही सब कहता रहा। यू वैयर फ़र्स्ट, सच पर्सन! वर्ना तो कमिश्नर लोग तरह-तरह के सोर्स डलवाते हैं, कुछ तो धमकाते भी हैं। मैंने सोचा, अगर हम ऐसे व्यक्ति जो अध्यापन को कमिश्नरी से ऊपर रखता है...उसके बच्चों को दाख़िला नहीं देते तो फिर किसे देंगे?"

मैं डिमैलो जी से बहुत प्रभावित हुआ। उनसे मिलने अक्सर चला जाता। मेरी छोटी बहन कुमुद का वैवाहिक जीवन बिगड़ चुका था, वह हिन्दी से एम.ए. थी। माँ ने बाँदा में उसे बी.एड. भी करा दिया था। हम उसके लिए नौकरी की तलाश में थे। एक दिन मैंने डिमैलो जी से इस बारे में चर्चा की। उन्होंने इतना ही कहा—वह जब कभी यहाँ आएँ, आप उनको मुझसे मिलवाएँ...लेकिन ख़ास इस काम के लिए न बुलाएँ, वे जब यों ही कभी बम्बई आएँ। मैंने कुमुद को बुलवाकर डिमैलो से मिलवाया। उन्होंने उससे कुछ बातें कीं, फॉर्म भरवा लिया...अगले दिन से नौकरी पर आने को कह दिया...

"मैडम..." मैंने डरते-डरते कहा..."एक बात आपको बता देना चाहता हूँ कुमुद अंग्रेज़ी नहीं बोल पाती और आपका स्कूल अंग्रेज़ी मीडियम वाला है।"

"सो व्हाट मि. मिश्रा। आई कान्ट स्पीक हिन्दी...सो शुड आई नॉट बी ए टीचर दैन?"

मैं दंग रह गया। अनुभवी डिमैलो ने कुमुद से बातें करके यह परख लिया था कि वह बच्चों को कंट्रोल कर सकती है या नहीं। यह भी देखा कि उसे हिन्दी

पढ़ाना है तो हिन्दी का उच्चारण कैसा है। उसके लिए कोई मराठी या बम्बइया की बजाय हिन्दी प्रदेश का अध्यापक ही अधिक उपयुक्त होगा। ऐसे फटाक से फ़ैसले लेने वाली...डिमैलो। कुछ वर्षों बाद उनका मैनेजमेंट से विरोध हुआ (डिमैलो जैसे कहाँ किसी संस्थान में ज़्यादा दिन रहने दिए जाते हैं!) और डिमैलो ने वह स्कूल छोड़ दिया, लेकिन कुमुद पूरा कैरियर ग्रीन लान्स में रही, वहीं से रिटायर हुई। नए प्रिंसिपल को भी कभी कोई शिकायत उससे नहीं हुई। अध्यापक की ऐसी पारखी थीं डिमैलो!

दिल्ली से ही शरद जोशी जी से पत्राचार हुआ था। वे तब 'हिन्दी एक्सप्रेस' पत्रिका के सम्पादक हुए थे और मुझसे कहानी माँगी थी। बम्बई आकर मैं उनसे मिला। शाम दफ़्तर के बाद हम अक्सर मरीन ड्राइव में टहला करते। एक दिन उन्होंने पूछा—'यार गोविन्द, तुम यहाँ करते क्या हो, मुम्बई किस मकसद से आए हो।' उन्हें तब तक यह नहीं मालूम था कि मैं आयकर विभाग में हूँ। मैं ही कहीं यह बताने की ज़रूरत नहीं महसूस करता था। बम्बई में धर्मवीर भारती जी भी थे, उनसे परिचय दिल्ली में श्रीपत राय जी के हौजख़ास वाले घर पर हुआ था। अब तक मैं 'धर्मयुग' में छप भी चुका था।

अज्ञेय जी ने उन दिनों लेखक-शिविर और लेखकों के साथ यात्राओं के आयोजन शुरू कर दिए थे। मैं उनकी किसी यात्रा में तो नहीं जा सका लेकिन वृन्दावन लेखक-शिविर में गया। वहाँ हमारे मेजबान असाधारण विद्वान स्वामी अखंडानन्द जी थे। हम क़रीब बीस-पचीस लेखक उन्हीं के आश्रम में एक हफ़्ते रहे। स्वामी जी कभी-कभी हमारे विमर्श के दौरान एक किनारे आकर बैठ जाते और आँख मूँदकर सुनते रहते। एक बार मैंने हिम्मत करके उनसे पूछा कि उन्हें हमारी बातें-विचार कैसे लगते हैं। वे मुस्कुराए, एक ही वाक्य कहा—'साहित्यकार बड़े रसिक होते हैं!' जीवन में सर्वाधिक स्वादिष्ट खाना मैंने उस आश्रम में ही खाया। हम पंगत की तर्ज़ पर ज़मीन पर बैठते, अक्सर स्वामी जी स्वयं आकर हमें मिष्ठान्न...अधिकतर खीर परोसते थे। वृन्दावन की रसमयता उपन्यास 'धीर समीरे' में उतरी है।

वृन्दावन शिविर में लखनऊ के 'दारुलशफा' के लेखक—श्री मिश्र जी भी आए थे। हम दोनों ही मिश्र थे और शायद इसलिए भी कि ब्यूरोक्रेसी पर 'वह/अपना चेहरा' लिखकर मैं ज़्यादा चर्चित था...वे मुझसे खुन्नक खाए हुए थे। हर सत्र में मौक़े-बेमौक़े, सन्दर्भ हो या नहीं—वे मेरे लेखन की भर्त्सना करने लगते। जहाँ उन्हें बोलने का मौक़ा न मिलने वाला हो तो वहाँ वे घायल जैसी मुद्रा बनाकर दरवाज़े पर खड़े हो जाते और सत्र के अध्यक्ष की तरफ़ ताकते रहते, हर सत्र में बोलना चाहते। एक बार तो अध्यक्ष नरेश मेहता उन्हें ऐसे ही दरवाज़े पर खड़ा देखकर 'दुर...दुर...कहकर दुत्कारे भी। आख़िरी सत्र में विनीता अग्रवाल ने मेरे पक्ष में एक लम्बा व्याख्यान दे डाला—कोई कुछ कहे...मैं तो गोविन्द जी की फैन हूँ...बचपन

से उन्हें ढूँढ़-ढूँढ़कर पढ़ती आ रही हूँ।' शाम को अपने-अपने कमरों में जाते समय रमेशचन्द्र शाह मुझसे बोले—'यार! लड़की तो दूर, मुझे आज तक कोई लड़का भी नहीं मिला जो कहता...मैं रमेशचन्द्र शाह का फैन हूँ!'

वृन्दावन-शिविर की मेरे लिए एक उपलब्धि यह भी रही कि वहाँ शिवमंगल सिंह 'सुमन' जी ने शाम को एक अनौपचारिक बैठक में निराला की 'राम की शक्तिपूजा' निराला जी जैसे पढ़ते थे, ठीक उनके अन्दाज़ में सुनाई। 'सुमन' जी की प्रस्तुति से ही मुझे रोमांच हो आया...तो सुमन जी जैसों ने जब निराला जी के मुख से यह कविता सुनी होगी...उन पर हुई प्रतिक्रिया की मैं कल्पना कर सकता था। जिन दिनों मैं इलाहाबाद में पढ़ता था तब निराला जी इलाहाबाद में थे। मैं उनके दर्शन नहीं कर सका क्योंकि तब मैं साहित्यकार कहाँ था, मेरा विषय भी हिन्दी नहीं था कि निराला जी के महत्त्व को समझता। वृन्दावन जैसे शिविरों का एक लाभ मुझे यह दिखा कि इनमें साहित्यकारों की एक पीढ़ी आने वाली पीढ़ी से अपने संस्कारों के साथ-साथ अपने समय की ऐसी कीमती यादों की साझेदारी भी करती चल सकती है।

जमशेदपुर की तर्ज पर मैंने मुम्बई में अपने लिए वैलिंगडन क्लब की सर्विस सदस्यता ले ली। वहाँ टेनिस खेलता था...तब मोटा चुडासमा और कविता बोगा से परिचय हुआ, जिनसे आगे चलकर घनिष्ठता बढ़ी। इसी क्लब में मैं एक रोज़ मनीष-मनु के साथ तैरने गया था कि मेरे जीवन की सबसे बड़ी दुर्घटना घटी...मनीष का पूल में डूबकर देहान्त! मैं बुरी तरह टूट गया। इस प्रसंग में दोबारा जाने की हिम्मत नहीं होती...पाठकों को 'वरणांजलि' कहानी सुझाकर आगे बढ़ता हूँ। नाना चौक के मन्दिर और वहाँ के बड़े पेड़ के नीचे हम पति-पत्नी जाकर बैठ जाते, पत्तों का छरछराना देखते रहते। डिमैलो जी ने अपने स्कूल में मनीष के लिए प्रार्थना-सभा की। 'वरणांजलि' में भाई मनीष के जीवन से प्रेरणा लेकर जो-जो संकल्प आए हैं, उन्हें अपने जीवन में कार्यान्वित करने की कोशिश मैं बराबर करता रहा, ख़ासकर लेखन में अथक परिश्रम! आज भी...जिस डेस्क पर मैं लिखता हूँ...उसके सामने मनीष का चित्र रखा है...जिसे देखते हुए मैं अपने वे संकल्प दोहराता हूँ, उन्हीं पर चलने की याद ख़ुद को दिलाता रहता हूँ।

इस बीच नन्दकिशोर मित्तल से मेरी आत्मीयता हो चुकी थी, अपनी फक्कड़ता की वजह से वे मुझे विशेष भाये। हालाँकि थे वे व्यापारी। कम्यूनिज़्म से मोहभंग के बाद वैष्णवी हो गए थे, वे मुझे ब्रज-यात्रा (पैंतालीस दिनों में चौरासी कोस) कराने ले गए...मैंने वह यात्रा अंशत: की, गोवर्द्धन पर्वत की परिक्रमा की...वे अनुभव मेरे उपन्यास 'धीर समीरे' में आए हैं, जो नन्दकिशोर मित्तल उर्फ़ नन्दू भैया को समर्पित हैं, क्योंकि उनकी कराई हुई वह यात्रा ही उस उपन्यास का आधार बनी। नन्दू भैया का व्यक्तित्व, ख़ासतौर से उनकी बातें, बातचीत का तरीक़ा बहुत आकर्षक होते थे। वृन्दावन जाते समय मैंने देखा था कि हमारे बैठते ही तीसरे दर्जे के स्लीपर में

यात्रा कर रहे सारे यात्री नन्दू भैया और उनकी बातों से इतने प्रभावित हो गए कि सारे समय उनकी ही सुनते रहे, उन्हीं की तरफ़ देखते रहे। नन्दू भैया को बातें करने का बड़ा शौक़ था। एक बार वे बम्बई हस्पताल में भर्ती थे, पेशाब के लिए बाहरी नली लगी थी, मैं देखने पहुँचा तो बिस्तर पर उछल पड़े—'अरे आओ यार...यहाँ तो मैं क़ैद कर दिया गया।' मुझे डर लगा कि उनकी उछाल से कहीं उनकी नली न निकल जाए। वृन्दावन यात्रा में मैंने उनसे तय किया कि अब तीन दिन उनसे अलग अकेला रहकर मैं यहाँ के अनुभव लूँ। मैंने जतीपुरा में दस रुपए रोज़ पर किराये का एक कमरा ले लिया, नन्दू भैया अपनी रिश्तेदार मौसी की धर्मशाला वृन्दावन में... लेकिन नन्दू भैया से न रहा गया...दूसरे दिन ही वे भड़भड़ाते मेरे पास चले आए। उन्हें सुनने वाला एक सतत चाहिए था। वे मधुमेह के मरीज़ थे...एक रोज़ वृन्दावन के बाज़ार में घूमते हुए मुझे जलेबी खिलाने ज़बरदस्ती ले गए। मैं खा रहा था और वे मुग्ध भाव से जलेबी खाने का रस ले रहे थे, खा वे सकते नहीं थे मधुमेह के कारण, तो मुझे खाते देखकर ही आनन्द ले रहे थे।

वृन्दावन बाज़ार में बालगोपाल की एक मूर्ति की आँखों ने मुझे खींच लिया... मैं आगे चला जा रहा था लेकिन वे आँखें मुझे पीछे खींच रही थीं...जैसे कह रही थीं—'मुझे ले चलो!' ऐसा आत्मिक आदेश कि मैं उस मूर्ति को ले ही आया और अपने घर में एक छोटा-सा मन्दिर बनाकर उन्हें केन्द्रीय देवता के रूप में प्रतिष्ठित किया। उसके बाद यह सिलसिला बन गया कि हम जब भी किसी तीर्थ जाते, वहाँ के इष्ट देवता की मूर्ति ले आते। अपने घर में बालगोपाल का जो छोटा-सा सिंहासन-मन्दिर था, उसमें प्रतिष्ठित करते। मन्दिर में अब भी सुबह-शाम नियमित पूजा होती है...उसमें वृन्दावन के बालगोपाल (वरणांजलि के 'छोटे ईश्वर') केन्द्र में अनेकानेक तीर्थों के देवताओं के साथ विराजते हैं।

महेन्द्र कार्तिकेय ने उन दिनों 'भारत किरण' पत्रिका निकालना शुरू की थी, जिसमें मैंने श्रृंखलाबद्ध लेख लिखे। इनमें मैंने सर्जनात्मकता के संघर्ष के साथ-साथ दु:ख, धर्म, संवेदना, साहित्य के मूल सरोकार आदि पर जो मेरा तब का सोच था, उसे जैसे जो आता गया, उसे वैसा ही प्रस्तुत किया। साधारणत: मैं अपने लिखे को कई-कई बार माँजता-तराशता हूँ...लेकिन ये लेख अपवाद रहे, क्योंकि यहाँ मैं अपने लिए भी अपने सोच को वैसे ही प्रस्तुत करना चाहता था, जैसे वह उठता है। यह श्रृंखला 'भारत किरण' के बन्द होने के साथ समाप्त भी हो गई। बाद में ये लेख 'संवाद अनायास' पुस्तक के रूप में प्रकाशित हुए। इस पुस्तक को मैं नए लेखकों के लिए एक उपयोगी 'कार्यशाला' सी मानता हूँ, उन्हें भेंट भी करता हूँ। 'भारत किरण' के बाद मैंने आगे कभी कोई श्रृंखलाबद्ध लेखन नहीं किया।

अज्ञेय जी के बर्गीनगर वाले शिविर में भी मैंने भाग लिया। पहुँचने वाली शाम को ही बर्गीनगर बाँध घूमने का कार्यक्रम था। हम पहले नीचे वाले हिस्से में रुके...

पानी को देखते ही मैं आचमन, मुँह धोने के ख़याल से किनारे की तरफ़ दौड़ गया, चट्टानों पर मिट्टी की चिकनाई थी, फिसला, धार में जाने ही वाला था कि पीछे आते लेखकों ने मुझे पकड़ खींच लिया। इस तरह फिर बच गया।

बर्गीनगर की स्मरणीय यादों में विष्णुकान्त शास्त्री के साथ सवेरे रोज़ नर्बदा स्नान, और सभी विद्वानों के सामने पढ़ी कहानी—'पगला बाबा' मुख्य हैं। सवेरे विष्णुकान्त शास्त्री जी और मैं अकेले नर्बदा स्नान को जाते थे। पानी में जनेऊ पहने, सूर्य को अभिमुख, आँख बन्द किए शास्त्री जी मुझे ऋषि लगते थे। थे भी। उनका संस्मरण 'सान्निध्य साहित्यकार' में है। एक बार मैंने उनसे पूछा कि साहित्य में एक तो उन जैसे प्रोफ़ेसर लोग हैं, एक मुझ जैसे अफ़सर...साहित्य कर्म में आने के लिए वे किन्हें अधिक श्रेय देते हैं। वे बोले...'आप जैसे लोग...क्योंकि आप धारा के विपरीत तैर रहे हैं।' शिविर में एक शाम मैंने 'पगला बाबा' का कहानी-पाठ किया, उसके बाद अज्ञेय जी ने बहुतों को आलोचनात्मक टिप्पणी के लिए उकसाया पर वह कहानी...या शायद उसकी थीम ऐसी थी कि कोई कुछ न बोला। आख़िर रामस्वरूप चतुर्वेदी जी ने यह कहकर कि—'इस मौन को कहानी का अभिनन्दन मान लिया जाए' सत्र समाप्त किया।

बर्गीनगर शिविर में भी क़रीब-क़रीब उतने ही और वे ही लोग थे जो वृन्दावन में थे...लेकिन यहाँ वह गरमाहट नहीं थी। इला डालमिया जो वृन्दावन में गरमाहट का केन्द्र बिन्दु थीं...वे यहाँ नहीं थीं। उससे भी बड़ी बात—यहाँ आश्रम की जगह, बर्गी बाँध के गेस्ट-हाउस का ब्यूरोक्रेटिक परिसर था।

आयकर विभाग में मेरी सीनियर उषा सवारा के माध्यम से मेरा परिचय एक ऐसी महिला से हुआ जिसकी बेटी का हाल ही में कैंसर से देहान्त हुआ था। यह बच्ची—मुश्किल से दस साल की—अंग्रेज़ी में डायरी-कविताएँ लिखकर इधर-उधर छिपा देती थी। उसके पिता ने माँ को तलाक़ दे दिया था और वे अपनी बच्ची को हस्पताल में अन्त तक देखने नहीं आए। माँ के एक दोस्त जो मुसलमान थे, बच्ची की देखभाल करते थे। बच्ची की कविताएँ...जब-तब लिखी गई डायरी जैसी टुकड़ियाँ बेहद दर्द भरी हैं। ये 'इलस्ट्रेटेड वीकली' में प्रकाशित हुई थीं, जिन्हें पढ़कर ही मेरे मन में इस परिवार से मिलने की इच्छा पैदा हुई। मैं नेवीनगर में उस महिला के साथ दिनभर रहा, उसने रोते हुए घर की वे जगहें बताईं जहाँ बैठकर उनकी बेटी अपनी बीमारी और अकेलेपन से संघर्ष करती थी, अपने पिता की याद भी करती थी। मृत्यु के कोई छह दिनों पहले उसने डायरी में लिखा कि उसके असली पिता ये मुसलमान अंकिल हैं...और वह चाहती है कि उनकी गोद में लेटे-लेटे उसके प्राण निकलें। बच्ची की इच्छा का सम्मान करते हुए उसकी माँ और उसके मुसलमान दोस्त जीवनसाथी बन गए, यों जाते-जाते वह बच्ची दो अकेले व्यक्तियों को जोड़ गई।

इस परिवार का दुःख मेरे दुःख से बहुत बड़ा था। मुझे यक़ीन हो गया कि हमारे बड़े से बड़े दुःख से भी ज़्यादा बड़ा दुःख कहीं न कहीं दिख जाएगा। मैंने

इस परिवार पर एक लम्बी कहानी लिखी—'सिर्फ़ इतनी रोशनी', जो 'धर्मयुग' में दो किस्तों में छपी। उसे पढ़कर उषा सवारा और वह महिला...दोनों निराश हुईं कि मैंने उन लोगों का नाम लेकर उनकी कहानी प्रस्तुत करने की बजाय उसे किसी की भी कहानी बना दी। वे सोचती थीं कि बच्ची का नाम, फ़ोटो वग़ैरह देकर जैसे उसकी कविताएँ 'इलस्ट्रेटेड वीकली' में छपी थीं, वैसे ही मेरी लिखी कहानी 'धर्मयुग' में छपेंगी। वे यह नहीं समझ रही थीं कि साहित्य जीवन से बड़ा होता है, वह संसार में जीवन चलाने का काम करता है। उस बच्ची और माँ-बाप का दु:ख...या कि मेरा ही दु:ख जो ख़ास उनका या मेरा है, वह जीवन में हम तक ही सीमित रह जाता है... जबकि साहित्य उसे सार्वजनिक बना आगे किसी के लिए भी जीवन की प्रेरणा बना देता है। 'सिर्फ़ इतनी रोशनी' पढ़कर कितने लोग अपने दु:ख से उबर सकेंगे, कितनों के लिए वे मुसलमान सज्जन रोल मॉडल बन जाएँगे।

मेरे भीतर का साहित्यकार अब मेरे व्यक्तित्व पर छा चुका था...क्योंकि वह लिखने-छपने के आगे...अपने भयंकर दु:ख को भोगना, दूसरे के दु:ख में डूबना, उसे अपने दु:ख से बड़ा महसूस करना...ऐसे अनुभवों से भी गुज़र चुका था। अब आगे दफ़्तर में मैं एक आम नौकरीपेशा और असल में साहित्यकार ही रहने वाला था। मैंने इस बीच लिखने के लिए एक तय स्थान—पचमढ़ी भी ढूँढ़ लिया था। मैं अपने अर्जित अवकाश इकट्ठा करता रहता, फिर कभी नौ-दस दिनों के लिए पचमढ़ी चला जाता...वहाँ होली-डे-होम्स में ठहरता...बस लिखना, अख़बार, टी.वी...कुछ नहीं। 'तुम्हारी रोशनी में', 'धीर समीरे', 'पाँच आँगनों वाला घर'... इनके बाद 'फूल...इमारतें और बन्दर' आदि कितने उपन्यासों के पहले ड्राफ्ट यहीं तैयार हुए। एक बार तो छुट्टी लेकर मुम्बई-हावड़ा एक्सप्रेस के थर्ड स्लीपर की ऊपरी सीट (तब स्लीपर में गद्दों वाली सीटें नहीं, लकड़ी के डंडों वाली बर्थ होती थीं) से पिपरिया जा रहा था, वहाँ से बस से पचमढ़ी। ट्रेन नासिक में रुक गई क्योंकि आगे एक एक्सीडेंट हुआ था। घोषणा हुई कि ट्रेन बारह घंटे तक वहाँ रुकी रहेगी। यात्री चाहें तो टिकिट का रिफंड ले सकते हैं। सभी यात्री रिफंड लेकर मुम्बई वापस लौटने लगे। मैंने सोचा...मैं तो छुट्टी पर लिखने के लिए निकला हूँ, ट्रेन का मुँह आगे की तरफ़ है...तो यह आगे जाएगी ही, जब भी। मैं जल्दी से प्लेटफॉर्म के बाथरूम में नहा आया, चाय-नाश्ता कर ऊपर की बर्थ पर अपना होल्डाल खोल दिया और लिखने बैठ गया—सोचा लिखने के लिए ही तो निकला हूँ...तो ट्रेन से ही शुरुआत क्यों नहीं? सत्रह घंटे बाद ट्रेन रवाना हुई, पिपरिया रात दो बजे पहुँची। तब पचमढ़ी के लिए बस नहीं मिल सकती थी। पिपरिया में भाई वंशी माहेश्वरी के घर का दरवाज़ा खटखटाया। वह झुँझलाने की बजाय ख़ुश हुआ (ऐसे दोस्त मेरे!) सवेरे की बस से पचमढ़ी पहुँचा और छुट्टी के बाक़ी दिनों तक लिखाई की।

पचमढ़ी जब पहली बार पहुँचा था...तब का एक लेख है डायरीनुमा। उसके बाद तो पचमढ़ी जैसे मेरा लेखकीय आवास ही बन गया। दूसरी बार जब बस से पचमढ़ी से पिपरिया वापस हो रहा था, तब एक सज्जन मेरी सीट तक आए—सफ़ेद कुर्ता-पायजामा, नाड़ा लटकता हुआ, मुँह पान से लाल। बोले—"आप पचमढ़ी सात-आठ दिनों से थे। कहीं निकले नहीं?"

मैंने उन्हें बताया कि मैं यहाँ लिखने आता हूँ।

"वह ठीक लेकिन निकलिए भी, बाहर ख़ुशबू फैलने दीजिए।"

ये पचमढ़ी के सन्तोष भाई थे, नन्दू भैया की तरह फक्कड़। उनके मार्फत फिर पचमढ़ी में कितने परिचित हो गए—टेलर मास्टर जैन दादा, ठुन्नूलाल वैद जो मेरी विलायती शराब की चुस्की मज़े से लेते, केन्द्रीय विद्यालय के पुस्तकालयाध्यक्ष गणेश शुक्ल, आदि। ये साधारण आय वाले लोग थे, मगर दिल साफ़ और लेखक के लिए आदर भाव वाले, देश में जो हो रहा है, उसे लेकर सजग। पचमढ़ी पर मेरे तीन यात्रावृत्त हैं—'शर्मीला सतपुड़ा' शीर्षक से (रंगों की गन्ध-2)। रिटायर होने के बाद वल्लभ सिद्धार्थ के साथ भी एक-दो बार पचमढ़ी रुका...लेकिन तब बड़ी झील के किनारे सिंचाई विभाग के गेस्ट हाउस में, जिसमें 1975 के आपातकाल के दौरान बरनाला जी क़ैद में रखे गए थे। पचमढ़ी मेरा घर और यहाँ के लोग परिवार जैसे हो गए। गणेश शुक्ल पर कहानी है—'पेंचदारी'।

मनुष्य अपने ऊपर कैसी-कैसी विपदाएँ लाद लेता है...बम्बई में यह देखने को मिला कविता बोगा की ज़िन्दगी में...जिस पर मैंने कुछ नहीं लिखा, या कहिए नहीं लिख सका। कविता से परिचय वैलिंगडन क्लब की टेनिस कोर्ट में हुआ था। शादी के पहले वह कविता पंडित थी (कश्मीरी पंडित), देखने में औसत से ऊपर, स्मार्ट। माँ-बाप की इकलौती सन्तान। पिता गोकुल पंडित और कविता की माँ की आपस में बनी नहीं...यों कि गोकुल व्यावहारिक, दुनियादार थे और उनकी पत्नी काल्पनिक, चित्रकारी की तरफ़ उन्मुख। वे नौकुचिया ताल (नैनीताल के पास) जो तब अविकसित और क़रीब-क़रीब वीरान था, वहाँ के एकान्त में जा बसीं। कविता ने प्रेम-विवाह किया सोहराब बोगा से, जिनमें पारसी होने और कविता से ज़्यादा ख़ूबसूरत होने की वजह से अतिरिक्त आत्मविश्वास था। भीतर से दोनों उम्दा इनसान। मनीष भाई के अन्तिम संस्कार के बाद सोहराब ही मुझे अपनी कार में बिठाकर घर लाया था, जैसे कि उसके फूल जब मैं नासिक गोदावरी में सिराने गया था...तो भाई महेन्द्र कार्तिकेय अनायास मेरे साथ चल दिए थे...ऐसे दोस्त जो जानते हैं कि उनकी ज़रूरत है, उनके होने मात्र से दोस्त का दुःख थोड़ा सहनीय हो जाएगा! मैं कविता के घर आने-जाने लगा था, कभी-कभार गोकुल पंडित के घर भी ड्रिंक-खाना हो जाता। गोकुल पंडित ने कविता को वार्डन रोड पर ही एक फ़्लैट ले दिया था, एक छोटी-मोटी बिजनेस भी दे दी थी जिसे कविता अकेली चलाती थी। यह खुलासा नहीं

हो पाया कि इस सोहराब का फ़िल्मों के सोहराब मोदी से कोई रिश्ता था क्या... क्योंकि पूना में जहाँ सोहराब मोदी का बँगला था...उसके पास ही एक पॉश सोसायटी के फ़्लैट में सोहराब आजकल अकेले रहते हैं। यह फ़्लैट उनकी पैतृक सम्पत्ति है। वे भी फ़िल्मों में जाना चाहते थे, कामयाब नहीं हुए...और फिर उन्होंने कभी कुछ किया नहीं। कविता और उसकी इस बात को लेकर अनबन रहती थी, उनके कोई सन्तान भी नहीं हुई। मेरी उपस्थिति में ही अक्सर दोनों में झगड़ा हो जाता। मेरे मुम्बई के दिनों में ही एक बार सोहराब अकेले लन्दन गया और वहाँ ड्रग्स-स्मगलिंग में पकड़ा गया...और उसे जेल हो गई। अनबन के होते हुए, सोहराब की अकर्मण्यता से नाख़ुश भी...कविता ने जिस तरह अकेले लन्दन जा-जाकर वकील किया, केस लड़ा...इसको देख मैं चकित होता था। पिता गोकुल ने उसकी कोई मदद नहीं की... क्योंकि कविता ने सोहराब से विवाह उनकी मर्ज़ी के ख़िलाफ़ किया था। भाग-दौड़, रुपयों-पैसों का इन्तज़ाम अकेले करना...जहाँ कोई उसका मददगार नहीं था...उसके लिए, जिसे अब वह पहले जितना चाहती भी नहीं थी। वह टूट-टूट जाती...लेकिन एक विश्वास उसे पक्का था—सोहराब में ढेरों बुराइयाँ हैं लेकिन यह काम वह नहीं कर सकता, उसे फँसाया गया है। ड्रग्स के मामले में पश्चिम के क़ानून बहुत सख़्त हैं...वह जानती थी, फिर भी जी-जान से लड़ी। मेरे मित्र दोनों थे...मैं कविता को नैतिक सम्बल देता...और कोई मदद तो मेरे बूते के बाहर की चीज़ थी। लन्दन में मामला तीन साल तक चला...आख़िर कविता सोहराब को छुड़ा लाई। हम तीनों ने साथ सैलेब्रेट किया। मुझे यह आश्वस्ति थी कि अब दोनों में शुरू-शुरू जैसा प्यार फिर हो जाएगा क्योंकि उस तरह की विपदा...और उसमें वैसा कविता का रोल... ये उन दोनों को पहले से ज़्यादा क़रीबी बना देंगे। अफ़सोस कि मुम्बई से गुजरात ट्रांसफर के बाद जब मैं उनसे मिला तब तक वे अलग हो चुके थे—लीगल सैपरेशन ज़रूर नहीं, लेकिन पहले की तरह वार्डन रोड वाले कविता के फ़्लैट में साथ नहीं रहते थे। सोहराब अपनी माँ के पास पूना रहने लगा था...और कविता एक बच्चा गोद लेकर अकेले अपने फ़्लैट में। टेनिस खेलने वह अब भी जाती थी।

महानगर की आत्मकेन्द्रिता/वैयक्तीयता भावनाओं को सुखा डालती है। मैं अब भी दोनों से मिलता-जुलता हूँ, वे भी एक-दूसरे से मिलते रहते हैं...लेकिन पति-पत्नी की तरह नहीं। कविता की माँ की नौकुचिया ताल में किसी ने हत्या कर दी, गोकुल सम्पत्ति बनाते-बनाते चले गए। गोकुल का फ़्लैट हाथ से न निकल जाए, इसलिए कविता गोद लिए बच्चे के साथ अब वहाँ रहने लगी है। बच्चा अब जवान हो गया है...आगे वह क्या कहर बरसाएगा...कविता पर...नहीं मालूम। फ़िलहाल कविता का कहना है कि बेटा उसे बहुत चाहता है। ईश्वर करे यह सच हो, सच रहे। सोहराब की माँ का देहान्त हो गया है, अब उसके आगे-पीछे कोई नहीं। अपने बाद पुणे के फ़्लैट का मालिकाना हक़ वह कविता को देने की बात करता है। साथ रह न सके,

अपने बाद सम्पत्ति देने से क्या होगा...वह भी तब जब कविता भी उम्र की ढलान पर है, मोटी हो गई है, जिस्म में कई बीमारियाँ घुसी चली आ रही हैं।

कविता पुणे के फ़्लैट, मुम्बई के दोनों फ़्लैटों का क्या करेगी? गोद लिए बच्चे की चाँदी! पॉश कॉलोनी में फ़्लैट, रईसी...लेकिन भीतरी ज़िन्दगी? मुम्बई में उच्च वर्गों के परिवारों में अधिकतर का हाल यही देखा। कहीं ऐसा तो नहीं कि प्रकृति का विधान ही ऐसा है कि पृथ्वी पर मनुष्य के जीवन को अपूर्ण ही रहना है तो जहाँ सामने के दरवाज़े से पैसा आया, पीछे के दरवाज़े से दोस्ती-मोहब्बत वग़ैरह भाग जाते हैं। अकेलापन ही रह जाता है।

ऐसे ही मेरे एक मित्र मोटा चुडासमा थे, मुम्बई के मेयर चुडासमा के बड़े भाई। वैलिंगडन क्लब में वे, कविता और मैं टेनिस खेलते थे। मेरे परिचय में आए वे एकमात्र ऐसे गुजराती मिले, जो जितना वे अपने साधारण-से बिजनेस में कमाते थे, सब ख़र्च करने में विश्वास रखते थे, हर साल टेनिस की वैलिंगडन चैम्पियनशिप देखने यू.के. जाते थे। उनकी पत्नी गोंडल के राजघराने की थी—ख़ूब गोरी...अपने ज़माने में सुन्दर रही होंगी। मोटा बाहर मौज-मस्ती करता घूमता, वे पैडर रोड के अपने बड़े फ़्लैट में अकेले सिगरेट पीती रहतीं। कितनी बीमारियाँ लग गईं, उनकी लड़की दिन में कभी आकर उन्हें देख जाती। मोटा की पत्नी घुलघुल के ख़त्म हो गईं, मोटा भी तफ़रीबाज़ी की अति से एक दिन लुढ़क गया, बम्बई की भाषा में 'खलास हो गया'। मोटा चुडासमा वाला जीने का तरीक़ा...ज़बरदस्ती मस्ती वाला...वह भी एक तरीक़ा है लेकिन मैं उसका हिमायती कभी नहीं हो सका।

जीवन की सबसे बड़ी दुर्घटना के दुःख से न भागने, बम्बई में ही रहकर उसे सहने, समय को बीतने देने, दुःख को आदर से अपने भीतर बिठा लेने, अपने दुःख से बड़े दूसरों के दुःखों को देखने...इन सबकी मदद से मैं अपने दुःख को सहकर फिर खड़ा हो सका।

गणपति जी रिटायरमेंट के बाद अपने एक मित्र घिया के अवैतनिक सलाहकार बन उनके दफ़्तर में बैठते थे। घिया जी से उन्होंने अपने लिए सिर्फ़ रहने की सुविधा ली थी...वैलिंगडन क्लब के पास ही एक फ़्लैट। उन्हें लकवा लगा, मुम्बई हस्पताल में भरती हुए...मैं उन्हें देखने जाता था। क़रीब-क़रीब नास्तिक होते हुए भी, तब वे बग़ल में रिकॉर्ड प्लेयर पर गणेश जी की स्तुति का कैसेट लगाए सुनते रहते। मैंने देखा कि कैसे ये स्तोत्र नास्तिक को भी बल देते हैं। गणपति जी के ही माध्यम से मेरी दोस्ती घिया जी और उनके परिवार से हुई थी। बहुत ही अच्छे लोग! मैं गणपति जी की परख का फिर कायल हुआ। गणपति जी पूरी तरह ठीक नहीं हुए...छड़ी लेकर चलते, हँसते-हँसते ही कभी उन्हें रोना आ जाता...फिर भी वे छड़ी के सहारे चलकर रोज़ शाम को नियमित वैलिंगडन क्लब में ब्रिज खेलने जाते थे। दुर्भाग्य कि उन्हीं दिनों उनके मित्र घिया के यहाँ आयकर का छापा पड़ा—विभाग की मशीन...जिधर

चल दे! रेड करने के विभाग में मैं नहीं था, जिम्मेदार दूर-दूर तक नहीं। मैं सोचता था—गणपति जी की पूरे विभाग में जो 'गुडविल' थी...और बम्बई में विभाग के सब लोग यह जानते थे कि वे घिया ग्रुप से जुड़े हैं—उसे देखते हुए यह कार्यवाही नहीं होना चाहिए थी...पर मशीन तो मशीन। गणपति जी को अपनी अशक्तता का एहसास लकवे से उतना नहीं हुआ था जो अब हुआ। मैंने जीवन में पहली बार उन्हें रोते देखा...वे रो-रोकर यही कहते थे...'नो बेसिस...थौरोली ट्रांसपैरेंट बिजनेस ऑफ़ घियास...' छापे में निकला भी कुछ नहीं, लेकिन विभाग कितना बेमुरव्वत होता है, यह देखकर गणपति जी ज़रूर टूट गए। बम्बई से तबादला हो जाने के बाद जब एक बार मैं घिया जी के घर गया तो देखा कि वे भी कैंसर से पीड़ित एक कमरे में क़ैद हैं...जहाँ चौबीसों घंटे उनकी देखरेख को एक नर्स रहती है, डॉक्टर रोज़ देखने आते हैं...किसी को उनसे मिलने की इजाज़त नहीं...वे तिलतिल कर मर रहे हैं...

अच्छे लोगों के साथ ऐसा क्यों करते हैं प्रभु!

अपना दु:ख, साथ ही ये दु:ख प्रकरण...इनसे उबरने के लिए साहित्य के अलावा जिस चीज़ ने मुझे सहारा दिया, उसमें ग़ज़लों को सुनना भी था। बम्बई में हरीश श्रीवास्तव और एम.के. पांडे—दोनों आयकर विभाग के, भानू वकील और उनकी पत्नी भी बम्बई के, रमेश मोर पूना के...यह हमारा ग्रुप था। हम कभी तलत अज़ीज़, कभी मेहंदी हसन के आयोजन भानू वकील के पैडर रोड स्थित घर में कराते, देर रात तक ग़ज़लों की महफ़िल चलती। ऐसे गायक जिनके यहाँ सस्ती ग़ज़लें नहीं होती थीं, उनके माध्यम से साहित्य ही हम तक आता। जगजीत सिंह जब उभर रहे थे...तब रियाज करने हर दूसरे-तीसरे रोज़ हरीश श्रीवास्तव के घर आते थे—जो तब नागपुर में तैनात थे। वहाँ आकर वे घंटों गाते थे...वे ही जगजीत सिंह—क्योंकि अब उनका नाम हो गया था, उन्होंने घरों में गाना बन्द कर दिया था—वे हरीश के आग्रह करने पर भी हमारी छोटी महफ़िल में कभी नहीं आए। हरीश को इसका मलाल हमेशा रहा...जबकि मेहंदी हसन—जब भी वे भारत आते, भानू के यहाँ के लिए ज़रूर एक शाम रखते थे। एक बार पुणे क्लब में उनका कार्यक्रम था, हम सब मुम्बई से आए और पुणे क्लब में ठहरे। बीच महफ़िल में श्रोताओं के पंजाबी कोने से पंजाबी के लिए माँग उठी...मेहंदी हसन ने माइक पर से ही कहा—'आप सब लोग इस वक़्त स्कॉच पी रहे हैं, अगर इसके बाद आपको ठर्रा सर्व किया जाए तो कैसा लगेगा... तो जिस महफ़िल में मीर, ग़ालिब जैसे शायरों की चीज़ें ही चल रही हों, वहाँ उस जमात के बहुत नीचे नहीं जाया जा सकता...'। जगजीत सिंह को अपनी लोकप्रियता का ख़याल ज़्यादा रहता था...ऐसी फ़रमाइश पर वे तत्काल अमल करते थे।

हम लोगों में मेहंदी हसन की गायी एक ग़ज़ल बहुत दिनों तक याद की जाती रही—'एक ख़लिश को हौसले उम्रे-रवां रहने दिया, हमने उनको जानकार ना-मेहरबां रहने दिया...' मिसेज भानू वकील कहा करतीं—'भाई साहब! इस बार खलिस अच्छी

गायी मेहंदी हसन ने। मैं उन्हें सुधारता खलिस नहीं ख़लिश...गालिब नहीं ग़ालिब! वे कोशिश करतीं लेकिन कहाँ सुधरता उनका गुजराती उच्चारण!

बम्बई का प्रवास मेरी सृजनात्मकता के लिए उर्वर रहा। महानगरीय अनुभव जो बम्बई में स्वत: हो जाते हैं, वे दिल्ली या दूसरे किसी महानगर में उतनी आसानी से नहीं हो सकते। यहाँ बड़ा से बड़ा व्यक्ति भी साधारण हो सकता है...अगर वह चाहे तो। जहाँ भी मैंने शहर की ख़ास भंगिमाएँ देखीं, मैं उनसे सट पाया और उनकी प्रामाणिक अनुभूतियाँ मेरी झोली में आ गईं। बैल्वेडियर में मेरे निवास के सामने समुद्र की लहरों के एक़दम पास बरसाती की खोली बनाकर रहने वाले एक वृद्ध से मित्रता हो गई... उस पर कहानी आई—'प्रतिमोह', नाना चौक के पास एक खोली में जाने-आने लगा, वहाँ भी घनिष्ठता हो गई, कहानी निकली—'सुनन्दो की खोली'। इन लोगों से घनिष्ठता बैठाने में मेरा पद न मेरे और न उन लोगों के लिए ही कोई व्यवधान पैदा करता था...वह जैसे था ही नहीं! 'सिर्फ़ इतनी रोशनी' का ज़िक्र ऊपर हुआ ही है। और कई कहानियाँ—'आकरा माला', 'मुझे घर ले चलो', 'निष्कासित' आदि भी यहीं उपजीं। उपन्यासों में 'धीर समीरे' का माध्यम अगर नन्दकिशोर मित्तल बने तो 'पाँच आँगनों वाला घर' के मेरे सहपाठी, सहकर्मी दोस्त हरीशचन्द्र श्रीवास्तव। वे और फतेहजंग बहादुर...दोनों ही मेरे साथ आयकर आयुक्त थे और दोनों ही मेरे मित्र... गोकि पत्नियों के कारण उनकी आपस में बहुत बनती नहीं थी। बहादुर बेहद ईमानदार (कहानी—'निष्कासित') और हरीश थोड़ा दूसरी तरह के...पत्नी के बहुत प्रभाव में। 'पाँच आँगनों वाला घर' के राजन वे ही हैं। संयोग कि मेरे बेटे मनीष के अन्तिम संस्कार में ये दोनों थे! हरीश की पत्नी का देहान्त कैंसर से हुआ, उनकी अन्त्येष्टि में मैं था। बहादुर बम्बई हस्पताल में इलाज कराते-कराते इतने कृशकाय हो गए थे कि देहान्त के बाद जब उनकी अर्थी कन्धे पर ली...तो जैसे फूल। धुर विरोधी—हरीश की पत्नी और बहादुर—दोनों मेरे सामने गए...तब मुझे संसार में ये ईर्ष्या-द्वेष-बैर आदि बहुत व्यर्थ की चीज़ें लगीं। मेरी यादों में दोनों ही आदरणीय हैं, जैसे कि बम्बई प्रवास में थे।

अब बाहर की दुनिया के लिए भी मैं पूरी तरह से साहित्यकार था—सभी बड़ी पत्रिकाओं में छपना, पुस्तकों का प्रकाशन, आयोजनों में जाना। बैल्वेडियर के मेरे घर में वीरेन्द्र मिश्र का एकल कविता पाठ हुआ, जिसमें हरीश और बहादुर दोनों श्रोताओं में थे। महेन्द्र कार्तिकेय ने समकालीन साहित्य सम्मेलन का आयोजन चौपाटी में रखा था, जिसके उद्घाटन के लिए मेरे आग्रह पर जैनेन्द्र जी आए, प्रमुख वक्ताओं में धर्मवीर भारती आदि थे। जैनेन्द्र जी साहू जैन के गेस्ट हाउस शिखर कुंज (पैडर रोड) में ठहरे थे। वहाँ उनसे भारती जी, मेरी और रामवचन राय की प्रेम पर बातचीत हुई, जो 'धर्मयुग' में किस्तों में छपीं। ('साहित्य, साहित्यकार और प्रेम' पुस्तक में संगृहीत) मैं जैनेन्द्र जी को रेल में चढ़ाने वी.टी. गया, उनके पैर छुए...उनका कोमल हाथ मेरे सिर पर, आशीर्वाद का स्पर्श...मैं आज भी महसूस कर सकता हूँ।

काफ़ी पहले से आयोजनों में शिरकत के अलावा मैं पुरस्कृत भी होने लगा था। 'हुजूर दरबार' पर उत्तर प्रदेश हिन्दी संस्थान का प्रेमचन्द पुरस्कार (2500/- रुपए) मिला। ऊपर के बड़े पुरस्कार (21,000/- आदि) पाने वालों में निर्मल वर्मा, अश्क वग़ैरह थे। लखनऊ में श्रीनारायण चतुर्वेदी के हाथों पुरस्कार लेने का आयोजन था। श्रीनारायण जी और विशिष्ट अतिथियों के बैठने का इन्तज़ाम ऊपर मंच पर था और हम पुरस्कृत होने वाले साहित्यकार नीचे, श्रोताओं वाली अगली क़तार में बैठाए गए थे...हमें एक-एक करके ऊपर जाकर पुरस्कार लेना था। चतुर्वेदी जी ने आपत्ति की—जिनका सम्मान होना है वे ऊपर बैठेंगे, सबके लिए कुर्सियाँ ऊपर नहीं हो सकतीं तो सब ऊपर फ़र्श पर बैठें। वैसा इन्तज़ाम कराया गया। वही नहीं—साहित्यकार चतुर्वेदी जी के पास सम्मानित होने नहीं जाएँगे...चतुर्वेदी जी उनके पास—जहाँ भी वे बैठे होंगे...वहाँ जाएँगे। नब्बे वर्ष के चतुर्वेदी जी एक-एक के पास जाते...तिलक अक्षत के साथ शाल खोलकर पहनाते...थक जाते तो सुस्ताते। हम लोगों ने सुझाया कि हम सब आपसे उम्र में छोटे हैं...हम आपके पास आ जाएँगे, आप एक जगह बैठे रहिए...नहीं, चतुर्वेदी जी की ज़िद...उम्र से क्या होता है...आप साहित्यकार हैं, सम्माननीय हैं। उस व्यवहार से थोड़ी देर में असर यह देखने में आया कि चतुर्वेदी जी हमें शाल उढ़ाते और हम उनके पैर छूते थे। निर्मल वर्मा को पैर छूना नहीं आता था...उन्होंने दोनों हाथों से पैर छुए...जैसे विवाह में वर-वधू के पैर पखारते हैं।

श्रीनारायण चतुर्वेदी जी की बनाई वह परम्परा चल पड़ी। अभी जब मैं 'भारत भारती' सम्मान लेने उत्तर प्रदेश हिन्दी संस्थान गया तो सभी सम्मानित किए जाने वाले साहित्यकारों को ऊपर मंच पर ही मुख्यमंत्री के साथ बिठाया गया था। सभी बड़े पुरस्कार-आयोजनों—साहित्य अकादेमी, बिरला फ़ाउंडेशन आदि—में वैसा ही आयोजन किया जाता है। 'सरस्वती सम्मान' के आयोजन में तो दीप भी पहले मुझसे प्रज्वलित कराया गया था। 'धीर समीरे' पर पुरस्कार भारतीय भाषा परिषद् ने बाँग्ला कवि श्री सुभाष मुखोपाध्याय के हाथों दिलाया था और वहाँ भी सम्मानित होने वाले साहित्यकारों को ऊपर ही बिठाया गया था।

चीफ़ कमिश्नर के लिए पदोन्नति का जो पैनल दिल्ली सरकार में बना, उसमें मेरा नाम अन्तिम था। ऊपर के सभी लोगों की नियुक्ति कर दी गई, सूची में का सिर्फ़ मेरा नाम लटका रह गया...आगे कोई चीफ़ कमिश्नर का पद रिक्त हो, तब वहाँ मेरी नियुक्ति हो। दफ़्तर में मेरे सहकर्मी और अन्य लोग पूछने आते—'कब आ रहा है, प्रमोशन?' मैं कैफ़ियत देने लग जाता। एक दिन मुझसे जूनियर कमिश्नर सिकन्दर ख़ाँ जी आए और बोले—'आपको क्या यहाँ तश्तरी में पेश की जाएगी चीफ़ कमिश्नरी? अरे, दिल्ली जाइए, अफ़सरों से मिलिए-मिलाइए, कुछ तार-वार खींचिए। आप तो यहाँ संत बने बैठे रहते हैं...' मुझे ऐसी सलाह जँचती नहीं थी, सोचता था कि मुझे मेरे काम के आधार पर चीफ़ कमिश्नर के पद योग्य पाया गया

है, चयनकर्ता पैनल ने लिस्ट में मेरा नाम रखा है। अब यह दिल्ली में बैठी सरकार का काम है कि मेरी नियुक्ति चीफ़ कमिश्नर पद पर करे, मेरा यह काम तो नहीं कि मैं उसके लिए भागा-दौड़ी करता फिरूँ, लेकिन लोग थे कि मुझमें ही कमी ढूँढ़ते थे, पूछने के बहाने मुझसे सहानुभूति जताने आते थे। मैं फिर अपने पूर्वज ग़ालिब की शरण में गया। इलाहाबाद में उनका शे'र—'तुम कहर थे, बला थे...' पर लटका था। यहाँ फिर एक मिल गया। उसे मैंने एक तख्ती पर लिखकर अपनी ऑफ़िस-मेज़ पर रख दिया...यों कि सामने बैठे की नज़र उस पर पड़े ही—

माना कि मुश्त-ए-ख़ाक से बढ़कर नहीं हूँ मैं।
लेकिन हवा के रहम-ओ-करम पर नहीं हूँ मैं॥

आयकर भवन बम्बई में ही मेरे एक सीनियर कमिश्नर पाठक जी बैठते थे। राधास्वामी विचारधारा वाले...जो उन्हें बाहर से भी रँगे हुए थी...साधु पुरुष। वे मुझे 'धर्मयुग' में लगातार छपते देखते थे, पढ़ते भी थे। एक दिन मुझसे बोले—तुममें प्रतिभा है, तुम्हें पचपन की उम्र के पहले नौकरी से अवकाश ले लेना चाहिए, क्योंकि एक उम्र के बाद वह ऊर्जा नहीं रहती कि कोई अपने मन के काम को दूर तक ले जा सके। मेरा मन भी नौकरी में नहीं लगता था...लेकिन अभी मनोज और मनु दोनों ही की ज़िन्दगी ने कोई लाइन नहीं पकड़ी थी। इसलिए पाठक जी की सलाह को मैंने बाहर ही रखा। मैं अट्ठावन की उम्र में रिटायर हुआ और उसके बाद भोपाल में मैंने जमकर लिखा...सभी बड़े पुरस्कार भी तभी मिले। तो अब यहाँ से देखने पर लगता है कि पचपन में अवकाश लेने और अट्ठावन में स्वत: मिलने...इससे बहुत अन्तर नहीं पड़ा। मुख्य चीज़ है—आपकी वरीयताओं में सर्वोपरि क्या है, मैंने नौकरी को कभी अपनी पहली वरीयता नहीं बनने दिया...इसलिए कोई फ़र्क़ नहीं पड़ा।

चीफ़ कमिश्नर वाला पैनल एक साल में ख़त्म हो जाने वाला था। आख़िरी दिन के एक दिन पहले मुझे दिल्ली से फ़ोन मिला कि मैं कल ही जाकर अहमदाबाद चीफ़ कमिश्नर का चार्ज ले लूँ, वर्ना पैनल ख़त्म हो जाएगा और मेरे नाम पर अगली डिपार्टमेंटल प्रमोशन कमेटी नए सिरे से विचार करेगी। इससे बचने के लिए मैं रात की ट्रेन से अहमदाबाद पहुँचा और आख़िरी दिन चार्ज ले लिया। दरअसल जगह होनी थी पूना में, जहाँ के चीफ़ कमिश्नर रिटायर हुए थे...लेकिन मेरे बैच के, मुझसे सीनियर सी.वी. गुप्ते, पैनल में मुझसे ठीक ऊपर, जो अहमदाबाद कमिश्नर-II के पद पर तीन माह पहले ही पदस्थ हुए थे, उनका ट्रांसफर पूना कर दिया गया और मेरे लिए अहमदाबाद रखा गया...जो तब अच्छी पोस्टिंग नहीं मानी जाती थी, पूना के मुक़ाबले तो बिलकुल नहीं। गुप्ते ने भागादौड़ी की...उसे मिल गई—जबकि इतनी जल्दी उनकी पोस्टिंग नहीं बदली जानी चाहिए थी...और पूना में मेरी तैनाती की जानी चाहिए थी।

मुम्बई में वार्डन रोड के सरकारी फ़्लैट में कई साहित्यकारों का आना-जाना हुआ—जैनेन्द्र कुमार, अज्ञेय, नरेन्द्र शर्मा, धर्मवीर भारती, वीरेन्द्र मिश्र...लेकिन सबसे ज़्यादा शैलेश मटियानी। वे हमारे यहाँ ही ठहरते। मैंने सिर्फ़ एक उन्हीं की विज्ञापन दिलाने में मदद की, क्योंकि उनका जीवन ही इस पर निर्भर था। जैनेन्द्र जी का पूर्वोदय प्रकाशन भी आर्थिक संकट से जूझ रहा था, लेकिन उन्होंने कभी किसी तरह की मदद के लिए मुझसे नहीं कहा...और अज्ञेय—उनके तो अहं के ही यह ख़िलाफ़ था। शैलेश मटियानी पत्रिकाएँ निकालते थे, उनके लिए विज्ञापन लेते थे लेकिन अगर कोई विज्ञापन देने वाला कहे कि उनकी पुत्रवधू या सुकन्या की कोई रचना अपनी पत्रिका में छाप दें तो वे वहीं फ़ौरन का फ़ौरन उनका चैक लौटा देते थे। उनकी कम लेखकों से बनती थी...गिरिराज किशोर और मैं अपवाद हुए...और अन्त तक वे हम दोनों से स्नेह करते रहे, बावजूद इसके कि हम अज्ञेय, निर्मल वर्मा, भारती जैसों के नज़दीकी थे, जिनके वे विरोधी थे। शैलेश मटियानी के व्यक्तित्व में स्वाभिमान कूट-कूट कर भरा था। इलाहाबाद के अपने मकान का मुक़दमा लड़ने वे ख़ुद कोर्ट पहुँचे और वहाँ जजों को खरी-खोटी सुनाने में ख़ुद को रोका नहीं। जीवन के अन्तिम दिनों वे विक्षिप्ति का शिकार हुए। तब मुरली मनोहर जोशी जी के प्रभाव से उन्हें हल्द्वानी में एक घर दे दिया गया, जैसे भोपाल में नरेश मेहता जी को दिया गया था। हल्द्वानी के नागरिकों ने उनके लिए एक राशि इकट्ठा की, जो उन्हें नागरिक अभिनन्दन में मेरे हाथों दी जानी थी। मैं हल्द्वानी पहुँचते ही पहले मटियानी जी के घर गया तो आदरणीया भाभीजी मेरा हाथ पकड़ मुझे अलग ले गईं और बोलीं—'आप समझाइए इन्हें कुछ, जिस सरकार ने हमें यह घर दिया, उसी के प्रधानमंत्री अटल जी को ये 16 पेज का पत्र भेजते हैं कि आपकी कविताएँ दो कौड़ी की हैं, आपके चापलूस ही आपको कवि बनाए हुए हैं।' मैंने उन्हें समझाया—'हिन्दुस्तान में अकेले मटियानी ही ऐसे लेखक हैं जो देश के प्रधानमंत्री को यह लिख सकते हैं, आपको गर्व होना चाहिए।' ये थे भाई मटियानी जी।

मैं बम्बई क़रीब नौ साल रहा लेकिन अपनी किसी कहानी या उपन्यास पर फ़िल्म नहीं बनवा सका। ऐसा नहीं कि मैं चाहता नहीं था, मेरा परिचय भी राही मासूम रज़ा, ऋषिकेश मुखर्जी आदि से हुआ था। एक बार देवेश घोष जिनकी कुछ फ़िल्मों का निर्देशन ऋषिकेश मुखर्जी ने किया था, वे मेरे घर आए, बोले, मैं आपके साथ दो घंटे बैठना चाहता हूँ। हम बैठे...पूरे दो घंटे वे जैसी फ़िल्म बनाना चाहते थे, वैसी कहानी सुनाते रहे। आख़िर में बोले—इसे लिख डालिए। मैंने कहा—यह तो आपकी कहानी हुई, मेरी कहाँ। बोले—'आप इसे लिख डालिए।' मैंने कहा—आप ही लिख लीजिए। बोले—वही तो मुझे नहीं आता, इसीलिए तो आपके पास आया हूँ। दरअसल ये फ़िल्म प्रोड्यूसर स्क्रिप्ट-राइटर चाहते थे और उसे तलाशते वे थे हिन्दी के कहानीकारों में। कमलेश्वर और गुलज़ार के क़िस्सों से सभी परिचित

हैं...'आँधी'—गुलज़ार कहते हैं उनकी कहानी है, कमलेश्वर ने तो उसकी स्क्रिप्ट लिखी थी...उसे 'साप्ताहिक हिन्दुस्तान' में किश्तवार अपना उपन्यास कहकर छपवा दी, बाद में 'काली आँधी' नाम से उपन्यास भी छपा दिया। उपन्यास छप तो गया... लेकिन उसमें साहित्य की महक नहीं है, साफ़ फ़िल्म स्क्रिप्ट दिखती है। मैंने देवेश घोष को अपने कुछ उपन्यास-कहानियाँ थमा दिए, कि वे पढ़ लें...अगर कोई उन्हें पसन्द आ जाए...पर बम्बइया, विशेषकर फ़िल्मवालों को पढ़ने की भी फ़ुरसत कहाँ! पढ़ने वालों में 'एक कहानी' वाली मंजुश्री थी। उन्होंने दूरदर्शन के लिए उस शृंखला के अन्तर्गत मेरी 'फाँस' कहानी पर फ़िल्म बनाई, उसकी शूटिंग में वे मुझे बुलाती थीं...मैं हीरोइन को बुन्देली बोलने का लहजा, बुन्देली महिलाओं की चाल-ढाल... ये सिखाता। फ़िल्म अच्छी बनी। इसी तरह 'दृष्टान्त' के अन्तर्गत तेरह कड़ियों के छब्बीस एपिसोड्स बने, जिन्हें दूरदर्शन ने ख़रीद लिया, उन्हें कई बार दिखाया। अब वह उनकी प्रॉपर्टी है।

देखिए तो...

अहमदाबाद की पोस्टिंग ख़राब मानी जाती थी; लोग बताते थे कि उन्होंने मुझसे कुछ वर्षों पहले ही यहाँ तैनात हुए श्री आर.पी. गुप्ता, चीफ़ कमिश्नर को अपने कमरे में बैठे आँसू बहाते हुए देखा है। एक वजह जो मेरी समझ में आती थी, वह गुजरात में शराबबन्दी का होना था, जो हमारे अफ़सरों को रास न आती होगी। शराब... उचित मात्रा में--का मैं भी शौक़ीन था। मेरे जूनियर अफ़सर श्री चरन—जो आगे चलकर जीवन भर के लिए मेरे मित्र बने—उन्होंने एहतियात के लिए मुझे ड्रिंकिंग लाइसेंस ले लेने का सुझाया, जो मेडिकल आधार पर दिया जाता था। लाइसेंस का आवेदन फ़ॉर्म गुजराती और हिन्दी में था, शुरू के दो कॉलमों ने ही मुझे मेरी औकात दिखा दी—पहला कॉलम था—शराबी का नाम, दूसरा—'शराबी के बाप का नाम'! बहरहाल भरा...और उस तरफ़ से निश्चिन्तता हुई। लोकप्रिय न होने की दूसरी वजह यहाँ की गर्मी थी...जिससे मेरा वास्ता आगे पड़ने वाला था...क्योंकि अभी तो मार्च ही था। मैं गर्मी के लिए तैयार था, क्योंकि बाँदा का रहने वाला था, बचपन से ही लू के थपेड़ों का अभ्यस्त। ख़राब पोस्टिंग मुझे लगने की एक वजह मेरी अपनी थी—जिस ट्रेन से मैं अहमदाबाद ज्वाइन करने आया था, उसमें बैठते ही डिब्बे में गुजराती भाइयों की जो अविराम चकरचक चालू हुई, खाने की वो चभर-चभर देखी...उससे गुजरातियों के लिए मन में एक पूर्वग्रह बैठ गया कि उनके लिए जीवन में तीन ही चीज़ें हैं—पैसा, खाना और बकबक। पैसे के लिए मर मिटने वाला, व्यवहारी व्यापारी, बोली भारी...कर्कशता को छूती हुई, मतलबी लोग। लेकिन मैं क्या सारी दुनिया इस बात का लोहा मानती है कि हर गुजराती उद्यमशील होता है। गुजरातियों की कौम शुरू से ही व्यापारी कौम रही है। आज भी संसार के किसी भी कोने में गुजराती, पंजाबी...ये ज़रूर दिख जाएँगे...व्यापार के लिए ख़तरा उठाते हुए इसलिए देर-सवेर समृद्ध बनते हुए भी। पंजाबी ऐश-ओ-आराम, लुत्फ़ उठाने वाला होता है तो गुजराती पैसे को पकड़कर बैठने वाला। अब ये तो संस्कार हैं... हमारे जीन्स अपने पूर्वजों से मिले होते हैं...वर्ना गुजरातियों में ढेरों अच्छे आदमी भी

मिल जाएँगे। फ़िलवक़्त आम गुजराती से मेरा स्वभाव एक़दम फ़र्क़ था...इसलिए यहाँ आकर मैं दुखी था।

मैंने सबसे पहले दफ़्तर के अपने कमरे का ए.सी. बन्द कराकर खिड़की खोल दी...जिसके रास्ते मेरी नज़र में बाहर पीपल का पेड़ बराबर रहता। मैं उसके हिलते पत्तों को देखता रहता। इससे मुझे शक्ति मिलती थी—पत्तों का हिलना समय के रेंगने का एहसास कराता है, मन में यह विश्वास जगाता है कि यह समय भी बीत जाएगा। सरसराते उन पत्तों का करिश्मा कि मुझे गुप्ता जी की तरह रोना नहीं पड़ा... हालाँकि मुझे दुःख था, अपने विभाग के लिए आक्रोश भी...कि पहले तो उसने मुझे पदोन्नति के लिए लटकाकर रखा, फिर पोस्टिंग में भी मेरे साथ अन्याय किया। मैं इसी खिन्नता में घुल रहा था...कि एक दिन मेरे ही दफ़्तर के जनसम्पर्क विभाग के इंस्पेक्टर श्री पी.जी. मेहता मेरे पास आए और हिचकते हुए बोले—"सर, सुना है आप लेखक हैं, तो यहाँ दुखी रहने के बजाय, ज़रा हमारे गुजरात को देखिए तो..."

मैं उचक पड़ा...यह बुनियादी ज्ञान मुझे साधारण पढ़े-लिखे, एक साधारण कर्मचारी से मिलना था? मुझमें यह कमी रही है, अब भी है। मैं अपना स्वतंत्र निर्णय जल्दी नहीं ले पाता। अपने बहुत ही आत्मीय जनों से पूछता हूँ...ख़ुद को लुढ़कने देता हूँ जब तक एक 'फ्लैश' में कोई चीज़ मुझ तक नहीं आ जाती और उसे अपना निर्णय मान फिर में चल पड़ता हूँ। गुजराती भाई मेहता जी की सलाह के बाद जैसे मेरा कायापलट हो गया। अब मैं जहाँ-जहाँ दौरे पर जाता, काम के बाद वहाँ आसपास की प्रसिद्ध जगहें देखने का कार्यक्रम ज़रूर बना लेता। यह क्रम मेरे गुजरात में 91 से 93 तक रहने के दौरान बराबर कायम रहा...मैंने सौराष्ट्र, छोटी रन, बड़ी रन, जैनावाद में सफ़ेद ख़ूबसूरत गदहे, गिरि के जंगल, वहाँ के शेर, सोमनाथ, गांधीग्राम, माउंट आबू...क्या-क्या देख डाला। मेहता जी के साथ, उनकी सलाह पर मैंने गुजरात के मेले, मन्दिर जहाँ भूत और चुड़ैल चढ़े रोगियों का उपचार किया जाता था... ये भी देखे। सभी के यात्रावृत्त लिखे हैं। इस क्रम में एक विलक्षण सौगात मेरे हाथ लगी। मैं गोंडल में था कि अख़बार में एक शीर्षक ने मुझे चौंका दिया—'वे यहाँ हैं'। वहाँ की छोटी-सी झील में फ्लैमिंगोज (सुर्खाब) डेरा डाले हुए थे। मैं अकेले वहाँ गया...आहिस्ता-आहिस्ता, बेआवाज़ झील के किनारे तक...जहाँ उनका झुंड था। मेरे पास आने पर वे उड़े तो किनारे का साफ़ पानी एक़दम लाल हो गया...मैंने देखा कि इन पक्षियों के डैनों के भीतर का रंग लाल होता है और पक्षियों के समूह के परों का सम्मिलत रंग पानी में उतरा आया था। ओह! तो इसलिए इन्हें सुर्खाब कहा जाता है—सुर्ख माने लाल, आब...माने पानी। मैंने जो यात्रावृत्त लिखा, उसका शीर्षक अख़बार की उस ख़बर से बढ़कर नहीं मिला—'वे यहाँ हैं'।

हालाँकि यह गुजराती प्रदेश था पर लेखक के रूप में मुझे यहाँ हाथोंहाथ लिया गया। मैं हर हफ़्ते गुजरात मेल के सेकेंड स्लीपर से मुम्बई जाता था। शुरू के दिनों

में एक बार मैं मुम्बई से लौट रहा था...स्लीपर से उतरा, मुड़े-तुड़े पायजामे-कुर्ते में, तेज़-तेज़ चलता हुआ बाहर निकल रहा था। हाथ में चादर में बँधे दो थैले थे, एक में किताबें, दूसरे में म्यूज़िक सिस्टम। उन्हें सँभालकर पकड़े हुए जा रहा था... कि एक सिपाही ने मुझे रोक लिया। उसे लगा कोई स्मगलर है, जो प्रतिबन्धित सामान छिपाए लिए जा रहा है। मैंने उसे बताया कि एक थैले में किताबें हैं, दूसरे में म्यूज़िक सिस्टम है। उसे विश्वास नहीं हुआ...यह हुलिया...किताबें और म्यूज़िक! वह खोलकर दिखाने की ज़िद करने लगा। मैं उसे समझा रहा था...कि खोलने के बाद वैसा बँध नहीं पाएगा...मुझे परेशानी होगी। हम बहस करने लगे, लोग इकट्ठा हो गए। उनमें गुजरात समाचार अख़बार का कोई पत्रकार भी था। सिपाही ने मेरा परिचय पूछा—मैंने बताया गोविन्द मिश्र...साहित्यकार। सामान्यत: मैं अपना यही परिचय देता था। सिपाही पर कोई असर नहीं हुआ...बात जब बहुत बढ़ गई तो मुझे बताना पड़ा कि मैं यहाँ मुख्य आयकर आयुक्त हूँ। सिपाही ने फ़ौरन सैल्यूट मारी और मुझे जाने दिया। मैंने देखा कि मेरे पीछे-पीछे वे पत्रकार महोदय भी चले आ रहे हैं...उन्हें सारा मामला अजीबोग़रीब लग रहा था—मेरी हुलिया, ख़ुद भारी सामान लेकर चलना...और कहता है मुख्य आयकर आयुक्त। उसने कहा—आपने पहले ही क्यों न बता दिया, खामख्वाह आपको परेशानी हुई। मैंने उसे समझाया—मेरा असली परिचय तो लेखक वाला ही है, चीफ़ कमिश्नर तो पद का नाम है...वह मेरी नौकरी का परिचय है। पत्रकार महोदय और प्रभावित, उन्होंने बड़ी नम्रता से मुझसे पाँच मिनट का समय माँगा, स्टेशन के बाहर खड़े मेरा छोटा-सा इंटरव्यू ले लिया। मेरी लिखी किताबों आदि के बारे में पूछ डाला, और उसी वेशभूषा में मेरे दो-चार फ़ोटो ले डाले। दूसरे दिन 'गुजरात समाचार' के फ्रंट पेज पर मेरा बड़ा फ़ोटो छपा था। समाचार का शीर्षक था—'मुख्य आयकर आयुक्त...साक्षर...' कुत्ता आदमी को काटे...यह ख़बर नहीं होती, आदमी कुत्ता को काटे...ख़बर वह होती है। मुख्य आयकर आयुक्त और लेखक!

गुजराती का 'गुजरात समाचार'...गुजरात में सबसे ज़्यादा पढ़ा जाने वाला अख़बार था। मैं एक दिन में ही पूरे गुजरात में जाना जाने लगा। गुजराती साहित्यकारों को समाचार मिल गया कि मैं अहमदाबाद में हूँ। गुजरात साहित्य परिषद के अध्यक्ष सुप्रसिद्ध साहित्यकार रघुवीर चौधरी ने एक विशेष सभा गुजराती साहित्यकारों द्वारा गुजरात में मेरे स्वागत के लिए आयोजित की। उसके बाद मुझे गुजरात विद्यापीठ, विश्वविद्यालय के हिन्दी विभाग आदि जगहों पर कई जगह व्याख्यान के लिए बुलाया गया। रघुवीर चौधरी एवं अन्य गुजराती साहित्यकारों से मेरे प्रीतिपूर्ण सम्बन्ध बने, जो आज तक हैं।

गुजरात मैं अकेला ही आया था। मनु का बी.ए. फाइनल था...उसके और पत्नी के रहने का इन्तज़ाम मुम्बई में ही अपने एक सहकर्मी के आवास पर कर

दिया था। अहमदाबाद में गेस्ट हाउस में रहता था। मेरे साथ दो और कमिश्नर वहाँ थे—अग्रवाल और भटनागर। हम कभी-कभी मिलकर खाना भी बना लेते थे...लेकिन गर्मियाँ, धुआँधार दौरे और दौरे के दौरान मेरे सम्मान में दिए जाते भोज पर भोज... उनमें परोसी जाती कभी-कभी मेरे आग्रह पर ही—एक से एक गुजराती डिशेज़। सबसे मैं परिचित होना चाहता था। गुजराती लोग भोजन-प्रिय हैं...तो यहाँ तरह-तरह की डिशेज़ हैं...साधारण लोगों के लिए 'फाफड़ा' तो रईसों के लिए 'खाकड़ा'। नाम ज़रूर लम्पट क़िस्म के—'रा', 'ड़' जैसे कर्कश स्वरों से भरपूर। बहरहाल जहाँ जाता मैं ख़ूब खाता। तो उनका मिर्च-मसाला-तेल...मुझे एक अजीबोग़रीब बीमारी ने पकड़ लिया—लगातार हिचकियाँ! दफ़्तर में, रात छत पर, कहीं भी हिचकियाँ बन्द न होतीं। मैं रात-रात जागता। इस दरम्यान मुझे मेरे सहकर्मी भटनागर जी (जिस दिन मैंने मुख्य आयकर आयुक्त का चार्ज लिया था, उसी दिन उन्होंने आयकर आयुक्त (अपील) का।) अपनी खाट पर (तब हम तीनों गेस्ट हाउस वाले छत पर सोते थे) तकिये से टिके मेरी तरफ़ लगातार देखते हुए दिखते। मैं बहुत प्रभावित होता कि मैं तो अपनी बीमारी की वजह से सारी रात जागता हूँ, वे बेचारे मुझसे हमदर्दी के कारण। वह तो बहुत बाद में जाकर पता चला कि भटनागर जी गले की तकलीफ़ की वजह से, तकिये से टिके, अधलेटी मुद्रा में ही सो पाते थे!

हिचकियों से तंग आकर, आख़िर मैंने छुट्टी लेकर मुम्बई में डॉक्टर मिश्रा को दिखाने का तय किया। डॉ. मिश्रा मुम्बई हास्पिटल में फिजीशियन थे। मुझसे सारे हाल सुनकर बोले—'अभी मैं कोई टेस्ट नहीं कराऊँगा...क्योंकि उसमें गड़बड़ी ही निकलेगी। अभी आप कम से कम पन्द्रह दिन छुट्टी पर रहकर घर का सादा खाना ही खाइए...और हर बार अपनी खुराक से दो रोटी कम। सिर्फ़ एक गोली उन्होंने पेट की गैस के लिए दी...मैं ठीक होने लगा। पूरा ठीक हो गया तब उन्होंने पेट में नली वग़ैरह डालकर टेस्ट कराए। कुछ नहीं निकला।

ऐसे उस वक़्त के डॉक्टर...उसके पहले के भी वे डॉक्टर जो नब्ज देखकर ही दवा देते थे...और वह भी कम से कम। मेरी बीमारी का कारण मेरा खाने का लालच था। आगे फिर जितने दिन मैं गुजरात में रहा, घूमता तो ख़ूब रहा...खाने में सावधानी बरतता रहा। शराब की बैठकें अधिकतर चरन के घर होती थीं... जिन्हें मैं उसकी संगत के कारण नशिस्त कहने लगा था। तीन पैग के बाद चरन की याददाश्त बहुत तेज़ हो जाती थी...और वह इतिहास के अनूठे प्रसंग छोटे से छोटे ब्योरों के साथ विस्तार से बताता। मसलन—बाबर ने राणा सांगा के ख़िलाफ़ अपनी फ़ौज फलाँ जगह खड़ी की...दाईं तरफ़ नाला था...बाईं तरफ़ पहाड़ियाँ थीं। साधारणत: चरन चुप रहता था लेकिन शराब—(शर-आब) के साथ उसकी स्मृति और जुबान दोनों शर माने तेज़ हो जाते। शराब के साथ जब तक धारदार बातें न हों...नशिस्त कहाँ हुई! यह मेरी कमज़ोरी आज तक है। पियक्कड़ों के साथ शराब

पीना मुझे अच्छा नहीं लगता...आत्मीय-जनों के साथ जहाँ आप अपने भीतर तक की बातें कर लें...या फिर जीवन और समय पर बातें करते हों। पीने में भी नपे-तुले पैग ('शरीके मै')। चरन की एक और खूबी थी—उर्दू, फ़ारसी का ज्ञान। उर्दू मेरी प्रिय भाषा...इतनी कोमल, इतनी खुसूसियत भरी, लेकिन मैं उर्दू की लिपि नहीं पढ़ पाता। चरन ने मेरी उर्दू की समझ विकसित करने की कोशिश की। उससे मेरे पारिवारिक सम्बन्ध बन गए।

ऐसे ही सम्बन्ध भाई अशोक पुरोहित से बने। पेशे से आर्किटेक्ट, अनोखी डिज़ाइनें बनाने वाले...लेकिन संगीत के ऐसे प्रेमी कि दफ़्तर के बाहर हर पल संगीत में...कार में बैठते ही कैसेट चालू, घर में सवेरे चाय के साथ क्लासिकल। कभी-कभी ग़ज़लों की महफ़िल वे बेडरूम में ही जमा लेते...उनकी डबल-बेड पर गायक और साजिन्दे...नीचे चारों तरफ़ बैठे हुए हम लोग। उनकी संगत में मैंने शहर के वार्षिक संगीत आयोजन 'सप्तक' में जाना शुरू किया। अशोक को देखकर मुझे संगीत का प्रभाव जो होता है उसका अन्दाज़ा हुआ। कैसे वह संगीतशास्त्र के अजानकार को भी अपने आगोश में ले लेता है। अशोक तब लॉ गार्डन के पास सबसे ऊपरी तल के फ़्लैट में रहते थे...बरसाती कमरे के पास छत के एक किनारे उन्होंने अपनी अक्ल से एक गिरता हुआ झरना बना लिया था...हमारी नशिस्त वहाँ जमती...नशिस्त क्या, संगीत की बैठक कहिए...थोड़ी बातें और ज़्यादा संगीत। उनकी पत्नी और उन्हें प्रसिद्ध संगीतज्ञों की संगत बहुत सुहाती थी...घर में हर तरफ़ बड़े संगीतज्ञों के साथ उनके और उनकी पत्नी के फ़ोटो लगे रहते। आदरणीया भाभी जी...देखने में साधारण लेकिन पढ़ी-लिखी, पति को जिनकी कम्पनी पसन्द होती, उनके साथ वे ऐसे घुलमिल जातीं कि लगे वे लोग पहले उनके दोस्त थे, पति के बाद में बने। अशोक भाई का संगीत प्रेम धीरे-धीरे संस्कृति में फैलता गया और जब उन्होंने फ़्लैट से गांधीनगर शिफ़्ट किया तो वहाँ पूरे का पूरा एक संस्कृति परिसर ही विकसित कर लिया। साहित्य की जैसे कि संगीत की ही बहुत समझ उन्हें नहीं थी...लेकिन शौक़ ज़बरदस्त कि अपने रिटायरमेंट के बाद, उनके आग्रह पर मैंने एक लेखक-सम्मिलन और एक लेखक-शिविर उनके गांधीनगर परिसर में कराए। उन पर मेरी एक हालिया लिखी कहानी है—'मन्दिर...गाँव किनारे'... (सस्ता साहित्य मंडल से प्रकाशित इसी नाम से कहानी-संग्रह भी)। डाइबिटीज़ के चलते जब उनकी शराब बहुत कम हो गई थी, तब भी हफ़्ते का एक दिन वह घर के बग़ल वाले कमरे में लोगों का जमावड़ा जमा लेते, सबको पिलाते-खिलाते, हो-हल्ला मचता। मैंने भाभी जी से एक बार कहा भी कि क्या यह बेकार का खर्चा नहीं...तो वे बोलीं—'इर्द-गिर्द हंगामा होता रहे...इसमें इन्हें मज़ा आता है। तो मैं होने देती हूँ, मैं भी उसमें मज़ा लेती हूँ। अशोक भाई कमाते थे...और दिल खोल ख़र्च भी करते थे...वहाँ भी जहाँ उनका दख़ल नहीं था...जैसे संगीत और साहित्य

में। आदरणीया भाभी जी के देहान्त के बाद वे टूट गए, आगे चलकर उन्हें लकवा लगा, जिसमें उनकी बोली चली गई।

मेरा मन था कि मैं 'मन्दिर...गाँव किनारे' अशोक भाई को समर्पित करूँ। उनसे पुछवाया, उन्हें कोई दिलचस्पी है—ऐसी ख़बर मुझे नहीं मिली। मैंने भी सोचा कि मेरी कहानी उनकी यादें वापस लाएगी जिससे उनकी दिल की धड़कनें बढ़ सकती हैं...इसलिए रहने दिया। पर्याप्त है कि एक ख़ूबसूरत इनसान की दास्तां मेरी कहानी में दर्ज हो गई, सामाजिक सम्पत्ति बन गई। अशोक भाई इन दिनों गांधीनगर में अपनी दो बच्चियों और उनके परिवारों में सिमटकर रह गए हैं...जैसा कि हम सभी के साथ देर-सवेर होता है...लेकिन यह मानना होगा कि उन्होंने जैसा जीवन अपने लिए चाहते थे, वैसा जिया। हर कोई अगर बुढ़ापे की तैयारी करते हुए जीवन के मुख्य दौर में वह न करे जो वह करना चाहता है तो जिया क्या...और बुढ़ापा, बीमारी या मृत्यु को कोई कैसे रोक सकता है?

गुजरात में रेवा से परिचय हुआ...आत्मीयता बढ़ी। 'कोहरे में क़ैद रंग' उपन्यास में वह सरस्वती की एक्सटेंशन है, नए समय में सरस्वती का बदला हुआ रूप। उस पर दो कहानियाँ भी हैं—'लहर' और 'नए सिरे से'।

तब गुजरात आकाशवाणी के निदेशक मनोज सिन्हा 'मनुज' थे। जब मैं अंडमान गया था (तब तक साहित्यकार के रूप में मेरी विशेष ख्याति नहीं हुई थी।) 'मनुज' ने मुझे चुनौती दी कि अंडमान एक हफ़्ते रहने के दौरान मैं वहीं रहते हुए, उसी परिवेश पर एक कहानी लिखूँ और उसे वहाँ के रेडियो पर पढ़ूँ। अगर कहानी पढ़ी जाएगी तो उसके साथ मेरा साक्षात्कार भी रेडियो से प्रसारित करेंगे। साक्षात्कार के प्रलोभन में मैंने चुनौती स्वीकार की, 'आल्हखंड' कहानी वहीं लिखी गई और वहीं के रेडियो पर पढ़ी। 'मनुज' जी स्वयं कवि और प्रयोगधर्मी थे। अहमदाबाद में उन्होंने मुझे लेकर साहित्य का एक और प्रयोग किया—श्रोताओं के छोटे-मोटे ग्रुप के बीच बैठकर मैं अपनी कहानी पढ़ूँ, उसका और श्रोताओं से बातचीत का 'लाइव ब्रॉडकॉस्ट' किया जाए। वह हुआ और बहुत पसन्द किया गया।

गुजरात घूमने-छानने में मन ऐसा रमा कि जब आयकर के नए अध्यक्ष श्री राठौर ने मुझसे पूछा कि क्या मैं तबादले पर दिल्ली आना चाहूँगा...तो मैंने मना कर दिया कि अब तो मैं सदस्य प्रत्यक्ष कर बोर्ड की तरक़्क़ी पर ही गुजरात छोड़ूँगा। मेरे बाद अहमदाबाद की पोस्टिंग बड़ी लोकप्रिय हो गई। मज़ेदार बात कि मेरे पूर्ववर्ती चीफ़ कमिश्नर श्री रमेशचन्द्र गुप्ता जो अहमदाबाद पोस्टिंग पर आँसू बहाते थे, वे भी रिटायर होने के बाद अहमदाबाद बस गए...और आज वहाँ ख़ुश हैं। उनके बाद मेरे कई सहकर्मी रिटायरमेंट के बाद अहमदाबाद में बसे—देवेन्द्र सक्सेना वग़ैरह। मतलब कि किसी भी जगह...जगह क्या, कोई भी व्यक्ति या चीज़ का...उसके बारे में बाहर-बाहर देख/जानकर लिया गया

आकलन अक्सर सही नहीं होता...उसे सही-सही जानने के लिए उसके भीतर पैठना ज़रूरी है। देखिए तो...

अहमदाबाद में जो पहली मकर संक्रान्ति पड़ी, उसके थोड़ा पहले एक रोज़ सवेरे घूमते हुए मुझे सड़कों पर एक दिलचस्प नज़ारा दिखाई दिया—किनारे-किनारे लम्बी डोरें जिन पर हालिया मांझा चढ़ाया गया था...उन्हें सूखने के लिए सड़क के साथ-साथ किनारों पर गड़े डंडों में जगह-जगह बाँध काफ़ी दूर तक ले जाया गया था। वाह...मैं चहक उठा। पतंगों से वास्ता चरखारी...बाँदा के बाद जो छूटा था... उससे फिर जुड़ने का क्या, पतंगबाजी का आलम ही कभी देखने को नहीं मिला। यहाँ उत्तरायण की तैयारी थी जिसमें पतंगबाजी, खिचड़ा मुख्य चीज़ होते हैं। मैंने मेहता जी से कहा—यार, मकर संक्रान्ति के दिन पतंग उड़ाई जाएँ। तो उस दिन वे मुझे एक सी.ए. (चार्टर्ड अकाउंटेंट, जो आयकर मामलों में पैरवी के लिए अपने मुवक्किलों की तरफ़ से आयकर अधिकारियों के सामने उपस्थित होते हैं) की पुरानी कोठी ले गए। आयकर कर्मचारियों को सबसे पहले यही सूझता है—कुछ करना-कराना हो, सी.ए. को पकड़ो। वहाँ मेरे लिए पतंगों की एक गड्डी और डोर भरी एक बड़ी लटाई (चर्खी) रख दी गई थी...बरामदे में तगड़े जलपान का इन्तज़ाम था। मेजबानों का प्लान था कि मैं पहले शौक़िया थोड़ी देर पतंग उड़ा लूँ...ज़्यादा समय खाने पर उन लोगों के साथ बैठूँ जिससे कि उन लोगों का मुझसे सम्पर्क बढ़े। मैंने मेहता जी से कहा—बड़े भाई! यहाँ तो सभ्य-सभ्य पतंगबाजी है। मज़ा तो वहाँ है। मैंने पास के खपरैल वाले घरों की तरफ़ इशारा किया जहाँ पतंगें उड़ाई जा रही थीं, लोग मस्तिया रहे थे। दरअसल मेरा स्वभाव (कस्बई) मुझे वैसी ही संगत की तरफ़ ढकेलता है। मेहता जी फिर मुझे एक मध्यवर्गीय गुजराती के पुराने घर ले गए...वहाँ मैंने जमकर पतंगबाजी की, उनके घर का बना खिचड़ा खाया (बहुत स्वाद नहीं था क्योंकि वह खिचड़ी का बाप खिचड़ा था!)। गुजरात की पतंगबाजी में उत्तर प्रदेश की तरह प्रतिस्पर्द्धा में पेच लड़ाना, जिसकी पतंग काटी उसे नीचा दिखाना...यह सब नहीं है, लुत्फ़ उठाना ज़्यादा है। लोग सौ-सौ पतंगें अपने छतों पर रख लेते हैं... एक-एक कर उड़ाते हैं, कौन पतंग किसकी पतंग से लड़ी, किसने किसकी पतंग को काटा...पता ही नहीं चलता। एक पतंग कटी तो गड्डी से दूसरी उठाकर चढ़ाई। मज़ा लेना ज़्यादा है। मेरे यात्रा-लेख 'शहर छतों पर' में इस उत्सव का विस्तृत वर्णन है। यहाँ रात को भी पतंगें चढ़ती हैं, जिन्हें डुक्कुल कहते हैं। उन्हें काटने के लिए कोई चोर पतंग उड़ाई जाती है।

साबरमती उन दिनों सूखी थी। भुज की यात्रा के दौरान कितनी नदियों के सिर्फ़ सूखे रास्ते दिखे, पानी एक में नहीं। लखपत नगर जिसे ज़मीन से भी पानी ख़त्म हो जाने के कारण वहाँ के बाशिन्दे छोड़कर चले गए थे...वह देखा, उजड़े हुए नगर की क्या पीड़ा होती है—यह महसूस की। लखपत के उस कोटे पर खड़ा

हुआ जिसके बग़ल से गए समय कभी सिन्धु नदी बहती थी। कहते हैं उस ज़माने में यहाँ सिन्धु नदी के रास्ते गुजरातियों का अच्छा-ख़ासा व्यापार चलता था। भूकम्प से सिन्धु नदी आज के पाकिस्तान की तरफ़ चली गई; लखपत की ज़मीन के नीचे पानी न रहा तो लोग अपने घरों को वैसा का वैसा छोड़कर पलायन कर गए। कई घरों में मज़बूत लकड़ी के नक़्क़ाशीदार मोटे-मोटे किवाड़ अब भी लगे हुए थे। लखपत का विस्तृत वर्णन मेरे यात्रावृत्त—'खारे पानी में लुप्त होते नगर-नदियाँ' में आया है। हाल ही में एक फ़िल्म 'मोहन जोदाड़ो' बनी है जिसमें सिन्धु नदी की घाटी की सभ्यता और उसकी समाप्ति की कहानी को मिर्च-मसाला लगाकर चटपटा बना दिया गया है।

आज सरदार सरोवर की वजह से साबरमती सदानीरा है, और शायद सौराष्ट्र में भी पानी पहुँचा दिया गया है। अहमदाबाद में साबरमती के किनारे के लम्बे मैदान में हर उत्तरायण अन्तरराष्ट्रीय पतंग मेला लगता है। अहमदाबाद की सड़कें जहाँ धूल उड़ा करती थी, वे अब पक्की हो गई हैं। अहमदाबाद महानगर हो गया है, चमकता हुआ अन्तरराष्ट्रीय एयरपोर्ट है वहाँ।

अहमदाबाद रहने के दौरान ही मेरी बेटी मनु की शादी कुमाऊँ के राजेश पांडे से हुई। क्वालिटी इन...एक छोटा-सा खुला रेस्तराँ राजपथ क्लब के पास था। इमारत के नाम पर वहाँ सिर्फ़ एक उठा चबूतरा, एक किनारे बाथरूम...यही थे। विवाह के लिए मुझे यह जगह उपयुक्त लगी। राजपथ क्लब के कमरों में बीस लोगों की बारात ठहर गई, चबूतरे को रिसेप्शन का मंच बना दिया...गेट को फूलों से सजा दिया। संगीत...तो विवाह का संगीत, सिर्फ़ शहनाई...एक कोने में। गिनकर मात्र तीन सौ लोग आमंत्रित किए। क्वालिटी इन के मालिक किडनी रोगग्रसित थे... फिर भी प्रेमवश वे वहीं कुर्सी लगाकर बैठे, अपनी निगरानी में उम्दा वैजिटेरियन खाना बनवाया। हैरिटेज वाली सिर्फ़ एक कार...दूल्हे को राजपथ से एक फर्लांग के फ़ासले तक लाने के लिए। शादी के बाद कहा गया कि यह तो चीफ़ कमिश्नर की लड़की की शादी न हुई, इससे अच्छी शादियाँ तो आयकर विभाग के किसी इंस्पेक्टर के यहाँ देखने को मिल जाएँगी। लेकिन मुझे तब भी सन्तोष था, अब भी है कि सब कुछ सादगी की मिसाल बना। इसमें मुझे राजेश और उनके परिवारवालों का बड़ा सहयोग मिला...मित्र अशोक पुरोहित ने राजपथ क्लब में इन्तज़ाम करा दिया, क्वालिटी इन के मालिक ने विवाह स्थल सँभाल लिया। मुझे सिर्फ़ रुपए देने थे। कम खर्चा हुआ। मैं अपनी धुन में चलता चला गया, यह भी ख़याल नहीं कि इसे मनु के लिए मेरे स्नेह में कमी के रूप में भी देखा जा सकता है, वह भी ऐसा सोच सकती है। थोड़ा-थोड़ा मेरा तानाशाही स्वभाव है भी। ऐसा दिखता है कि मैं लोगों की राय ले रहा हूँ...पर आख़िर जाकर करता अपने मन की हूँ। थोड़ा ज़िद्दी हूँ इस मामले में। मज़ाक़ यह कि जहाँ ज़िद्दी होना चाहिए था—अपने विवाह के मामले

में—वहाँ हुआ नहीं। कहीं उसकी प्रतिक्रिया स्वरूप तो नहीं मेरा ऐसा स्वभाव बन गया? लेकिन यहाँ वह बात नहीं थी।

विवाह समारोहों में तामझाम, शोरशराबा, चकाचौंध देखकर मन भीतर-भीतर कुढ़ता है। कैसी बरबादी...चन्द घंटों की शोबाजी के लिए! पैसा है तो वर-वधू के लिए घर ख़रीद दो भाई...उनके लिए कुछ कर दो...पर देखा गया है कि आजकल वर-वधू—नई पीढ़ी के लड़के-लड़कियों की तरफ़ से ही ज़िद होती है—यह होना चाहिए, वह होना चाहिए...होटल ग्लैमर वाला! मैं भाग्यवान रहा कि न तो मनु, न राजेश की तरफ़ से ऐसी कोई माँग आई। कई बार तो ऐसा लगा कि राजेश मुझसे भी ज़्यादा सादगीपसन्द है।

शुरू में बिहार...अब गुजरात। नौकरी के दौरान ये दो प्रदेश मैं आर-पार घूम लिया...तो देखा कैसे हमारी संस्कृति हमारे प्रान्तों में पीढ़ी-दर-पीढ़ी, बोली, तीज-त्योहारों, रीति-रिवाजों, मेलों आदि के माध्यम से बहती चली जाती है। कितनी चीज़ें, जगहें मैं न देख पाता—अगर मेरी तैनाती वहाँ न होती। मुम्बई-दिल्ली तो महानगर हैं, मुम्बई में फिर भी ख़ास त्योहारों पर मराठी संस्कृति झलक जाती है, दिल्ली तो जितना जलवायु में प्रदूषित हो चुका है...उतना ही संस्कृति के मामले में। एक आला क़िस्म की लम्पट संस्कृति ही देखने को मिलती है वहाँ, जो शायद ही हमारे किसी दूसरे शहर में देखने को मिले। विभाजन के बाद आए शरणार्थियों के चावल से पकी, धीरे-धीरे भ्रष्ट, अवसरवादी, अपढ़ नेताओं, उनके चमचों द्वारा जला डाली गई खिचड़ी है वह...काली। इस अप-संस्कृति पर अब प्रकृति ने भी धूल डालना शुरू कर दी है, साफ़ हवा तक नहीं मिलती वहाँ। गुजरात और बिहार...महाराष्ट्र में भी मैं वहाँ की संस्कृति के रास्ते कितने लोगों का आत्मीय हो गया। कुछ परिवारों का तो सदस्य ही बन गया। दिल्ली में प्रवास सबसे ज़्यादा रहा...पर वहाँ एक भी टिकाऊ सम्बन्ध न बना।

वो तो मेरा साहिबे कमाल था...

1994 में मेरी पदोन्नति केन्द्रीय प्रत्यक्ष कर बोर्ड के सदस्य के रूप में दिल्ली में हुई। पोस्टिंग दिल्ली तीसरी बार...इस बार अन्तिम। गुजरात में रहने का यह फ़ायदा हुआ कि शुरू में रहने के लिए दिल्ली में गुजरात फर्टिलाइज़र्स का सुन्दरनगर स्थित गेस्ट हाउस मिल गया (तब आज की तरह हमारे विभाग के अपने गेस्ट हाउस नहीं थे), जहाँ मैं सपत्नीक तीन माह रहा। रहना पड़ा क्योंकि दिल्ली में मकान आवंटन करने वाला मंत्रालय अपनी चालाकियों में मुझे उलटाता-पलटाता रहा (कहानी—'हवाबाज़')।

सिर्फ़ प्रशासन तंत्र की बात की जाए तो हमारे वक़्त कार्यक्षमता के बाबत गोपनीय रिपोर्टों के आधार पर सीनियरटी देखते हुए तरक़्क़ियाँ मिल जाती थीं। काफ़ी कुछ निष्पक्ष आकलन हो जाता था। यों कि सीनियरटी को वरीयता दी जाती थी। अगर पिछले पाँच सालों की रिपोर्टों में तीन 'वैरी गुड' हैं तो तरक़्क़ी तय है। मेरी पदोन्नति आसानी से हो गई। आज पिछली कई रिपोर्टों पर दिए जाते अंकों के आधार पर ग्रेडिंग की जाती है, सीनियरटी को वह वरीयता नहीं मिलती जो मिलनी चाहिए। नए सिस्टम में पक्षपात की ज़्यादा गुंजाइश है। हमारी ब्यूरोक्रेसी कितनी चालाक है। नेताओं को ख़ुश करने के लिए ऐसे अफ़सर चाहिए जो उनके और वरिष्ठ अफ़सरों के मन से चलें। ऐसों को ऊपर लाने के लिए यह नया तरीक़ा ईजाद किया गया है। इसमें अधिकांशत: वे अफ़सर ही पदोन्नति पा पाते हैं जो चापलूसी कर सकते हैं, नेताओं के सही-ग़लत मंशाओं पर आँख मूँदकर चलने वाले। आज का समय होता तो मेरी तरक़्क़ी बोर्ड-मेम्बर के रूप में न हो पाती। आज कितने मुझसे बेहतर अफ़सर बोर्ड में नहीं जा पाते, फील्ड से ही रिटायर हो जाते हैं।

मेरे समय में मनमोहन सिंह जी वित्तमंत्री थे। मैं उनसे मिलने गया तो उन्होंने 'हाउ इज़ अहमदाबाद' कहकर मात्र यह जानकारी दी कि वे जानते थे कि मैं अहमदाबाद में चीफ़ कमिश्नर था...बस। आगे चलकर जब मैं सदस्य पर्सोनेल था तब एक महिला जो उनकी विद्यार्थी रही थी, उसके तबादले के लिए मुझसे कहा। (सिर्फ़ एक यही काम था जो उन्होंने मेरे वित्तमंत्री रहने के पूरे डेढ़ साल के दौरान

मुझे दिया) मैंने कहा—'इट विल बी डन सर'। उनके कमरे से निकलने के लिए मैं दरवाज़े पर पहुँचा ही था कि उन्होंने मुझे वापस बुलाया और बोले—'इफ़ इट इज़ नॉट परमिसिबिल इन योर रूल्स, प्लीज़ डोन्ट डू इट'।

वह वक़्त और आज का! मेरी ममेरी बहन—सुषमा ने एक नवनिर्वाचित विधायक का रिकॉर्ड किया हुआ वीडियो इंटरव्यू सुनाया, उसका एक अंश इस तरह था—

प्रश्न : "आप किस लक्ष्य को लेकर विधानसभा में जा रहे हैं?"

उत्तर : "पैसे कमाऊँगा...और क्या...। जो मेरे पहले के लोग करते रहे हैं।"

प्रश्न : "किस तरीक़े से कमाएँगे?"

उत्तर : "यह तो मुझे वहाँ बैठे अफ़सर बताएँगे..."

मुझे विश्वास करना पड़ा था क्योंकि वीडियो के उस अंश में विधायक महोदय को साक्षात् बोलते देख रहा था। हमारे समय में तबादले वग़ैरह में किसी स्तर पर अफ़सरों द्वारा घूस लेने-देने की बात सोची भी नहीं जा सकती थी, अपवाद होते होंगे। आज ऐसा सुनने में आता है कि सरकार...उसके नीचे विभागों में सब जगह घूसखोरी के बिना कोई फ़ाइल आगे नहीं बढ़ती।

अहमदाबाद तक मेरा वास्ता राजनेताओं से नहीं पड़ा था क्योंकि मुख्य आयकर आयुक्त तक आयकर विभाग में मंत्रियों/राजनेताओं का दख़ल नहीं होता। अब जबकि मैं बोर्ड में आ गया था तो वित्तमंत्री और सचिव राजस्व से वास्ता पड़ना ही था। राजस्व सचिव आई.ए.एस. के ही होते हैं जिन्हें प्रान्तों में नेताओं के साथ उठने-बैठने, काम करने का पर्याप्त अनुभव होता है, जबकि आयकर विभाग के अफ़सर इस अनुभव से शून्य होते हैं। राजस्व सचिव का मंत्री के साथ उठना-बैठना रोज़ का होता है तो वह मंत्री के कान किसी के भी बारे में इधर या उधर भर सकता है। मनमोहन सिंह जी के रहते मुझे कोई परेशानी नहीं हुई...क्योंकि कुल मिलाकर उनका व्यक्तित्व एक सीनियर अफ़सर का ही था। वे बहुत कम बुलाते थे। परेशानियाँ उनके बाद हुईं। राजस्व सचिव तब दक्षिण भारतीय थे। उन्होंने मेरा परिचय नये वित्त मंत्री से अपनी स्टाइल में कराया—'सर ही इज़ ए प्वाइट' (पोइट का उच्चारण वे इसी तरह करते थे। कोई लेखक, मुझ जैसा गद्यकार भी उनके लिए प्वाइट ही था!), दुर्भाग्य से मेरी साहित्यकार होने की ख्याति तब छिपाए नहीं छिपती थी और ब्यूरोक्रेसी में यह एक अयोग्यता मानी जाती है। जिस तरह राजस्व सचिव प्वाइट उच्चारते थे, उससे यह संकेत और भी ज़ोर से जाता था। जहाँ तक वे जानबूझकर 'प्वाइट' बोलते थे, यह जताने के लिए कि मेरी पूरी प्रतिबद्धता...सरकारी काम और मंत्री जी के प्रति तो कभी नहीं मानी जाए।

अभी हाल ही एक दिन एक सज्जन ने मुझसे पूछा—क्या कारण है कि सरकारें तो कभी इस पार्टी की बनती हैं, कभी उनकी...पार्टियाँ बदलती रहती हैं, लेकिन भ्रष्टाचार बराबर बना रहता है। फिर उन्होंने ख़ुद ही जवाब दिया कि इसके लिए

मुख्यत: अफ़सर ही जिम्मेदार हैं, ख़ासतौर से वे जिनका काम की वजह से मंत्री के साथ रोज़ का उठना-बैठना होता है। वे नए से नए मंत्री को भ्रष्टाचार के गुर सिखा देते हैं। मुझे सुषमा का दिखाया नए एम.एल.ए., का वह कहा याद आया कि पैसा कैसे बनाया जाए...यह उसे अफ़सर बताएँगे। हमारे प्रशासन तंत्र में स्वयं को जर्नलिस्ट कहते हुए आई.ए.एस. अफ़सर हर जगह काबिज दिखेंगे, शीर्ष और मंत्री के क़रीब रहने वाले ज़्यादातर पद ये ही दबाए बैठे रहते हैं। मैंने अच्छे और ईमानदार अफ़सर भी देखे हैं पर सफल जो देखे...उनका एक गुण पूरी 'पॉलिश' के साथ, चमचमाता हुआ पाया। वह है चापलूसी। उनकी पहली कोशिश होती है मंत्री को अपनी जेब में ले आना...दूसरी होती है—वे किसी पोस्ट पर हों, उस विभाग की सारी पावर अपनी तरफ़ खींच लेना। मज़ाक़ यह कि आज इन दोनों ही चीज़ों को गुणों की तरह पेश किया जाता है, यों कि उनकी ही सर्विस के दूसरे योग्य अधिकारी भी इन गुणों के अभाव में एक किनारे पड़े रह जाते हैं, अपनी सर्विस के तथाकथित सफल अधिकारियों के भी उपहास-पात्र बने हुए। एक सचिव अपने मंत्री से कह रहे थे—सर हाउ कैन एन ओल्ड हैग लाइक हिम कीप पेस विध ए यंग एंड डायनैमिक मिनिस्टर लाइक यू (आप जैसे युवा और लचीले मंत्री की बराबरी उन जैसा पुराना बूढ़ा अफ़सर कर ही कैसे सकता है!) मुझे ताज्जुब हुआ—अपने कैरियर के शीर्ष पर पहुँचा हुआ यह अफ़सर इस स्तर की चापलूसी कर सकता है। तो मंत्री को हैंडसम भी कह देता! कहाँ यह और कहाँ डॉ. सम्पूर्णानन्द जब उत्तर प्रदेश के मुख्यमंत्री थे तब उनका वाक़या जो मैंने जब मसूरी ट्रेनिंग में था तब सुना था। डॉ. सम्पूर्णानन्द असाधारण विद्वान थे। एक बार उनके मुख्य सचिव ने डरते-डरते उनसे कहा कि 'सर ये जो फ़ैसला आप लेने जा रहे हैं, यह इस वजह से ग़लत है...आप नाराज़ न हों मेरे यह कहने पर।' डॉ. सम्पूर्णानन्द बोले—'मैं नाराज़ होता अगर आप मेरी ग़लती न बताते। आप लोग यहाँ हैं ही इसलिए कि हमें रास्ते पर रखें, हमें ग़लतियाँ करने से बचाएँ, आपको तनख़्वाह इसी के लिए मिलती है।' मसूरी एकेडेमी में यह उद्घोषणा भी लगी हुई है कि अफ़सर निष्पक्ष और निडर होकर अपनी सलाह नेताओं को दें...लेकिन आज एक़दम उलटा हो रहा है। अफ़सर नेता के मन की ग़लत-सही करने में लगे रहते हैं। मेरे साथ दिक़्क़त थी कि मुझे चापलूसी करना नहीं आता था। मेरा एक और दोष मेरे आड़े आता था... साहित्यकार होना और अब प्रतिष्ठित भी। मुझे मंत्री, सचिव आदि अपने से कमतर लगते थे—अफ़सर/मंत्री के सोच के कितना-कितना आगे साहित्यकार का सोच जाता है...मैं यह महसूस करता था।

यहाँ से देखने पर मुझे अपना उस तरह से सोचना पूर्वग्रह लगता है। साहित्यकार की प्रशासक/मंत्रियों से तुलना करना ही ग़लत है। तीनों के कार्य-क्षेत्र अलग-अलग हैं और तीनों में साफ़-सुथरे, समर्पित लोग भी मिल जाएँगे। उनका आकलन उनके

क्षेत्र के परिप्रेक्ष्य में ही किया जाना चाहिए। अपने को उच्चतर मानने की ग्रंथि...यह है मुझमें। साहित्यकारों में भी...मुझे अधिकांश अपने से कमतर लगते हैं। हाँ, अपने पूर्ववर्ती साहित्यकारों जैनेन्द्र, अज्ञेय, निर्मल वर्मा, भीष्म साहनी की पीढ़ी के लिए मन में आदर था—अज्ञेय वाली पीढ़ी के सभी, निर्मल वर्मा वाली पीढ़ी के कई पर सब नहीं। अपने समकालीनों में तो क़रीब-क़रीब सभी मुझे ख़ुद से कमतर लगते रहे हैं, अब भी लगते हैं। किसी में साहित्य के लिए वह समर्पण नहीं तो किसी में विचारधारा के प्रति अतिरिक्त आग्रह, किसी में वह स्तर नहीं। यह पूर्वग्रह ही है, वर्ना होना यह चाहिए कि साहित्यकार का नहीं, रचनाओं या रचना विशेष का आकलन करूँ। कोई रचनाकार अपने जीवन में क्या है, उसकी क्या जीवन-दृष्टि है, उसका किस विचारधारा में विश्वास है...ये सब उसका व्यक्तिगत मामला है। इसके लिए उसकी स्वतंत्रता का हमें आदर करना चाहिए।

बोर्ड में आने के कुछ ही दिनों बाद मुझे संयुक्त राष्ट्र संघ की एक गोष्ठी में भाग लेने के लिए जेनेवा जाने का मौक़ा मिला। वहाँ होटल के रेस्तराँ में मेरा परिचय प्राइवेट सेक्टर के एक युवा अधिकारी से हुआ। उसने बताया कि वह जेनेवा अपनी कम्पनी के काम से आया है। विदेश में अपने देश का कोई भी मिल जाए, आत्मीयता जल्दी हो जाती है। हम दोस्त हो गए...ऑफ़िस के काम के बाद जेनेवा साथ घूमते। वह भारत की एक बड़ी कम्पनी में था। मैंने जेनेवा के काम के बाद स्विट्ज़रलैंड की दूसरी जगहें घूमने के लिए दो दिनों की छुट्टी ले रखी थी, जैसा कि मैं अक्सर करता था। मेरा यह नया दोस्त मेरे साथ ख़ुद तो नहीं गया, लेकिन उसने जेनेवा में ही बैठे-बैठे मेरे लिए ज़रूरी इन्तज़ाम करा दिए। बोर्ड के सदस्य की हैसियत से मेरे अधिकार क्षेत्र में उसकी क्या, कोई कम्पनी सीधे-सीधे नहीं आती थी, फिर मेरा सबसे घुलमिल जाने का स्वभाव...मैंने उसके द्वारा मुहैया कराई गई सुविधाओं को निस्संकोच ले लिया। इस नए मित्र की सहायता से मैं कुछ ऐसी जगहें देख सका जो यों न देख पाता। काफ़ी समय बाद मुझे यह इल्म हुआ कि बड़ी कम्पनियाँ विदेशों में अपने कुछ 'लायजां अफ़सर' मुझ जैसों से दोस्ती गाँठने के लिए रखती हैं। हो सकता है इस कम्पनी ने यह जानकारी हासिल कर ली हो कि मैं सदस्य के आगे बोर्ड का अध्यक्ष भी बन सकता हूँ और तय किया हो कि मुझसे निकटता अभी से बना ली जानी चाहिए। ये लोग मुझ जैसों से निकटता बैठाने के लिए इतना करते हैं तो और ऊँचे अफ़सरों/मंत्रियों जिनसे इन्हें तत्काल काम हो...उनके लिए तो क्या कुछ करते होंगे। इत्तिफ़ाक़ कि मेरे सामने कभी उस युवा अधिकारी की कम्पनी का कोई काम नहीं आया, वह अधिकारी भी कभी भारत में मुझसे नहीं मिला। उस स्तर का प्रोफ़ेशनलिज़्म! या वह वक़्त ही दूसरा था। आज का समय होता तो वह अधिकारी या उसकी कम्पनी मुझसे वह सम्पर्क भुनाने की ज़रूर सोचते, तत्काल उनका कोई काम मुझसे होने वाला नहीं था तो मुझे घास भी न डालते।

पुराना समय और मेरा भाग्य कि मैं अध्यक्ष केन्द्रीय प्रत्यक्ष कर बोर्ड हो गया। पूरे कैरियर में, शुरू से बोर्ड में सदस्य होने तक मेरे ख़िलाफ़ कभी कोई शिकायत नहीं हुई थी। यह मेरी किसी ख़ासियत की वजह से नहीं बल्कि इसलिए कि मेरा तो दिल साहित्य में लगा रहता था, कैरियर में कोई महत्त्वाकांक्षा नहीं थी। सोचता था कि जो मेरा ड्यू है, वह मुझे मिलेगा ही...न मिलेगा तो मैं स्वैच्छिक अवकाश लेकर पूर्णकालिक लेखक बन घर बैठूँगा। ग़लत तरीक़ों से पैसा कमाकर अमीर मैं होना नहीं चाहता था, मध्यवर्गीय साधारण व्यक्ति ही बने रहना चाहता था। आज भी मेरा स्वभाव वही है—साधारण नागरिक की तरह रहना, साधारण लोगों से ही ज़्यादा मेल-जोल। क्लब के मेरे परिचित उलाहना देते हैं—क्या पन्द्रह साल पुरानी आल्टो खींच रहे हो, भूतपूर्व अध्यक्ष केन्द्रीय प्रत्यक्ष कर बोर्ड को यह कार शोभा नहीं देती। यह नहीं कि मैं महँगी कार नहीं ख़रीद सकता...पर महँगी कारें मुझे आकर्षित ही नहीं करतीं...इसी तरह बड़ा घर या कोई लग्जरी अपार्टमेंट में रहना, मुझे आकर्षित नहीं करते। रईस लोगों के साथ जब उठा-बैठा तो उनके यहाँ की लक्जरी चीज़ें मुझे ऐसे लगीं जैसे वे मेरी ही हैं, मेरे लिए हैं...लेकिन उन्हें मैं घर ले आऊँ—यह लालसा कभी नहीं उठी। बचपन अभाव में बीता तो यह लालसा उठनी चाहिए थी, शायद साहित्य में रुचि ने उसे उठने नहीं दिया। आज भी बाहर के आमंत्रणों पर जाता हूँ तब पहले टटोलता हूँ कि महँगे होटल की बजाय क्या वे मुझे किसी गेस्ट हाउस में ठहरा सकते हैं। इंडिया इंटरनेशनल सेंटर—जिसका मैं सदस्य हूँ—वहाँ भी मैं सिंगल रूम में रहना पसन्द करता हूँ, जबकि मेजबान मुझे बेहतर सुविधा भी दे सकते हैं।

तो मेरे ख़िलाफ़ शिकायतें पहले कभी नहीं हुई थीं, लेकिन जैसे-जैसे अध्यक्ष के लिए मेरे चुनाव का समय नज़दीक आता गया मेरे ख़िलाफ़ शिकायतें आने लगीं। शिकायतें एक ही मुद्दे पर थीं कि मनु का विवाह बड़े आलीशान ढंग से किया गया, अहमदाबाद के सभी होटल बुक करा लिए गए थे, हैरिटेज वाली दर्जनों कारें इस्तेमाल की गईं, जबकि मामला था बिलकुल उलटा—एक भी होटल बुक नहीं किया गया था, हैरिटेज कार केवल एक सिर्फ़ पन्द्रह मिनट के लिए आई थी...वह भी मेरे मित्र की। पता चला कि हमारे विभाग के ही एक अफ़सर जो अहमदाबाद रहे थे...जिन्हें बोर्ड में सदस्य के रूप में लाने में मेरा योगदान रहा था, वे ही अहमदाबाद के अपने मित्रों के मार्फत ये अनाम शिकायतें भिजवा रहे थे क्योंकि वे महत्त्वाकांक्षी थे और मुझे शामिल करते हुए तीन सीनियरों को लाँघकर अध्यक्ष बनना चाहते थे। मेरे भाग्य से उस समय भी वित्तमंत्री मनमोहन सिंह जी थे। मुझे उनके प्राइवेट सेक्रेटरी ने बताया कि शिकायतों पर मंत्री जी की ठंडी प्रतिक्रिया थी—'यह होता है, जब भी किसी का नाम किसी उच्च पद के लिए विचारार्थ जाता है। जस्ट इग्नोर'...मनमोहन सिंह जी का उन्हें आदेश था। प्राइवेट सेक्रेटरी ने कुछ शिकायतें मुझे दिखाईं भी, फिर उन्हें फ़ाइल कर दिया, माने कोई एक्शन नहीं।

कैरियर में महत्त्वाकांक्षी मैं बेशक नहीं था पर यह कहना सही नहीं होगा कि अध्यक्ष बनने के लिए मैंने कुछ नहीं किया। वह किया जो उस वक़्त मेरे हितैषी बन प्रकट होते लोग मुझे सुझाते गए। इससे मिलना, उससे मिलना...मुझे ख़राब तो लगता था, लेकिन अपनी व्यावहारिक बुद्धि जगाकर मैं जहाँ तक सम्भव होता करता जाता, ग्लानि...पश्चात्ताप होते थे।

अध्यक्ष होने, रहने...और उसके बाद की सारी कशमकश उपन्यास 'फूल... इमारतें और बन्दर' में आई हैं, अध्यक्ष पद पाने के लिए किए गए मेरे ग़लत-सही प्रयास भी। उपन्यास के नायक मोहन्ती अध्यक्ष पद पाने के लिए कोशिश करते हैं। अपने स्वभाव के विपरीत अपने स्तर के हिसाब से ख़ुद को नीचे गिराते हैं और हर कोशिश में उन्हें अपना नैतिक पतन भी महसूस होता है...इसलिए वह खंड जिसमें मोहन्ती की पदोन्नति होती है...उसे 'अवरोह' कहा गया है; इस पतन से उबरकर, अध्यक्ष पद से हटने के उपक्रम को 'आरोह' कहा गया है। दूसरे शब्दों में व्यावहारिक जीवन में पद पाना भले ही एक प्राप्ति हो, उसके नीचे-नीचे प्राप्तकर्ता का नैतिक पतन होता है। फिर पद से छुट्टी पा लेना भले ही असफलता दिखे, वहाँ नैतिक उत्थान है। उपन्यास का तीसरा खंड है 'आ-गमन'...अपने स्वभाव को पुन: प्राप्त कर लेना।

वे सब कोशिशें जो 'फूल...इमारतें और बन्दर' में दर्ज हैं...उनके भी आगे आज पैसा चलता है; शायद अधिकांश शीर्ष पद पाने के लिए प्रत्याशी अफ़सर ख़र्च करते हैं। यह बात मेरे सामने कभी उठी नहीं। मेरे पास पैसे ही नहीं थे, जो यह बात मेरे तब के शुभचिन्तकों के दिमाग़ में आती। मेरी ख्याति ईमानदार अफ़सर की थी, लोग मुझे आर-पार जानते भी थे। शायद वह समय भी दूसरा था। लोग तब इतने नंगे नहीं हुए थे...न नेता, न ही अफ़सर लोग। बहरहाल मैं अध्यक्ष बन गया, आज का समय होता तो नहीं बन सकता था।

अध्यक्ष होते ही 'आज तक' (तब यह चैनल नया-नया और शीर्ष पर था) वाले इंटरव्यू लेने मेरे दफ़्तर आए। मुझसे सीधे-सीधे पूछा कि अब आपके लेखन का क्या होगा? मैंने कहा, नैतिकता की अपेक्षा सिर्फ़ साहित्य-लेखन में नहीं होती; नैतिकता का ही तक़ाज़ा है कि या तो मैं यह पद स्वीकारूँ ही नहीं, यहीं से स्वैच्छिक अवकाश ले लूँ। नहीं तो इस पद की जिम्मेदारियों में पूरी तरह ख़ुद को डाल दूँ। तो लेखन स्थगित रहेगा...और क्या। रिटायरमेंट के बाद समय ही समय है।

नौकरी छोड़ने की इच्छा बोर्ड में सदस्य की हैसियत से कार्यरत रहने के दौरान ही उठने लगी थी...क्योंकि मैं देख रहा था कि मेरा लिखना प्रभावित हो रहा है। इसके बारे में शैलेश मटियानी से विशेषकर विस्तृत चर्चा होती। वे हर बार मुझे सलाह देते कि शीर्ष पद के अनुभव पाने का भाग्य हर किसी का नहीं होता...क्या पता आपके वे अनुभव किसी बड़ी कृति के आने का कारण बन जाएँ। वे हर बार मुझे नौकरी करते रहने का ही कहते (उपन्यास 'फूल...इमारतें और बन्दर' शैलेश मटियानी को

इसीलिए समर्पित है कि उन्होंने मुझे रिटायरमेंट लेने से रोके रखा।) कुछ यह...कुछ मेरा भी यह सोचना था कि हर चीज़ को क़ुदरत की स्वाभाविक प्रक्रिया पर छोड़ देना चाहिए, जैसे समय से फूल सूखता है, फिर झर जाता है। क़ुदरती प्रक्रिया में मैं अपनी तरफ़ से दख़ल क्यों करूँ...हाँ, अगर अध्यक्ष न बनाया गया होता तो ज़रूर नौकरी छोड़ देता। मेरे कैरियर के सबसे अधिक तनाव भरे दिन अध्यक्ष पद वाले ही थे। उसकी वजह मैं ख़ुद को ही मानता हूँ—मुझे अपने नए मंत्री से निबाहना नहीं आया, उन्हें ख़ुश करना, उनकी चापलूसी करना तो दूर की बात।

अध्यक्ष बनने के फ़ौरन बाद मुझे नए वित्त मंत्री के साथ नागपुर एकेडेमी जाने का अवसर मिला। हम हवाई जहाज़ में अग़ल-बग़ल ही बैठे। कोई दूसरा होता तो इस मौक़े का फ़ायदा उठाकर मंत्री से आत्मीयता भी जमा लेता। मैं मंत्री जी के साथ सर्किट हाउस तक गया, उन्हें वहाँ पधराकर मैं अपने रहने की जगह चला गया और मंत्री की देखभाल का काम एकेडेमी के निदेशक पर छोड़ दिया। यह भी हुआ कि कार्यक्रम में निदेशक मंत्री को लेकर पहले पहुँच गया, मैं बाद में पहुँचा। लौटते समय हवाई जहाज़ में मैं मंत्री जी से दूर-दूर ही रहा। मेरे ये मंत्री इन चीज़ों पर ग़ौर करते थे। मेरे स्वभाव की वजह से नए मंत्री से मेरे सम्बन्ध औपचारिक ही रहे आए।

मेरे चारों तरफ़ जो अफ़सर थे...वे आग में घी डालने का कोई मौक़ा नहीं छोड़ते थे, लेकिन अक्सरान वरिष्ठ नेताओं की वजह से मैं बच जाता था। एक बार राजस्व सचिव ने कहा—'यू हैव बीन समन्ड बाई द चेयरमैन ऑफ़ स्टैंडिंग कमेटी।' यह कमेटी सांसदों की थी जिसके अध्यक्ष वरिष्ठ सांसद बीजू पटनायक थे। बैठक के पहले दिन मैं मौजूद नहीं था, एक दौरे से नहीं लौटा था। दूसरे दिन मैं कमेटी की मीटिंग के थोड़ा पहले पहुँच गया...और जैसे ही पटनायक जी अपनी सीट पर बैठे...मैंने उनके पास जाकर बताया कि मुझे ज़रूरी काम से दौरे पर जाना पड़ा, वहाँ से समय पर नहीं लौट पाया...मुझे अफ़सोस है। उन्होंने मुस्कुराते हुए मेरी पीठ थपथपाते कहा—'कोई बात नहीं।' राजस्व सचिव ने बात का बतंगड़ बना बेवजह मुझमें तनाव भर दिया था। इसी तरह डॉ. मुरली मनोहर जोशी जो पब्लिक अकाउंट्स कमेटी के अध्यक्ष थे...मीटिंग में उनका सद्व्यहार याद आता है। निश्चित ही इन लोगों का व्यवहार पुराने समय के बड़े नेताओं की तरह था। इनके बरक्स नेता जो उभर रहे थे? एक बार बोर्ड में मेरे जूनियर सदस्य जो सदस्य पर्सोनेल थे...वे मेरे पास हाँफते हुए आए, बोले, हरियाणा के एक सांसद कहकर गए हैं कि 'फलाँ का तबादला अगर कैंसिल नहीं किया तो तुम्हारे अध्यक्ष की खटिया खड़ी कर दूँगा। वे सांसद आज कमेटी बैठक के बाद लंच में हमसे मिलेंगे भी।' मैंने अपने साथी से कहा—'कोई बात नहीं, मेरी खटिया तो पहले से ही खड़ी है।' सांसद महोदय लंच में मिले...लेकिन उतने अभद्र नहीं हुए। मैंने उन्हें बताया कि जिस महिला अधिकारी

की वे सिफ़ारिश कर रहे हैं, वह उन्नीस वर्षों से दिल्ली में ही है...उसका तबादला न करूँ तो मैं किस मुँह से दूसरे अफ़सरों का तबादला करूँगा।

लेकिन अध्यक्ष पद पर रहते हुए कुछ स्मरणीय अच्छी चीज़ें भी हो गईं। जैसे रूस यात्रा। उसमें भी तोल्स्तोय की इस्टेट यास्नाया पोल्याना की यात्रा, तोल्स्तोय की समाधि पर खड़े होना, उनसे भावनात्मक रूप से जुड़े होने की अनुभूति। यास्नाया पोल्याना की मेरी गाइड एरीना की उँगलियाँ बहुत ख़ूबसूरत थीं, वह ख़ुद साधारण सुन्दर, लेकिन बहुत शान्त और मीठी। मैंने उसे प्रस्ताव दिया कि मास्को पहुँचकर क्या वह मेरे साथ 'डिनर' लेगी। वह तैयार हो गई...लेकिन फिर मैंने ही मना कर दिया क्योंकि मेरे साथ मेरे विभाग के संयुक्त सचिव साहनी भी थे। भारत पहुँचकर हल्ला मच जाता!

साहनी के साथ मैं एक शाम एक रेस्तराँ में कैबरे का मज़ा ज़रूर ले आया। रूस...कम्यूनिस्टिक जीवन-शैली से बाहर भोगवाद की तरफ़ आ रहा था! यात्रा का विस्तृत विवरण यात्रावृत्त—'रशा रैड नहीं हल्दिया' में है।

पदभार सँभालते ही मैंने सभी मुख्य आयकर आयुक्त वाले पदों को भरने के लिए डी.पी.सी. करा दी, कितनों की पदोन्नति हो गई, कितने प्रतिभावान अधिकारियों को विदेश ट्रेनिंग पर भेजा। मैं मदद करने को प्रस्तुत रहता था...लेकिन जिनका काम नहीं हो सकता था, उन्हें साफ मना भी कर देता था। इस पर मेरे शुभचिन्तकों ने मुझे समझाया...कि साफ़ मना नहीं किया करो, कह दिया करो कि देखूँगा, कोशिश करूँगा। नेताओं और अफ़सरों की यह जानी-पहचानी शैली है...जो मुझे ग़लत लगती थी। क्यों भटकाऊँ या दौड़ाऊँ सामने वाले को, जबकि मैं जानता हूँ उसका काम मैं नहीं कर सकूँगा।

एक दिन मुम्बई से गणपति जी का फ़ोन आया। उनका भतीजा जो आयकर विभाग में असिस्टेंट कमिश्नर था, वह अपनी मौजूदा पोस्टिंग की जगह बुरी सोहबत में पड़कर 'अल्कोहोलिक' हो रहा था। वे उसका तबादला एक ख़ास जगह चाहते थे, जहाँ वह किसी रिश्तेदार की देखरेख में रहेगा और शायद बच जाए। उन्होंने सम्बन्धित मुख्य आयकर आयुक्त को फ़ोन भी किया था, पर उन्होंने कुछ नहीं किया। मैंने गणपति जी से डिटेल ले लिए और उनसे कहा—'सर...आदेश आज शाम तक निकल जाएँगे। मैंने उन चीफ़ कमिश्नर को फ़ोन लगाया। उन्होंने बताया कि जहाँ वे ट्रांसफर चाहते हैं, वहाँ फ़िलवक़्त जगह नहीं है, जगह होते ही कर दिया जाएगा। मैंने मुख्य आयकर आयुक्त को आड़े हाथों लिया—

"आप जानती हैं कि तबादला माँगने की क्या वजह है। इसमें एक-एक दिन कीमती है...आप जानती हैं ये गणपति कौन हैं, वे मात्र एक अवकाश प्राप्त अधिकारी नहीं हैं, एक संस्था हैं...उनके कहे हुए कामों पर सोचा नहीं जाता, उन्हें तत्काल कर दिया जाता है...बस। वहाँ जगह नहीं है तो एक नया पद बनाइए और उसमें उस

लड़के की पोस्टिंग कर दीजिए, आज शाम तक...मैंने इतनी ही मोहलत गणपति जी से माँगी है।"

शाम तक आदेश हो गए। ऐसा नहीं था कि वह गणपति को जानती नहीं थीं। वह कल्पना नहीं कर सकीं कि इस मामले को घिसटने देने में, पाँच-छह महीने लगा देने में, वह लड़का पक्का अल्कोहोलिक हो जाएगा। अभी शायद बच जाए। अफ़सरी हमें कितना असंवेदनशील बना देती है।

इसी तरह का एक और केस—दिव्यांग इंस्पेक्टर की पदोन्नति का मेरे सामने आया। वह बेचारा ज़मीन पर घिसटता हुआ मुझसे मिलने आया। उसे विकलांग कोटे में प्रमोशन इसलिए नहीं दिया जा रहा था, क्योंकि उस कोटे का आई.टी.ओ. का कोई पद रिक्त नहीं था। एक पद पर जिस अधिकारी की पदोन्नति की गई थी। उसका अता-पता नहीं था—वह न ड्यूटी ज्वाइन कर रहा था, न ही छुट्टी ले रहा था, उसकी कोई दरख्वास्त भी नहीं आती थी। कुछ पता नहीं और विभाग उसके लिए पद ख़ाली रखे है, इन्तज़ार कर रहा है। मैंने मुख्य आयकर आयुक्त को सुझाया—अख़बारों में निकाल दीजिए...फलाँ तारीख़ तक अगर उस अफ़सर ने आमद नहीं दी, उसकी कोई सूचना नहीं मिली...तो उसकी जगह भर दी जाएगी। वह किया गया, उन सज्जन की तरफ़ से कोई सूचना नहीं मिली। शायद जीवित ही न हो, उसके आगे-पीछे कोई न हो जिसे कोई दिलचस्पी हो। दिव्यांग जो मुझसे मिलने आए थे, उन्हें तरक़्क़ी मिल गई।

उन दिनों बूटासिंह जी कांग्रेस के प्रतिष्ठित नेता थे। लोदी इस्टेट में उनके घर पर आयकर विभाग का छापा पड़ा। नए वित्तमंत्री को शिकायत हुई कि उनकी पार्टी के ही एक राजनेता के यहाँ आयकर छापा डाला जाता है और उन्हें पता नहीं। संसद में लोग यही सोचते हैं कि छापा उन्होंने डलवाया। मैंने स्थिति साफ करने की कोशिश की—'सर मुझे भी नहीं पता था, न इन्वेस्टिगेशन इंचार्ज बोर्ड के सदस्य को पता था, पता होना भी नहीं चाहिए, क्योंकि छापा डलवाना नीचे फील्ड के अधिकारियों के अधिकार-क्षेत्र में आता है, एक्ट में पावर उन्हीं को दी गई हैं।' उधर राजस्व सचिव भनभना रहे थे—'छापा-टीम गृह सचिव के बँगले में घुस गई—ही इज़ वेरी अपसेट।' गृह सचिव आई.ए.एस. के थे...और मेरे बैचमेट। मसूरी ट्रेनिंग में हम साथ थे। सचिव महोदय ने मुझ पर दबाव डाला कि हमें गृह सचिव से चलकर माफी माँगना चाहिए। मुझे अजीब लगा—माफी किस बात की? लेकिन हम तीन—राजस्व सचिव, मैं और आयकर बोर्ड के इन्वेस्टिगेटिंग सदस्य गृह सचिव के बँगले पहुँचे। उनका बँगला भी लोदी इस्टेट में था। उन्होंने बताया कि छापा टीम को जाना था बूटासिंह जी के घर, उनके कुछ लोग ग़लती से उनके बँगले में आ गए, जो बूटासिंह जी के बग़ल में था। छापा-टीम को जैसे ही अपनी ग़लती समझ में आई, वे बाहर-बाहर से ही चले गए। टीम का लीडर 'सॉरी' भी कह गया। इतनी सी बात...और राजस्व सचिव मुझे ऐसे बता रहे थे, जैसे कोई बड़ा कहर बरपा हो। दरअसल गृह सचिव

उनसे सीनियर थे और उनकी ही सर्विस के थे...तो राजस्व सचिव यह जताना चाहते थे कि उन्हें गृह सचिव और आई.ए.एस. सर्विस की प्रतिष्ठा का कितना ख़याल है, परोक्ष रूप से यह भी कि आयकर विभाग किसी आई.ए.एस. के साथ ऐसी गुस्ताखी कैसे कर सकता है! गृह सचिव ने हमें चाय पिलाकर विदा किया। राजस्व सचिव ने एक बार फिर बात का बतंगड़ बना डाला था।

लेकिन मंत्री जी के स्तर पर बात ख़त्म नहीं हुई। आने वाले दिनों में मुझ पर दबाव डाला जाने लगा कि संवेदनशील मामलों में छापा डालने के पहले बोर्ड की अनुमति ली जाए। मैंने हर स्तर पर स्थिति साफ़ करने की कोशिश की—कि यह कौन और कैसे तय करेगा कि कौन केस संवेदनशील है! अगर नीचे से कोई प्रस्ताव बोर्ड तक भेजा गया तो 'सिक्रेसी' कहाँ रह जाएगी, जो छापों के मामलों में ज़रूरी है। आयकर एक्ट में निर्णय लेने का अधिकार नीचे के स्तर पर डायरेक्टर जनरल को ही है, वही अपना सैस्टिफैक्शन नोट रिकॉर्ड कर कार्यवाही शुरू कराता है... बोर्ड या ऊपर यह पावर नहीं है...लेकिन इधर तो 'सरकार' का नशा था, एक्ट-वैक्ट क्या होता है, सरकार सब कुछ कर सकती है! मुझसे अपेक्षा थी कि मैं एक ऐसी श्रेणी बनाऊँ जहाँ छापे की कार्यवाही के पहले बोर्ड से ज़रूर पूछ लिया जाए...फिर बोर्ड महीन-महीन ढंग से, अनौपचारिक तरीक़े से मंत्री जी के कान में बात डाल दे जिससे कि उन्हें संसद या दूसरी जगहों पर असुविधाजनक स्थिति में पड़ना पड़े। दिखाने के लिए मामला बोर्ड तक रहे, ताकि किसी असुविधाजनक स्थिति में सरकार को न लपेटा जा सके। उस तरह 'पावर' को अपनी तरफ़ खींच लेना और जिम्मेदारी जीरो। यह मंत्री जी और राजस्व सचिव दोनों चाहते थे। जिस श्रेणी के बनाने की बात की जा रही थी उसमें राजनैतिक रूप से संवेदनशील मामलों के रखने की बात थी। बात ढके रखने के लिए कुछ दूसरी तरह के लोग भी उस श्रेणी में डाल दिए जाएँ। समझाने की जब मेरी सारी कोशिशें बेकार गईं...तब मैंने वित्तमंत्री से विनम्रता के साथ कहा—'सर! आयकर एक्ट आप लोगों द्वारा ही संसद में पारित एक्ट है, उसमें परिवर्तन करा दें।' तब तक...'सर, लैट अस नॉट टिंकर विद द सिस्टम!'

ऐसी स्थिति में कैसे मंत्री जी की इच्छा का करने के लिए कोई रास्ता निकाला जाए...राजस्व सचिव ने इसे चैलेंज की तरह लिया। उन्होंने मेरे नीचे, बोर्ड में इन्वेस्टिगेशन-सदस्य को पटाया—वही जिसने मेरे ख़िलाफ़ शिकायतें अहमदाबाद से भिजवाई थीं, जो तीन-तीन को लाँघकर अध्यक्ष बनना चाहता था। राजस्व सचिव ने उसकी इस कमज़ोरी का फ़ायदा उठाया। उस बन्दे ने सुझाया कि हाँ उस आशय का एक सर्कुलर बनाया जा सकता है, बोर्ड सर्कुलर/इन्स्ट्रक्शन्स/स्पष्टीकरण फील्ड को भेजता ही रहता है...

वहाँ से शुरू हो गई मुहिम—मेरा तबादला कराने की। मैं देश के काम से मॉरीशस गया था और इधर मेरे पीछे अध्यक्ष पद से मुझे हटाए जाने की कोशिशें चल रही

थीं...जिसकी ख़बरें मुझे मेरे शुभेच्छुओं से मिलती रहती थीं। मैं सोचता—अजीब है हमारा देश। यहाँ किसी महत्त्वपूर्ण पद पर तैनाती के साथ ही उसे वहाँ से उखाड़ने की मुहिम शुरू हो जाती है...फिर चाहे वह प्रधानमंत्री ही क्यों न हो। उस बेचारे की आधी ऊर्जा पद पर बने रहने के लिए किए जा रहे प्रयत्नों में ख़र्च होती है। अफ़सर को लेकर आम शिकायत यही होती है कि वह राजनेता के मन का नहीं करता। ऐसे तनावों के बीच कोई अधिकारी पूरी निष्ठा से काम कैसे करेगा। मॉरीशस से लौटने पर मंत्री जी ने बातों-बातों में मेरे सामने किसी ऐसे पद पर जाने का प्रलोभन फेंका... जहाँ मेरा कार्यकाल तीन साल और बढ़ सकता था।

"सर, मैं अट्ठावन की उम्र के बाद एक दिन भी काम नहीं करना चाहता।" अब तक मनोज-मनु सैटिल हो चुके थे और अट्ठावन की उम्र में जो नियमानुसार रिटायरमेंट था, उसके आगे नौकरी न करने का मन मैं बना चुका था।

"क्यों, क्या करोगे रिटायरमेंट के बाद, लिखोगे...?" वे जानते थे कि मैं लेखक था!

"सर! लिखना तो ईश्वर की कृपा पर है...आए या नहीं...पर मैं अपनी ज़िन्दगी अपने ढंग से जिऊँगा तो, उसका आनन्द लूँगा।"

"शुरू में सब ऐसा सोचते हैं, लेकिन रिटायर होने पर जो ख़ालीपन आता है तब हम लोगों के पास भागते आते हैं...कि कोई काम उन्हें दिया जाए। तब बचे-खुचे बेकार के काम ही उन्हें मिल पाते हैं। सर्विस में रहते हुए जो हासिल हो सकता है, वह ढंग का 'एसाइनमेंट' हो सकता है।"

"सर! जब मैंने नौकरी शुरू की तो सरकार से रिटायरमेंट यानी कि अट्ठावन साल की उम्र तक का ही करार था। अट्ठावन की उम्र में वह ख़त्म होता है, उसके आगे तो भीख माँगना ही है—जो मैं नहीं करना चाहूँगा।"

मंत्री जी ने अब साफ़-साफ़ इनकम टैक्स सैटिलमेंट कमीशन के चेयरमैन होकर जाने का सुझाव दिया। मैंने बताया कि वहाँ कई मेरी सर्विस के ही मुझसे सीनियर अधिकारी 'सदस्य' हैं, मैं जाकर उनके ऊपर कैसे बैठ जाऊँ...?

"सो व्हाट! चेयरमैन विल गो ओनली एज़ चेयरमैन..."

"कितने दिनों के लिए सर! मैं उनसे अपने सम्बन्ध क्यों बिगाड़ूँ? जिस पर उनका हक़ बनता है, उसे क्यों हड़पूँ?"

उस दिन मैंने महसूस की वह अन्दरूनी ताक़त जो मुझे साहित्य से मिली थी। मुझे आत्मविश्वास था कि रिटायर होकर भी मैं ख़ाली नहीं बैठूँगा, लेखन मेरा काम होगा, साहित्य मेरा कार्य क्षेत्र, उठने-बैठने के लिए लेखकों का समाज। मंत्री जी किसी भी सूरत में मुझे हटाना चाहते थे, तो उन्होंने कैबिनेट सेक्रेटरी से मुझे शिफ्ट करने को कह दिया। कैबिनेट सेक्रेटरी सुब्रमण्यम मेरे बैच के थे, मुझे जानते थे, मुझे बुलाकर बात की। उन्होंने मंत्री जी से मेरे बारे में पूछा था—'व्हाट्स द प्रॉब्लम

विद हिम सर?' इज़ ही डिज़ौनिस्ट (उसे लेकर क्या समस्या है, क्या वह भ्रष्ट है)। मंत्री जी ने कहा—"नो ही इज़ वेरी ऑनेस्ट बट ही इज़ नॉट डायनैमिक।" नेताओं के मन मुताबिक़ चलो तो आप डायनैमिक हो, वर्ना नहीं!

मैंने कैबिनेट सचिव को साफ़ कर दिया कि मुझे किसी ख़ास पद का, उसकी पावर का लोभ कभी नहीं रहा, नौकरी करता है आदमी उत्तरोत्तर रैंक में तरक़्क़ी के लिए। अगर मेरा तबादला भारत सरकार के सचिव के रूप में कहीं किया गया, तो चला जाऊँगा, क्योंकि अभी मेरा पद 'विशिष्ट सचिव' के स्तर का है, जो सचिव स्तर से एक इंच नीचे है...वर्ना कहिए तो अभी स्वैच्छिक अवकाश ले लेता हूँ... पेंशन पूरी मिलेगी ही...

राजनेता लोग 'चतुराई' को अपना ख़ास गुर मानते हैं। कुछ ही दिनों में मेरी पदोन्नति सचिव भारत सरकार के रैंक और 'पे' पर योजना आयोग में कर दी गई। मुझे सुकून था कि वहाँ मैं किसी का हक़ मारकर नहीं जा रहा था। चला गया, ख़ुद को याद दिलाते हुए कि जैसे दूसरे रिटायर होते हैं वैसे ही मैं भी समय पर रिटायर होऊँगा, कुछ ही महीनों की तो बात है। अख़बारों ने ज़रूर चुटकी ली—'चेयरमैन हैज़ बीन किक्ड अपस्टेयर्स!' आयकर विभाग से छुट्टी...इसमें मुझे ईश्वर की कृपा ही देखने को मिली। योजना आयोग में मेरे पास समय था। जो चार महीने मेरे रिटायरमेंट के बचे थे, उनमें मैं अपने रिटायरमेंट पेपर्स तैयार करा सकता था, ताकि रिटायर होने पर पेंशन आदि में कोई देरी या दिक़्क़त न आए। रिकॉर्ड्स में मेरे 'एयर इंडिया' की सर्विस ठीक से दर्ज नहीं थी, वह 'ब्रेक इन सर्विस' माना जा रहा था, जबकि मैं विभाग में 'लियन' छोड़कर गया था। उसे डेपुटेशन माना जाना चाहिए था। इसके लिए एयर इंडिया की तरफ़ से कुछ पेमेंट भारत सरकार को किया जाना था। मैंने ख़तोकिताबत कर, फ़ोन खटखटाकर वह काम कराया। रहने के लिए भोपाल में हाउसिंग बोर्ड का एक बना-बनाया घर ख़रीदा। इस तरह रिटायर होने के पाँच दिनों के भीतर—दिल्ली छोड़कर भोपाल पहुँच सका।

मेरे कुछ परिचितों का कहना था कि मुझे अध्यक्ष पद से स्थानान्तरित किए जाने पर इस्तीफ़ा दे देना चाहिए था। उसका असर ज़्यादा पड़ता! किस पर असर...क्या तत्कालीन सरकार पर, आने वाली सरकारों पर...या कि समाज में यह राय बने कि सरकारें अफ़सरों को नियमानुसार काम करने दें? सब यह जानते हैं, कहते भी हैं... लेकिन सरकार चाहे इसकी हो या उसकी...वह नियमों के बीच से, उन्हें तोड़-मरोड़ कर इधर से या उधर से अपने मतलब का करा लेने को ही नीति समझती है, उसी पर चलती है। तब मेरा सोचना था—जो काफ़ी कुछ आज भी है—कि नौकरी में किसी का ख़ुद को 'हीरो' या 'शहीद' बनाने की चेष्टाएँ मूर्खतापूर्ण ही हैं। मैं सरकारी नौकर था...तो सरकार को हक़ है कि वह मेरी सेवाएँ यहाँ ले या वहाँ। फिर उसने मुझे योजना आयोग तरक़्क़ी पर ही भेजा था। बाहर मान्यता थी और सही भी कि

अध्यक्ष केन्द्रीय प्रत्यक्ष कर बोर्ड ज़्यादा 'पावर' वाला पद है, जबकि जहाँ मैं जा रहा था वह सूखी जगह थी...अगर इस बात पर मैं विरोध जताता तो उसके तो यही मायने निकलते कि मैं भी 'पावर' के पीछे था, जबकि मैंने तो इतने दिनों अध्यक्ष रहते हुए कोई पावर-आवर महसूस नहीं की थी। कहा जा सकता है कि पावर अगर पैसे में रूपान्तरित नहीं होती तो वह किस काम की और मेरे लिए पैसे का आकर्षण कभी था नहीं। आज इक्कीस सालों बाद भी मैं यही सोचता हूँ...कि सरकार से न लड़ने का ख़याल जो मुझे नहीं आया। वह ठीक ही रहा...

'जिसे लोग कहते हैं ज़िन्दगी, वह हादसों का हुजूम था
वो तो मेरा साहिबे कमाल था कि दरमियां से निकल गया।'

'साहिबे कमाल'...माने ईश्वर की कृपा। मैंने सरकार से लड़ने की बजाय, समय पर खिसक लेना बेहतर समझा, इस तरह अपने लिए मानसिक शान्ति बनाए रखी, जिससे रिटायरमेंट के बाद मेरे लिखते रहने का मार्ग प्रशस्त रहा। वर्ना कौन जाने साहित्य लेखन की जगह मैं कोर्ट-कचहरी में ही फँसा रहता।

अभी हाल ही, सरकार द्वारा सी.बी.आई. के अध्यक्ष का हटाया जाना सामने आया है। वे लड़े, सुप्रीम कोर्ट तक गए, ख़ूब मचमच हुई...आख़िर जाना पड़ा...वे गुमनाम हो गए। इससे यही साबित होता है कि सरकार से लड़ा नहीं जा सकता... सरकार सरकार है! यह एक समय की सरकार पर निर्भर है कि वह अपने अफ़सरों को नियमानुसार काम करने देती है या नहीं, उन्हें न्यूट्रल रहने देती है या कि अपनी पार्टी के सदस्य जैसा बना लेती है...और यह सम्बन्धित अफ़सर की अपनी तासीर है कि वह अपने व्यक्तित्व के हिसाब से ख़ुद को ढालता है या सरकार, उसकी पार्टी का पिट्ठू बन जाता है। दुर्भाग्य से आज इस दूसरी चीज़ को वरणीय और करणीय माना जाता है!

मेरा अवकाश प्राप्ति का समारोह प्लानिंग कमीशन में हुआ, उस विभाग में नहीं जिसकी सर्विस का मैं था, जहाँ मेरी पूरी सर्विस रही। योजना आयोग ने मुझे हमेशा आदर दिया, रिटायरमेंट के बाद भी मुझे ऑफ़िस कार की सुविधा रखे रहने को कहा। मैंने सधन्यवाद मना कर दिया, मेरी मारुति 800 ठीक, जिसे चलाकर मैं बराबर सवेरे टेनिस खेलने जिमखाना जाता रहा था...तब भी जब मैं आयकर विभाग में अध्यक्ष था। अब सरकार की कोई भी चीज़ मुझे अपने जिस्म पर मांस की सूखी पपड़ियों सी लग रही थी...जिन्हें खरोंच-खरोंच मैं निकाल फेंकना चाहता था। मैंने सरकारी कार रिटायर होते ही छोड़ दी, घर भी छोड़कर छुट्टी पा लेना चाहता था, सोचता था जल्द से जल्द नई ज़िन्दगी शुरू करूँ...दिल्ली रहकर समय ही बरबाद करूँगा। टाइम्स ऑफ़ इंडिया में जनरल मैनेजर के पद पर तब श्री रमेशचन्द्र जैन थे। बहुत ही भले आदमी, साहित्य प्रेमी और मेरे मित्र भी। जब वे 4, तिलक मार्ग

पर रहते थे, तब मेरे उपन्यास 'हुजूर दरबार' पर उनके घर पर गोष्ठी हुई थी, जैनेन्द्र जी, भवानी भाई वग़ैरह आए थे। वे मुझे अपने घर लंच पर ले गए, बोले—'दिल्ली छोड़कर क्यों जाते हैं, आपको वैसी ही कार और शाहजहाँ रोड वाले बँगले जैसा ही बँगला हम देते हैं—आप भारतीय ज्ञानपीठ के निदेशक होकर आ जाइए।' मैंने उनसे कहा—मेरा कोई भी नौकरी करने का अब मन नहीं है, फिर आपके यहाँ नौकरी कर मैं आपसे जो मित्रता है वह भी खो बैठूँगा...

31 जुलाई, 1997 को रिटायर हुआ था और 5 अगस्त को मैं भोपाल आ गया। (अभी हाल ही सुप्रीम कोर्ट के चीफ़ जस्टिस ने भी रिटायर होने के एक हफ़्ते के भीतर सरकारी घर छोड़ दिया है।) परिवार में इसका विरोध था क्योंकि अभी पाँच-छह महीने मैं शाहजहाँ रोड के बँगले में रह सकता था, वहाँ माँ-बाप को ज़्यादा आराम था, पत्नी को सुविधा थी, क्योंकि दो-दो सर्वेन्ट्स-क्वार्टर्स थे जिनके लोग घर में काम करते थे...लेकिन मैंने किसी की न सुनी। मुझे सरकार से किसी भी तरह का सम्पर्क न रखने की, साहित्यकार की अपनी स्वतंत्र ज़िन्दगी शुरू करने की जल्दी थी। अपनी कार मारुति 800, अपना घर और अरेरा क्लब भोपाल में टेनिस। मेरा लेख है इस मुक्ति पर 'शान्ति तो नहीं...विश्रान्ति'।

नेताओं द्वारा आयकर छापे डलवाए जाने का चलन...मेरे अध्यक्ष रहने तक नहीं हुआ। मुझे सन्तोष है कि मैंने ख़ुद को इस प्रक्रिया की शुरुआत का मोहरा नहीं बनने दिया, हालाँकि मेरे फ़ौरन बाद मंत्री जी जैसा चाहते थे वह करा लिया गया... और आज तो किसी पार्टी की सरकार आए यह खुली प्रैक्टिस है, जैसे सी.बी.आई. का इस्तेमाल कोई भी सरकार धड़ल्ले से करती है—और इसे सभी पार्टियाँ, जनता भी जानती है। मुझे अपनी बात रखने की हिम्मत दो चीज़ों से मिलती थी—एक मेरे ख़िलाफ़ भ्रष्टाचार का आरोप नहीं लग सकता था, दूसरे मुझे रिटायरमेंट के बाद कुछ चाहिए नहीं था। उपन्यास 'फूल...इमारतें और बन्दर' में मैंने यही सुझाया है कि अगर हमारे उच्च पदों पर बैठे अधिकारी सिर्फ़ यह संकल्प कर लें कि उन्हें रिटायरमेंट के बाद सरकार से कोई पद या वैसा कुछ नहीं चाहिए, वह यह सन्तोष लें कि हमारी 'इनिंग्स' पूरी हुई और अब सामान्य नागरिक की तरह ज़िन्दगी जी जाए...तो इससे ही कितनी समस्याएँ सुलझ सकती हैं। हमारी व्यवस्था में ब्यूरोक्रेसी की कल्पना 'न्यूट्रल' रूप में है, उसे वह रहना चाहिए। मुश्किल यह है कि नेताओं की इच्छा का करना एक अधिकारी मना करता है, तो तत्काल दूसरा वह करने को दरवाज़े पर खड़ा दिखता है। जब हमने नौकरी शुरू की थी, तब भी अफ़सरी की एक साख थी, उसके पहले जो अधिकारी थे उनकी बाक़ायदा इज़्ज़त थी, आज अफ़सरों की जैसी फजीहत, बेइज़्ज़ती होती है, उसके लिए जिम्मेदार अफ़सर ख़ुद हैं। आई.ए.एस. परीक्षा तक उनकी पढ़ाई चलती है। सर्विस में आने के बाद पढ़ाई बन्द। अब मंत्री की चापलूसी, अपनी मार्केटिंग (अपने कामों को बढ़ा-चढ़ाकर बताना) ये ही अफ़सरों

को करणीय दिखते हैं। रिटायरमेंट तक आते-आते अफ़सर खोखले हो चुके होते हैं, उन्हें यही समझ में नहीं आता कि अब अपना समय कैसे काटेंगे...तो सबसे आसान तरीक़ा उन्हें यही दिखता है कि मंत्रियों की चापलूसी कर अवकाश प्राप्ति के बाद कोई घिसा-पिटा पद मिल जाए...तीन साल-पाँच साल जितनी भी अवधि के लिए...उतने साल तो गुज़र जाएँगे। कुछ चतुर अधिकारी रिटायर होने के बाद इस तरह दस-दस साल खींच ले जाते हैं। रिटायरमेंट के बाद, सारे ऐसे पदों पर काम नहीं के बराबर होता है, घर, कार, बँगला ज़रूर...। सबसे बड़ी चीज़ रोज़ सजकर नियमित रूप से दफ़्तर जैसी किसी जगह जाने की सुविधा मिल जाती है। रिटायर्ड अफ़सर ख़ुश। सरकारें यह प्रथा कभी बन्द नहीं करेंगी, क्योंकि इसी के लालच में तो वे उच्च पदों पर बैठे अफ़सरों से अपने काम करवा लेती हैं। रिटायरमेंट के बाद कोई काम देकर मंत्री-लोग उन्हें पुरस्कृत करते हैं—कुत्ते के आगे फेंक दिया हड्डी का कोई टुकड़ा! रिटायर होने जा रहे अफ़सर किस स्तर की चापलूसी कर रिटायरमेंट के बाद कुछ मिल जाने के लिए कोशिश करते हैं—यह फिर देखने को हाल ही मिला जब मध्य प्रदेश में एक दूसरी पार्टी की सरकार कार्यभार सँभालने जा रही थी। उन्हीं दिनों यहाँ के मुख्य सचिव रिटायर हो रहे थे। उनका प्रेस में बयान आया कि 'उन्होंने अपने जीवन में नए मुख्यमंत्री जैसे 'विज़न वाला' कोई नेता नहीं देखा, उनका दुर्भाग्य कि उन्हें नए मुख्यमंत्री जी के साथ काम करने का मौक़ा नहीं मिला!' इन अधिकारी महोदय ने स्वतंत्रता-प्राप्ति के फ़ौरन बाद वाले नेता भी देखे होंगे, कितनों के बारे में सुना-पढ़ा होगा...चापलूसी इस हद की! रिटायर होते ही उन्हें एक पद दे दिया गया!

विश्रान्ति

मेरे लिए यह कहना आसान है कि अफ़सर रिटायरमेंट के बाद सरकार से कुछ न लें...क्योंकि मेरे पास साहित्य का घर था, करने के लिए काम था—लिखना-पढ़ना। वे क्या करें...जिनके पास ऐसा कुछ नहीं, नौकरी के दौरान जो ऐसा कुछ बना नहीं सके। तब मेरे ज़ेहन में बाँदा के कुछ अध्यापक उगते हैं...वे साधारण लोग थे, तो कैसे अवकाश प्राप्ति पर अपनी साधारणता में व्यस्त हो जाते थे—घर के कामकाज, बाज़ार के दस-दस चक्कर लगाना...या घर में मुफ़्त कोचिंग-क्लास चलाना। कुछ नहीं तो क्यों न यह मान लिया जाए कि अब गृहस्थ/अर्थोपार्जन वाली अवस्था समाप्त... अब वानप्रस्थ और संन्यास को उन्मुख हों...हमारे यहाँ आश्रमों का प्रावधान है जिन्हें अपनाकर साधारण लोग चलते हैं। हम वैसी स्वाभाविकता से चलें तो आपके जीवन में से ही कोई नई जीवन-शैली उसके लिए उग आएगी!

मैं ख़ुद थोड़ा सशंकित था कि इतने सालों की व्यस्त दिनचर्या के बाद मेरा समय कैसे कटेगा, लिखूँगा भी तो दिनभर तो लिखता न रहूँगा। तो प्रभाकर श्रोत्रिय की सलाह पर मैंने भोपाल में 'अक्षरा' पत्रिका का सौजन्य सम्पादन स्वीकार कर लिया। आने-जाने का कोई निश्चित समय नहीं, राष्ट्रभाषा प्रचार समिति (हिन्दी भवन) जिसके सर्वेसर्वा कैलाशचन्द्र पन्त जी थे...उनसे आने-जाने का पेट्रोल खर्चा भर लेना। मैंने दो साल तक सम्पादन कार्य किया। अपने लिए कुछ खूँटे गाड़ लिए थे—जैसे सम्पादकीय दो पेज से अधिक का नहीं होगा, अपने ऊपर लेख, अपनी किताब पर समीक्षा वग़ैरह नहीं छपेगी, अपनी रचना भी नहीं (सिर्फ़ प्रेम-कहानी विशेषांक अपवाद रहा, जहाँ मैंने लेखकों को प्रेम कहानी लिखने की चुनौती दी थी, कहा था कि सबके वश का नहीं होता प्रेम कहानी लिखना, तो लगा कि मैं भी उस चुनौती को स्वीकारूँ और मैंने अपनी ताज़ा प्रेम कहानी—'लहर', विशेषांक में छापी थी)। स्तर के अलावा मैंने यह भी ख़याल रखा कि 'अक्षरा' किसी विशेष विचारधारा वाली पत्रिका न हो...तो मैंने केदारनाथ अग्रवाल, भीष्म साहनी जैसे वामपंथियों की रचनाएँ भी छापीं। इसमें मेरे अब तक के लेखकों के सम्पर्क काम आए, उन्हें फ़ोन

कर-करके मैंने रचनाएँ मँगाईं। पन्त जी की इस बात के लिए तारीफ़ करनी होगी कि उन्होंने कभी मेरे सम्पादन में दख़ल नहीं दिया। पावस व्याख्यानमाला के अन्तर्गत उस वक़्त कुछ स्मरणीय कार्यक्रम भी मेरे सम्पर्कों की वजह से आयोजित हुए—जिनमें निर्मल वर्मा, श्री नरेश मेहता, विष्णुकान्त शास्त्री जैसे प्रतिष्ठित लेखकों और उभरते नए साहित्यकारों ने शिरकत की। वैसे साहित्यिक आयोजन मेरे बाद नहीं हो सके।

भोपाल आते ही मैंने यहाँ के वनों को छानना शुरू किया। प्रदेश अपने जंगलों के लिए प्रसिद्ध है। मैंने अब तक सिर्फ़ पचमढ़ी देखा था। तो यहाँ आते ही एक के बाद एक वनों की यात्राएँ की—कान्हा-किसली, बाँधवगढ़, पेच, पन्ना, रातापानी, देलावरी, मड़ई आदि। मड़ई चूँकि पास था, इसलिए वहाँ जाना तो कई बार हुआ। सबके यात्रावृत्त हैं।

दो सालों के भीतर ही एक समय ऐसा आया जब दो-दो उपन्यास एक साथ दस्तक देने लगे। मैं छटपटाता था कि ये दो और 'अक्षरा' का सम्पादन...इन तीन में किसे चुनूँ...किसे छोड़ूँ, किसे पीछे सरकाऊँ, किसे पहले उठाऊँ...अज्ञेय जी की 'नया प्रतीक' में आलोचनात्मक लेखों की श्रृंखला लिखने पर जैसे तब कृष्णा सोबती ने मुझे आगाह किया था कि 'गोविन्द अपनी प्रतिभा तुम आलोचना-कर्म में न गँवाओ', वैसे ही अब श्रीलाल शुक्ल जी कह रहे थे—'सर्जनात्मक लेखक को सम्पादन डेढ़ वर्षों से ज़्यादा नहीं करना चाहिए।' (धर्मवीर भारती के लेखन पर उनके सम्पादक होने का कुप्रभाव पड़ा था।) ख़ुद मैं यह देख रहा था कि मैं एक लेखक...उसे अपने से बेहतर रचनाएँ पढ़ना चाहिए, जबकि सम्पादक होने के कारण मुझे एक-से-एक घटिया रचनाएँ पढ़नी पड़ती थीं। तो सबसे पहले मैंने सम्पादन छोड़ पूर्णकालिक लेखन की तरफ़ जाने का मन बनाया। एक बार राजेन्द्र यादव से मैंने कहा भी था—'लेखक अपना सही आकलन तभी कर सकता है, जब वह सम्पादन/प्रकाशन, पद, वित्तीय हैसियत जैसी बैसाखियों पर न खड़ा हो। आप किस क़द के लेखक हैं...यह तभी पता चल सकता है, जब 'हंस' पर सवारी छोड़कर आप सड़क पर खड़े हो जाएँ।' वे यह कभी नहीं कर सके इसलिए अपने चिन्तक और साहित्यकार को लेकर हमेशा मुग़ालते में रहे। मैंने सोचा, उनको कही गई बात मुझे अपने ऊपर भी लागू करना चाहिए। मैंने 'अक्षरा' के काम से मुक्ति ले ली।

अब मैं सचमुच पूर्णकालिक लेखक था...जो कब से बनना चाहता था। फिर भी कोई बड़ी रचना उठाने का सोचता तो कुछ अटकाव-सा महसूस होता। लगा कि जब तक मैं अध्यक्ष पद वाले अपने अनुभवों को बाहर नहीं निकाल लेता...तब तक लिखने की दूसरी चीज़ें अटकी ही रहेंगी। तो 'फूल...इमारतें और बन्दर' उपन्यास शुरू हुआ। जिस रूप में वह आया...उसमें कई क्या, सभी पात्र पहचान में आ जाते थे, भले ही उपन्यास में मैंने उनके नाम न दिए हों। उनमें से कुछ खूँखार क़िस्म के लोग थे, वे मुझे अदालत में घसीट सकते थे, मुझे किसी भी तरह का नुक़सान

पहुँचा सकते थे। तो उसे प्रकाशित कराऊँ या नहीं...यह पसोपेश कुछ दिनों तक रही। आख़िर इस निष्कर्ष पर पहुँचा—अगर मुझे जेल हो गई तो कोई यह तो कह नहीं सकेगा कि रिश्वत खाकर जेल गया...पर्दाफ़ाश करने के लिए ही तो। जेल में मुझे असुविधा क्या होगी...काग़ज़-कलम मिल ही जाएँगे। नुक़सान...ज़्यादा से ज़्यादा यह कि मुझे ख़त्म किया जा सकता है...तो ज़िन्दगी अब कोई बड़ी चीज़ तो है नहीं मेरे लिए...साँसें हैं तो जी रहा हूँ, जी रहा हूँ तो लिख रहा हूँ। मैं जीता न रहा तो क्या मेरा नुक़सान, क्या समाज का! मैंने उपन्यास प्रकाशन को दे दिया...

कुछ नहीं हुआ...क्योंकि अव्वल तो सम्बन्धित लोगों में कोई साहित्य पढ़ने वाला नहीं था, दूसरे ऐसे लोगों में सच से लड़ने का नैतिक साहस नहीं होता। उपन्यास मेरे विभाग में ज़रूर लोकप्रिय हुआ। पाठकों ने चटखारे ले-लेकर पढ़ा—ये फलाँ नेता हैं, ये फलाँ एक्टर हैं...आयकर विभाग के लोगों में विशेषत: यह जानने की उत्सुकता थी कि मेरे साथ अध्यक्ष पद पर होते वक़्त क्या-क्या हुआ...इसलिए उन्होंने उपन्यास खोज-खोज कर पढ़ा। काफ़ी समय बाद एक बार बम्बई विश्वविद्यालय के एक सेमिनार से लौट रहा था; कुछ प्राध्यापिकाएँ...जिनमें दो दूसरे विश्वविद्यालयों से भी थीं...वे मुझे छोड़ने आ रही थीं। एक बोली—"सर! आपने 'फूल...इमारतें और बन्दर' में विश्वविद्यालयों में जो कारनामे चलते हैं...उनका अच्छा ख़ाका खींचा है, हमारे विश्वविद्यालय में बिलकुल ऐसा ही होता है।" मैं उचक पड़ा—ख़ुद की पीठ थपथपाई कि उपन्यास में भले ही आयकर विभाग के मेरे अनुभव रहे हों...इन्हें लाँघकर उपन्यास दूसरी संस्थाओं की कहानी बन सका।

भोपाल में जमना शुरू करने के पहले ही मुझे एक त्रासदी से गुज़रना पड़ा था। अगस्त 6 को यहाँ पहुँचा और अक्टूबर में पिता को 'ब्रेन-हैमरेज' और देहान्त। जो आराम उन्हें दिल्ली में सरकारी मकान के पीछे सर्वेन्ट्स क्वार्टर्स की वजह से था... वह यहाँ नहीं था...हालाँकि मैंने एक पूर्णकालिक लड़के की व्यवस्था उनके लिए कर दी थी। उनके लिए अच्छा ही हुआ...कि कोमा में बहुत नहीं रहना पड़ा...एक दिन... और शान्त। कितनी कहानियाँ उनके भीतर थीं...कुछ मैं पकड़ पाया, लिखीं भी...शेष उनके साथ चली गईं। हर व्यक्ति के भीतर होती हैं, बड़ी कहानी तो वह ख़ुद होता है। मैंने यह सीख लिया कि अगर तुम किसी अजनबी से सट लिए तो कम से कम एक कहानी तुम्हारे हाथ आ जाएगी। पिता इक्यानबे वर्ष के आसपास रहे होंगे (उस वक़्त के लोगों की असली उम्र कहाँ पता होती थी)। उनका ऐसा भाग्य कि उनके जाने के समय उनके सभी बच्चे मेरे यहाँ भोपाल में मौजूद थे, पिता ज़रूर जब जीवित थे, तब भी इस तरह के सन्तोषों से दूर ही रहते थे। एक बार मुम्बई के बैल्वेडियर के सामने वाली सड़क पर एक खम्भे के नीचे वे छड़ी लिए बैठे थे। आते-जाते एक ने पूछा—'बाबा! क्या किसी की प्रतीक्षा कर रहे हैं।' पिता बोले...'हाँ...मृत्यु की, मेरे आसपास की उम्र के, मुझसे छोटे भी कितने दुनिया से जा चुके...मैं पड़ा हुआ हूँ।'

कभी-कभी वे अपनी तरह का सत्याग्रह करते थे...जैसे मैं माँ की तरफ़ हूँ...इसके ख़िलाफ़ रवीन्द्र नगर के घर दिल्ली में किया। वह 'संध्यानाद' कहानी में आया है। इसी तरह एक बार बैल्वेडियर में मेरे फ़्लैट के बाहर धरना दिया...सामने वाले फ़्लैट में ट्रिब्यूनल के एक सदस्य रहते थे। उन्होंने दफ़्तर से लौटने पर पूछा—'बाबूजी, बाहर क्यों बैठे हैं'। बोले—'गोविन्द ने मुझे बाहर निकाल दिया।' कोई विश्वास न कर सका...आख़िर सब उन्हें समझा-बुझाकर अन्दर भेज गए। दिल्ली छोड़ भोपाल बसने जब मैं सपरिवार हवाई जहाज़ से आ रहा था तो एयर स्टाफ़ और मेरे लाख समझाने पर भी उन्होंने पेटी नहीं बाँधी। मैं बाँधने की कोशिश करता, झटक देते... 'हो... हट!' ऐसे थे मेरे पिता। उनसे मैंने भाषा सीखी, उनके कितने मुहावरे लिए...'लाल पीली ज़मीन' उपन्यास, 'कचकौंध' जैसी कहानियों में भरे पड़े हैं। वह भाषा अब उस इलाक़े से भी ग़ायब होती जा रही है। उनकी इस या उस मुद्रा पर मेरी सात-आठ कहानियाँ तो होंगी ही। वे कहा करते थे—"ये क्या कहानियाँ लिखा करता है...समय है तो 'महाभारत' पढ़ा करो, बार-बार पढ़ो...और कुछ पढ़ने या लिखने की ज़रूरत नहीं है। गाँव में जब वे अध्यापक थे तो शाम को चार-पाँच गाँववालों को बिठाकर उन्हें महाभारत पढ़कर सुनाया करते थे। जब मेरी अध्यक्ष पद पर पदोन्नति हुई तो उन्होंने एक दिन मुझे रोका—'महूँ से थोड़ी बात कर ली जाए, महूँ आदमी आंव'।" फिर बधाई में आए फूलों, गुलदस्तों की तरफ़ देखकर पूछा—'ये क्या हो रहा है?' मैंने बताया—'मेरी पदोन्नति हुई है।' 'कितनी तनख़्वाह बढ़ी'—उन्होंने पूछा। मैंने कहा—'कुछ नहीं, सरकार में एक पद के बाद तनख़्वाह नहीं बढ़ती'...तो बोले—'ऐसा कर, यह तरक़्क़ी छोड़ दे...इधर-उधर भागता फिरता है, न खाने का समय, न ठीक से सोने का...तनख़्वाह भी धेला नहीं बढ़ी...आदमी कमाता किसलिए है?'

क्या सीधा-साफ़ रवैया था उन लोगों का!

लेकिन...कुल मिलाकर उनकी ज़िन्दगी देखता हूँ तो क़रीब-क़रीब 'ढोर' (उन्हीं का शब्द) की रही...जो हिन्दुस्तान के साधारण आदमी की रही आती है—कोई भी सरकार हो, कोई भी समय हो। जब मैं छोटा था तब पिता दाँत उखड़वाने बाँदा में डॉ. श्यामलाल के पास गए। उन्होंने बिना उस जगह को सुन्न किए संसी से दाँत को खींचा...पिता को उनके कम्पाउंडर कसकर पकड़े रहे, पिता चिल्लाते रहे। दाँत उखाड़ दिया तब पिता ने बताया कि जिसे उखाड़ना था वह तो बग़ल का दाँत था, तो डॉ. श्यामलाल दाँत को ही गालियाँ देने लगे—'रह गया साला छिपा... अभी देखता हूँ...' और फिर उन्होंने उसी तरह इस दाँत को भी निकाला। वर्षों बाद डॉ. श्यामलाल के लड़के डॉक्टर ने क़रीब-क़रीब इसी शैली से पिता की रुकी पेशाब को चालू किया...स्टील की एक नली को पानी में खौलाकर शुद्ध ज़रूर किया... लेकिन फिर उसे पेशाब के रास्ते अन्दर पेल दिया, कोई लोकल एनस्थीशिया नहीं, अब उनके सहायक पिता को पकड़े रहे, पिता चिल्लाते रहे।

ढोर की ज़िन्दगी नहीं है क्या यह...पिता डर के मारे प्रोस्टेट का ऑपरेशन कराने को फिर कभी राजी नहीं हुए।

कैसे कहा जाए कि आज साधारण आदमी के लिए सरकारी हस्पतालों में जो सुविधाएँ हैं वे ढोर को दी जाने वाली सुविधाओं से बेहतर हैं! तभी तो गोरखपुर में, कोटा में और हाल महाराष्ट्र में एक जगह एक साथ डेढ़-डेढ़ सौ बच्चों की जानें चली गईं। ऐसी कुव्यवस्था...और नालायक डॉक्टर। प्राइवेट हस्पताल खर्चीले हैं, ऊपर से वहाँ रवैया इतना व्यापारी है कि कहा जाता है आदमी ठीक होने के लिए नहीं, मरने के लिए डॉक्टर के पास जाता है।

पिता के देहान्त के साथ जैसे मेरे ख़राब ग्रहों—जिनका कोप अध्यक्ष प्रत्यक्ष कर बोर्ड बनने पर शुरू हुआ था उनका समय समाप्त हुआ। लिखने की गति तेज़ हुई, बाहर आदर मिलना शुरू हुआ था—1998 में 'पाँच आँगनों वाला घर' पर व्यास सम्मान मिला...जो उपप्रधानमंत्री आडवाणी जी के हाथों दिया गया। आडवाणी जी ने, मेरी माँ, जो सम्मान समारोह में आगे की पंक्ति में बैठी थीं...उनके पास जाकर उनके पैर छुए। तब माँ को ज़रूर महसूस हुआ होगा कि मेरा साहित्यकार होना उतनी फिजूल की चीज़ नहीं था। वर्ना वे तो अक्सर कहा करती थीं—एक तुम्हारा छोटा भाई है, रिटायर होने के बाद वकील हो गया, कुछ पैसे कमा ही लाता है, एक तुम हो लिखने पर ख़र्च करते हो, अपनी किताबें भी मुफ्त में बाँट देते हो। बावजूद इसके पिता और माँ दोनों ही मेरे भाई के पास न रहकर मेरे पास ही अन्त तक रहे। पिता तो साफ़-साफ़ मेरे भाई से कह देते—"मैं यहीं रहूँगा, यहाँ तुम्हारे घर से ज़्यादा आराम है।"

व्यास सम्मान समारोह का आयोजन अब पहले जैसा नहीं रहा। 2013 में सरस्वती सम्मान जब मुझे मिला, तब आयोजन क़रीब-क़रीब वैसा ही था, जैसा मेरे व्यास सम्मान के अवसर पर। शायद कृष्णकुमार बिड़ला जी के देहान्त के बाद उनकी पुत्री शोभना जी ने व्यास सम्मान को फ़ाउंडेशन के अधिकारियों पर छोड़ दिया और वे सिर्फ़ सरस्वती सम्मान पर ध्यान देने लगीं। अब व्यास सम्मान अधिकतर साहित्यकारों से दिलाया जाता है। कुछ वर्ष पहले सुरेन्द्र वर्मा को मेरे हाथों दिलवाया था, हाल लीलाधर जगूड़ी को भी। इंडिया इंटरनेशनल की नई बिल्डिंग के हॉल में मुश्किल से सौ लोग। तो क्या राजनेताओं से जब पुरस्कार दिए जाते हैं, तभी हॉल भरता है। ये कोई नेताओं की जनसभा तो नहीं जहाँ किराये पर लोग लाए जाते हैं। इन समारोहों में तो हमेशा मध्यवर्ग के शिक्षित लोग ही आते हैं...तो फ़र्क़ कहाँ पड़ जाता है। शायद नेता जब मुख्य अतिथि होते हैं तो आयोजक श्रोताओं को इकट्ठा करने के लिए प्रयत्नशील होते हैं। जहाँ नेता नहीं वहाँ आयोजकों की वैसी दिलचस्पी या प्रयत्न नहीं होते...वर्ना साहित्यिक पुरस्कारों में साहित्यकारों से ही पुरस्कार दिलाया जाना अधिक गरिमामय होता है।

अवकाश प्राप्ति के बाद भी मुझे विदेश यात्राओं के अवसर मिलते रहे। विश्व हिन्दी सम्मेलन त्रिनिडाड में जाना हुआ, जहाँ अच्छी-ख़ासी बदइन्तज़ामी देखने को मिली। सम्मेलन में विद्यानिवास मिश्र को सम्मानित किया जाना था। एयरपोर्ट पर उन्हें कोई लेने नहीं आया, उनके रहने के लिए कहीं कोई कमरा तक आरक्षित नहीं किया गया था। हम दस-बारह लोग जो भारत सरकार वाले प्रतिनिधिमंडल में थे, उनके लिए बढ़िया होटल का इन्तज़ाम था, सरकारी नियमों के अनुसार हमें रोज़ का विदेश-भत्ता भी मिलना था, वह भी डॉलर्स में, विद्यानिवास जी को कुछ नहीं। विदेश यात्राओं में खानपीन को लेकर उन्हें काफ़ी तकलीफ़ होती थी, फिर भी ऐसा लालच कि सत्तू बाँधकर, घर से सेव-खुर्मा लेकर वे चल देते थे, साथ में लोटा जिसमें चाय डलवाकर पीते थे। हम लोग उन्हें अपने होटल ले आए, कह-कहा कर फिर वहीं उनके लिए एक कमरा अलॉट कराया। गंगाप्रसाद विमल उनकी टहल में रहे।

एक दूसरी बार विश्व हिन्दी सम्मेलन न्यूयॉर्क जाने को मिला। यहाँ भी वही—हम जो सरकारी प्रतिनिधिमंडल में थे, अच्छे होटल में, अन्य लोग साधारण होटलों में, वहाँ भी उन्हें कितनी-कितनी देर लॉबी में ही बैठे रहना पड़ा...तब जाकर बेचारों को कमरा अलॉट हुआ। साहित्य वाले सत्र की अध्यक्षता जिसने की, उससे वरिष्ठ साहित्यकार साधारण वक़्ता बने रहे। मैंने उस सत्र में हिस्सेदारी के लिए माफी माँग ली, इस आधार पर कि मुझे विज्ञान के क्षेत्र में हिन्दी...(ऐसा ही कोई विषय था) की अध्यक्षता करनी थी। इतनी भीड़ में एक सदस्य को एक बार से ज़्यादा मौक़ा नहीं दिया जाना चाहिए। तीसरी बार साहित्य अकादेमी के वरिष्ठ साहित्यकारों के ग्रुप में कनाडा की यात्रा हुई। वहाँ की कुछ यूनिवर्सिटी के कार्यक्रमों में शिरकत की। तीनों बार ही मेरी प्राप्ति यात्राओं की रही। त्रिनिडाड और टैबैगो के कार्यक्रम के बाद मैं अमेरिका के कैलिफोर्निया तरफ़ वाला हिस्सा देख आया। न्यूयॉर्क वाली यात्रा में नियाग्रा और थोड़ा-बहुत अमेरिका के इस तरफ़ वाला हिस्सा देख लिया। कनाडा वाली यात्रा में कनाडा की तरफ़ वाला नियाग्रा फाल्स देख लिया। तीनों ही यात्राओं के यात्रावृत्त लिखे हैं।

इस बीच मेरा परिचय उस लड़की से हुआ—जो 'धूल पौधों पर' की 'वह' बनने वाली थी। अगर सुवर्णा के पास सब कुछ था तो इसके पास कुछ नहीं... माँ-बाप तक नहीं। भाई को मंडल आन्दोलन में जला दिया गया। ससुराल में यातनाओं को सहते हुए भी वह दीपशिखा-सी जलती थी...यह मैंने यूनिवर्सिटी में भी देखा, जहाँ भाषण देने के लिए वह मुझे आमंत्रित करने आई थी। ज्यों-ज्यों मैं उसे जानता गया, हैरान से हैरानतर होता चला गया। इतनी यातनाएँ...इनमें तो कोई गहन अवसाद से होते हुए आत्महत्या तक जा सकता था...लेकिन यह लड़की आग का गोला थी...क्रोध ऐसा कि ख़ुद को और सामने वाले को जलाकर राख कर देगी। उपन्यास में भी उसे कोई नाम नहीं मिला—सिर्फ़ 'वह' है, माने हमारे

समाज की आम लड़की...इतनी गई-बीती कि उसे नाम तक नहीं मिलता, पग-पग पर अपमानित-प्रताड़ित की जाती हुई।

उपन्यास में अलग-अलग फोन्टों का प्रयोग है। दो मुख्य पात्र, जो विशुद्ध नैतिक दृष्टि से देखा जाए तो गिरे हुए ही कहे जाएँगे, जिनसे घृणा हो सकती है, उनका धीरे-धीरे उठते चले जाना...वहाँ तक जहाँ वे पाठक की सहानुभूति के पात्र हो जाते हैं...शायद ये इस उपन्यास की लोकप्रियता के कारण बने। डॉ. सुवासकुमार ने अपने आलोचनात्मक लेख में इस उपन्यास के लिए एक विलक्षण शीर्षक का इस्तेमाल किया—'कथा रस में घुला-मिला बौद्धिक रस'। आगे चलकर इसी उपन्यास को 'सरस्वती सम्मान' मिला।

'धूल पौधों पर' के बाद नया उपन्यास लिखने के लिए मैंने धर्मशाला के 'राइटर्स होम' में आर.के. पालीवाल के साथ जाने का कार्यक्रम बनाया। शिमला में सुदर्शन वशिष्ठ थे, उन्होंने धर्मशाला के 'राइटर्स होम' में एक हफ़्ते के लिए दो कमरों का आरक्षण करा आदेश हमारे पास पहुँचा दिया। धर्मशाला में जब उस जगह हम पहुँचे तो चौकीदार ने बताया कि वहाँ हमारे लिए कोई कमरा नहीं है, क्योंकि वहाँ एक मेमसाहब पूरे घर में रहती हैं। मैं रेलवे स्टेशन से सीधा टैक्सी से यहाँ पहुँचा था, मुड़े-तुड़े कुर्ता-पायजामा में ही। हमें ऐरा-गैरा समझा जा रहा था, इस बीच ऊपर से एक नौकर भी आकर चौकीदार की तरफ़ से बोलने लगा। मैंने दोनों से कहा...मेमसाहब से हमारी बात करा दीजिए। आवाज़ सुनकर फनफनाती हुई एक महिला ऊपर से आईं...मैंने नम्रता से कहा—हम हिन्दी के लेखक हैं, राइटर्स होम में लिखने के लिए आए हैं, एक हफ़्ते के लिए। महिला अंग्रेज़ी में फनफना उठी—'व्हॉट राइटर्स! डू यू थिंक एनी वन फ्रॉम द स्ट्रीट कैन स्टे हियर...डोन्ट वेस्ट माई टाइम प्लीज़...' लेखक-जाति के लिए ये अपशब्द...मुझे हल्का ग़ुस्सा आ गया और मैंने अंग्रेज़ी में ही उस महिला को भड़भड़ एक छोटा-मोटा लेक्चर दे डाला...कि लेखक 'टॉम डिक एंड हैरी नहीं'...विशिष्ट व्यक्ति होता है। महिला को ताज्जुब हुआ कि हिन्दी का लेखक मैला-सा कुर्ता-पायजामा पहने अंग्रेज़ी बोलता है! मैंने महिला को हिमाचल सरकार का आदेश दिखाया...और कहा कि यह बात मैं ऊपर उठाऊँगा कि कैसे 'राइटर्स होम' में आदेश होने के बावजूद लेखकों को यहाँ ठहरने नहीं दिया जाता। महिला जैसे आई थी, वैसे ही ऊपर चली गई भन्नाती हुई। वहीं से उसने नौकर को ऊपर बुलाया। थोड़ी देर में नौकर नीचे आया...नीचे के दो कमरों का ताला हमारे लिए खोल दिया गया। खाना बनाने के लिए खानसामा भी प्रकट हो गया...

शिमला के प्रान्तीय प्रशासन के रिकॉर्ड में वह राइटर्स-होम ही था, लेकिन ज़िला प्रशासन ने उसे एस.डी.एम. का बँगला बना दिया, भले ही मौखिक आदेश से। ऊपर रहने वाली महिला वहाँ हाल ही आईं एस.डी.एम. थीं। एक ही प्रशासन...शिमला, राजधानी में काग़ज़ पर कुछ बनाया जाता है, लोकल, स्थानीय प्रशासन उसे कुछ का

कुछ बना डालता है...मज़ेदार बात यह कि शिमला को पता नहीं कि यह अब एस.डी. एम. का बँगला कर दिया गया है, वे लोग अब भी लेखकों को अलॉट किए जा रहे हैं। इससे यह भी देखने में आया कि आई.ए.एस. कौम के लिए साहित्य या लेखन उनकी मौजूदा हैसियत के आगे कुछ नहीं है। इन अफ़सरों का रुझान लेखन की तरफ़ जाता है रिटायरमेंट के बाद...जब वे अंग्रेज़ी में अपने मेमोयर्स लिखने चलते हैं, उन्हें अपने पैसों से छपवाते हैं...और वरिष्ठ अफ़सरों से अपनी 'महत्त्वपूर्ण' किताब (इकलौती) का विमोचन लिटरेचर फेस्टिवल में कराकर फिर वैसे ही बैठ जाते हैं—'पूनर्मूषको भव!'

धर्मशाला में दो दिनों बाद स्थानीय लेखकों ने मुझे एक गोष्ठी में आमंत्रित किया, शायद शिमला से सुदर्शन वशिष्ठ ने उन्हें मेरे राइटर्स होम में रहने के बाबत सूचित कर दिया था। उस गोष्ठी में कलेक्टर की पत्नी भी अपनी कविताएँ पढ़ने आईं। उन्होंने बताया कि राइटर्स-होम के ऊपर की मंज़िल में उनकी ही सहेली एस.डी.एम. रहती हैं, हाल ही आई हैं...मकान अलॉट होने तक अस्थायी रूप से उन्हें वहीं रहने को कह दिया गया है। वे आप लोगों को पहचान नहीं पाईं...मेरी सहेली को बहुत अफ़सोस है...

मैंने कलेक्टर की पत्नी से मज़ाक़ में कहा—'हिन्दी लेखकों से अफ़सरी समाज इस तरह पेश आता है...फिर वे हिन्दी में कविताएँ क्यों लिखती हैं। क्या होगा आपका भविष्य एक कवि के रूप में? अंग्रेज़ी में लिखा करिए।' भीतर मेरे मन में यह बात भी उठ रही थी कि पाँसा तो मेरे अंग्रेज़ी में बोलने से ही पलटा था।

उन दिनों मेरे दाएँ पैर में दर्द था, घूमने नहीं जा पाता था। बीच में सोचा भी कि लौट जाऊँ...फिर यह सोचा कि लिखने के लिए आया हूँ तो भागूँ क्यों...नासिक रेलवे स्टेशन में सत्रह घंटे गुज़ारने की बात याद थी...और डटा रहा। इस तरह धर्मशाला में उपन्यास 'अरण्य तंत्र' शुरू हुआ जिसे आगे फिर बेलगाँव के प्रवास में अन्तिम रूप दिया गया। इत्तिफ़ाक़ कि यह उपन्यास प्रान्तीय ब्यूरोक्रेसी पर था जिससे मेरा साबका रोज़ सुबह अरेरा क्लब, भोपाल में पड़ता था...उसकी शुरुआत धर्मशाला के राइटर्स-होम में ब्यूरोक्रेटिक झटके से उस तरह से हुई!

मेरी माँ को मेरे बाहर जाने से असुविधा होती थी क्योंकि मेरी पत्नी का व्यवहार बहुत मददगार वाला नहीं था। अपने लड़कों-बच्चों के यहाँ जब मैं पत्नी के साथ जाता तब माँ को भी ले जाता था—अकेला कैसे-कहाँ छोड़ा जाए। लेकिन कभी ऐसा भी होता कि वे न जाना चाहें या थकी हों, तब उनका भोपाल में ही इन्तज़ाम करना पड़ता। एक बार वे दिनोरिया जी (योग प्रशिक्षक—जिनसे पारिवारिक सम्बन्ध जैसे हो गए थे) के यहाँ भी रहीं। मैंने डॉ. गोविन्दचन्द्र पांडेय, जो तब शिमला में एडवांस्ड स्टडीज इंस्टीट्यूट के अध्यक्ष थे, उनके संस्थान में छह महीने बने रहने का प्रस्ताव भी माँ की वजह से छोड़ दिया था...लेकिन इधर-उधर साहित्यिक आयोजनों में दो-चार दिनों के लिए मुझे जाना ही होता था। शायद इससे तंग आकर, पत्नी के व्यवहार के कारण भी माँ मुझसे उनके लिए अलग एक छोटा-सा फ़्लैट ले

देने को कहने लगी थीं। मैं टाल जाता कि पचासी वर्षीया वे अकेले कैसे रहेंगी... और तब मेरा काम कितना बढ़ जाएगा। एक बार मेरे साथ बम्बई से लौटते हुए टैक्सी में ही वे बोलीं—'गोविन्द अगर तुमने मेरे लिए अलग एक फ़्लैट नहीं लिया तो बहुत पछताओगे', मैं सहम गया; शायद जहाँ से हम आ रहे थे, वे वहाँ भी त्रस्त हुई थीं—बूढ़े की हर जगह उपेक्षा होती है, कुछ वह महसूस भी ज़्यादा करता है। भोपाल के घर आकर उन्हें बुख़ार रहने लगा, ब्लड प्रेशर बढ़ गया। आख़िर मैंने उनकी बात मान ली, उनके अलग रहने के लिए फ़्लैट दिखाना शुरू किया तो उनका बुख़ार चला गया, ब्लड प्रेशर भी ठीक रहने लगा।

अब मैं दूसरे द्वंद्व में फँस गया था—माँ और मैं जानते थे कि उन्हें मेरे घर से निकाला नहीं जा रहा...लेकिन लोग तो उनके अलग रहने का यही अर्थ निकालेंगे? आख़िर मैं इस पर आया कि माँ का जीवन ज़्यादा महत्त्वपूर्ण है या लोगों का हमारे बारे में सोचना? जो मेरे अन्तरंग हैं, मुझे जानते हैं वे मुझे समझेंगे ही...और जो नहीं जानते, जिनसे सिर्फ़ परिचय है...मैं उनकी चिन्ता क्यों करूँ?

माँ को पास के एक नए दो बेडरूम वाले फ़्लैट में शिफ़्ट कर दिया। पास की ही सोसायटी में उनके प्रिय मेरे सहकर्मी चन्द्रा जी और मेरी ममेरी बहन सुषमा भी रहते थे...जो रोज़ माँ के पास हो आते। फ़्लैट में फ़ोन लगवा दिया...सामान...गैस, फ्रिज, टी.वी...वग़ैरह सब रखवा दिए, हर रोज़ मैं भी किसी न किसी समय हो आता था, फल-सब्ज़ी रख आता था। वे प्रसन्न थीं...अपने व्यवहार से उस उम्र में भी उन्होंने पड़ोस के फ़्लैट वालों से दोस्ती बना ली...सूरज, चन्द्रा, सुषमा...वग़ैरह उन्हें अपनी माँ जैसा मानने लगे। उनके यहाँ रौनक रहती थी...क्योंकि वह फ़्लैट था, जबकि मेरे 'स्वतंत्र' मकान की हालत यह थी कि यहाँ अग़ल-बग़ल का भी कोई किसी के घर नहीं जाता था। मेरे छोटे भाई के घर रहने पर माँ को उचित व्यवहार नहीं मिला था तो उन्हें अब वे ठस्से से कहतीं...'आओ मेरे यहाँ कुछ दिन रह जाओ'—यह वह मेरे यहाँ नहीं कर सकती थीं, क्योंकि उनके अनुसार वह उनका घर नहीं था, मेरा था। ठस्सा दिखाने के लिए तो उतना नहीं, माँ मेरी पत्नी के कटु वचनों से खिन्न होकर अलग रहने लगी थीं। एक बार उन्होंने मुझसे तब कहा भी था—'गोविन्द तुमने देखा है, मैंने तुम्हारे पिता की कड़वी बातें, मारपीट कितना सहा है...अब मुझसे कड़वी बातें बर्दाश्त नहीं होतीं।' उनका इशारा पत्नी के व्यंग्य-बाणों की तरफ़ था। कैसी विडम्बना कि जिसके साथ विवाह के लिए माँ ने जल्दबाजी की थी, जिसे वे ही चुनकर लाई थीं...उसी महिला के व्यवहार से खिन्न होकर उन्हें अपने जीवन के अन्तिम दिनों अलग रहना पड़ा। फ़्लैट में रहने के अलावा माँ को तब एक और तरफ़ से ख़ुशी मिली। मेरी बेटी मनु को बच्चे थोड़ा देर से...अब हुए...जुड़वाँ। उनका नामकरण, परासन माँ ने भोपाल में ही कराया। मनु का विवाह भी उन्होंने अहमदाबाद में रात भर पूजा-बेदी के पास बैठकर, पंडित को हिदायतें देते हुए विधि-विधान से

कराया था। बाँदा में भी वे किसी के भी ब्याह-समारोह में पहुँच जाती थीं और पंडित की बराबरी से यह काम कराती थीं। (मुझे यह देखकर बराबर ताज्जुब होता है कि भारतीय महिलाएँ—उनका वैवाहिक जीवन चाहे जितना ख़राब रहा हो—किसी के भी शादी-ब्याह समारोह में अति उत्साह से शामिल होती हैं!)

माँ ने अपने लिए यह सुविधा रख रखी थी कि जब उनकी तबीयत नासाज़ हो, या कोई ख़ास त्योहार हो...या वैसे भी जब उनका मन करे...मैं पाँच-छह दिनों के लिए उन्हें अपने यहाँ ले आऊँ। वे अधिकार के साथ मुझे आदेश देतीं। उन्हें परिवर्तन मिल जाता था। पाँच लाख में वह फ़्लैट लिया था तो वे कम से कम पाँच साल उसमें रह लें...यह उनकी इच्छा थी। इस बीच बाँदा के रमेशदत्त जी के देहान्त की ख़बर आई...वे बैठे-बैठे लुढ़क गए थे, माँ के मुँह से निकला—मृत्यु हो तो ऐसी।

माँ अपने फ़्लैट में साढ़े तीन साल रह पाईं। इस बार मैं उन्हें अपने घर लाने के लिए गया, हमेशा की तरह उनके पड़ोसी नीचे कार तक उन्हें छोड़ने आए, उनके पैर छुए...तो माँ ने हाथ जोड़कर सबको प्रणाम किया (जो वह पहले कभी नहीं करती थीं क्योंकि वे उन सबसे बुज़ुर्ग, सबकी श्रद्धेय थीं) जैसे उन सभी लोगों का ऋण महसूस कर रही हों, जिन्होंने उनका साथ दिया, उनकी सेवा की। मेरे घर आकर वे बीमार हो गईं...पूछो तो इतना ही—कि जी घबराता है। नानी अन्तिम समय में कहा करती थीं—'जी दिक्क है!' पिता जब हस्पताल में थे...माँ उन्हें देखने गई थीं—पिता हर तरफ़ नलियों से बिंधे पड़े थे...तब माँ ने मुझसे कहा था—'भाई गोविन्द मेरी यह दुर्दशा न कराना...मुझे हस्पताल न ले जाना।' तीसरे दिन, शौच करके बाथरूम से बाहर आने के बाद उनकी थोड़ी टट्टी निकलकर फ़र्श पर गिर गई...मैंने झटपट साफ़ किया, वे पीछे मुड़-मुड़कर देखती रहीं...जैसे उस क्षण उनकी जिजीविषा ख़त्म हो गई। जो हमेशा स्वावलम्बी रही हों, इस तरह पराश्रित हों—यह वह अपने लिए नहीं सोच सकती थीं। उस दिन हम उन्हें हस्पताल में भर्ती कराने का भी सोच रहे थे... शायद उन्होंने सुन लिया था...एक घंटे बाद ही वे बैठे-बैठे लुढ़क गईं...मेरी बहन कुमुद की गोद में...रमेशदत्त जैसी ही मृत्यु...जो उन्होंने अपने लिए माँगी थी। जैसे पिता के समय, वैसे ही इस वक़्त माँ के पाँचों बच्चे मेरे घर पर थे।

तुलसी एक्सप्रेस से मैं उनकी अस्थियों को इलाहाबाद लिए जा रहा था...रास्ते में जब महोबा (चरखारी) और बाँदा के रास्ते ट्रेन गुज़री तो लगा जैसे माँ अपनी कर्मभूमि पर आख़िरी नज़र घुमाती हुई चली जा रही हों।

माँ के रहते हुए मुझे व्यास सम्मान ही मिला था। वे दिसम्बर 2007 में गईं...और 2008 में इलाहाबाद विश्वविद्यालय ने पुराने छात्र की हैसियत से साहित्य में योगदान के लिए मुझे 'विशिष्ट पूर्व छात्र' के रूप में सम्मानित किया। माँ होती तो इस पर ज़रूर गर्व करतीं कि उनके अथक परिश्रम के बल पर ही मैं इलाहाबाद में पढ़ सका था। उसी वर्ष साहित्य अकादेमी (केन्द्रीय) पुरस्कार 'कोहरे में क़ैद रंग' उपन्यास के लिए मिला।

कालोह्यं निरवधिः

साहित्य में राजनीति, गुटबाजी से मैं हमेशा दूर रहा हूँ, क्योंकि यह आपकी स्वतंत्रता छीन लेती है। मेरे आत्मीय निर्मल वर्मा रहे तो भीष्म साहनी भी, जबकि वे दोनों झगड़ भी जाते थे। शैलेश मटियानी...तो अज्ञेय, भारती जी भी मेरे आदरणीय थे। इसी स्वभाव के तहत मैं साहित्यिक-संस्थाओं से भी दूर रहा। वर्धा विश्वविद्यालय में एकेडेमिक काउंसिल का सदस्य श्री मुरली मनोहर जोशी, जो तब मानव संसाधन मंत्री थे, उन्होंने मुझसे बिना पूछे नामित कर दिया। मैंने उनके स्नेह को शिरोधार्य किया, उन्हें धन्यवाद देने ज़रूर नहीं गया...जिस लायक था विश्वविद्यालय के लिए वह अपना योगदान करता रहा। अब मेरे मित्र विश्वनाथ प्रसाद तिवारी साहित्य अकादेमी (केन्द्रीय) के अध्यक्ष पद के अभिलाषी थे, और उनकी इच्छा थी कि मैं अकादेमी की जनरल काउंसिल में आऊँ...तो ज़रूर मैंने साहित्य अकादेमी में घुसने की थोड़ी कोशिश की। उस समय मध्य प्रदेश में सरकार भारतीय जनता पार्टी की थी और यहाँ से पार्टी से जुड़े लोगों में से ही तीन नाम जाने वाले थे। संस्कृति सचिव को साहित्य-आहित्य से क्या मतलब, वे अपने मंत्री जी को प्रसन्न करने के लिए उनके मन के/उनकी पार्टी के ही नाम आगे करना चाहते थे। मुझे पता चला तो मैंने अपने एक आई.ए.एस. मित्र के पास अपना बायोडेटा भिजवा दिया, उनसे कहा कि इसे वे अपने सहकर्मी संस्कृति सचिव से कहकर फ़ाइल में ज़रूर लगा दें। मंत्री जी को अगर इससे बेहतर किसी का बायोडेटा दिखे तो ज़रूर मुझे दरकिनार कर दें। इतनी कोशिश मैंने ज़रूर की। मेरे नाम की उपेक्षा नहीं की जा सकी। यह भी था कि मंत्री जी या उनकी पार्टी का मुझसे कोई बैर-भाव तो था नहीं। मेरा किसी भी पार्टी से कभी न बैर भाव रहा न प्रीति भाव...मुझे सब एक जैसी लगती हैं। बेशक किसी पार्टी का अंधविश्वासी या कार्यकर्ता मैं कभी नहीं हो सका। इससे यह नुक़सान ज़रूर हुआ कि किसी पार्टी ने कभी मुझ पर कोई विशेष कृपा नहीं की।

साहित्य अकादेमी की जनरल काउंसिल का सदस्य मैं हो गया। विश्वनाथ प्रसाद तिवारी अध्यक्ष हो गए। अशोक वाजपेयी, उदयप्रकाश वग़ैरह ने जब पुरस्कार-

वापसी अभियान चलाया तो मैंने ख़ुद को उस अभियान के विरोध में खड़ा पाया। जो भी पुरस्कार/सम्मान मुझे मिले हैं...इनमें मुझे सन्तोष एक चीज़ का रहा। भारत भारती लेने के अवसर पर मैंने पूर्व-सम्मानित लेखकों की तालिका देखी थी—ऊपर नाम महादेवी वर्मा और बीच में अमृतलाल नागर वग़ैरह हिन्दी के सभी सम्माननीय साहित्यकार थे। मैं भी इन लोगों के नीचे बैठ सका—यह सुख मैंने महसूस किया। कोई सम्मान-पुरस्कार के चयन की प्रक्रिया पूरी तरह से दोषमुक्त नहीं हो सकती, लेकिन साहित्य अकादेमी (केन्द्रीय) पुरस्कार, व्यास सम्मान, सरस्वती सम्मान, ज्ञानपीठ जैसे कुछेकों की प्रतिष्ठा है तो इसलिए कि यहाँ चुनाव कई स्तरों पर साहित्यकारों/लेखकों द्वारा किया जाता है। पुरस्कार-वापसी अभियान के विरोध में मेरा कहना यह था कि ये पुरस्कार वापस करना...उन लेखकों का अपमान करना है, जिन्होंने किसी भी स्तर पर आपको उस योग्य माना। मैंने एक बार मित्र सुत्रासकुमार से कहा कि मुझे लगता है मुझे सभी पुरस्कार मेरे मित्रों ने दिलवाए हैं। उन्होंने कहा—'मित्र ही दिलवाते हैं लेकिन जिसे दिलवाना है उसमें भी कुछ होना चाहिए।' पुरस्कार ही क्या मेरी बड़ी रचनाएँ भी मित्रों की ही देन हैं—'धीर समीरे', नन्दकिशोर मित्तल के साथ की गई ब्रजयात्रा का सुफल है, उन्हें समर्पित भी है...तो 'पाँच आँगनों वाला घर' हरीश श्रीवास्तव उर्फ़ श्याम बाबू के घर की ही कहानी है।

आज पुरस्कार/सम्मानों की भीड़ है...जिसके पास भी पैसा है, वे 'एवार्ड' देने चल पड़ते हैं। लिटरेचर-फेस्टिवल भी पुरस्कार देने लगे हैं...लेकिन वहाँ तय करने वाले कौन हैं...अफ़सर या उनकी बीवियाँ जिन्होंने साहित्य की एक किताब नहीं पढ़ी होगी। इसीलिए सम्मान-पुरस्कार किसे दिया गया...इसके साथ यह बताना ज़रूरी होना चाहिए कि चुनाव प्रक्रिया क्या थी, जूरी में कौन-कौन थे। साहित्य अकादेमी की परम्परा है कि पुरस्कार जिस प्रेस कॉन्फ्रेन्स में घोषित किए जाते हैं, उसी में अन्तिम जूरी—जो तब तक गोपनीय रहती है...उसके सदस्यों के नाम भी घोषित कर दिए जाते हैं।

साहित्य अकादेमी की सदस्यता वाले कार्यकाल में मैं एक चीज़ से बराबर चकित होता रहा। मैं सरकारी नौकर रहा...कई संस्थाओं/विभागों में काम किया, लेकिन साहित्य अकादेमी का छोटा-सा संविधान जो जवाहरलाल नेहरू के वक़्त बनाया गया था (उनकी छाप भी उसमें देखी जा सकती है), वैसा मैंने कहीं नहीं देखा...इतना प्रजातांत्रिक! इसे देखकर मुझे बराबर यह सुखकर अनुभूति होती रही कि सचमुच उस वक़्त के नेता संस्थाओं की स्वायत्तता के प्रति कितना सचेत थे। साहित्य के लिए संस्था है, तो साहित्यकार ही उसका कार्य देखें। दुर्भाग्य से एकाधिकार वाली प्रवृत्ति...राजनेताओं की और उससे भी कहीं ज़्यादा आई.ए.एस. अफ़सरों की—यह है जो गड़बड़ करती है। मौजूदा समय में यह बढ़ी हैं। जनरल काउंसिल में मेरे कार्यकाल के दौरान कई संस्थाओं के भगवाकरण की कोशिशें हो रही थीं,

कई जगह वे कामयाब भी हुए...साहित्य अकादेमी में वे यह नहीं कर सके, क्योंकि यहाँ का संविधान हर स्तर पर चुनाव पर आधारित था। जनरल काउंसिल की बैठकों में एक-दो बार आई.ए.एस. के संयुक्त सचिव जो मंत्रालय के प्रतिनिधि के रूप में काउंसिल का पदेन सदस्य होता था...उसने दादागिरी चलाने की कोशिश की तो उसे मुँह की खानी पड़ी। हम सभी स्वायत्तता बनाए रखने के लिए लड़े और कामयाब हुए। मंत्रालय और अफ़सरों ने भी जल्दी समझ लिया कि यहाँ दख़ल किया तो उनकी बड़ी भद्द होगी...इसलिए उन्होंने हाथ खींच लिए। आने वाले समय में अगर अकादेमी के जनरल काउंसिल के सदस्य अकादेमी की स्वतंत्रता के प्रति सचेत रहेंगे तो वह बची भी रहेगी।

दिल्ली से लौटने के दौरान एक बार एयरपोर्ट जल्दी आ गया...तो टर्मिनल-3 के विज़िटर्स रूम में बैठ गया। वहाँ कश्मीरी लड़की आलिया से मुलाक़ात हुई... ठीक उसी तरह जैसी वह 'शाम की झिलमिल' उपन्यास के अन्त में वर्णित है। हिजाब को छोड़ दें तो खुले दिमाग़ वाली, सच बोलने वाली, एक मददगार लड़की। उसे जब बताया कि मैं लेखक हूँ, उसे मुझमें दिलचस्पी पैदा हुई। अगली ट्रिप में मैंने उसे अपनी रचनाओं के अंग्रेज़ी अनुवाद देने का वायदा किया। फिर हम इंडिया इंटरनेशनल के कॉफ़ी लाउंज में मिलने लगे। कश्मीर से पढ़कर आई वह दिल्ली में नौकरी कर रही थी, पिता खुले विचारों वाले लेकिन मिडिल ईस्ट में इस्लामिक स्टेट के कारनामों की वजह से अड़ियल हो गए थे और आलिया के बचपन के साथी, अब प्रेमी से उसकी शादी करने को तैयार नहीं थे, क्योंकि एक शिया तो दूसरा सुन्नी था।

आलिया कश्मीर की अपनी हर विज़िट के बाद जो भी घटनाक्रम होता वह मुझे बताती। मैंने उसके साथ कश्मीर चलकर उसके वालिद को समझाने का प्रस्ताव रखा...तो वह एक सच्चे दोस्त की तरह घबड़ा गई—'आप ज़िन्दा नहीं लौट सकेंगे।' उसने कहा। आख़िर मेरे बार-बार समझाने पर उसने और यूनुस ने दिल्ली में शादी करने का तय कर लिया। शादी दिल्ली में हुई, रिसेप्शन इंडिया इंटरनेशनल में ही... मैं उसमें शामिल हुआ। शादी के बाद यूनुस ने अपना तबादला कश्मीर से मुम्बई करा लिया, आलिया भी दिल्ली नौकरी छोड़कर मुम्बई चली गई।

उपन्यास 'ख़िलाफ़त' की शुरुआत आलिया की कहानी से होती है। उसका आधार-बिन्दु भी वही है...सिर्फ़ अन्त मैंने काल्पनिक और थोड़ा आदर्शवादी रखा, क्योंकि फैलते हुए उपन्यास इस्लामिक स्टेट के ब्योरों में भी चला गया था। उन समस्याओं का अन्त तो दिखता नहीं...न कश्मीर समस्या का, न इस्लामिक स्टेट का। आई.एस. कश्मीर में दस्तक भी देने लगा है...जैसा कि उपन्यास में इशारा किया गया है।

नासिरा शर्मा को उपन्यास में उर्दू के इस्तेमाल पर एतराज़ है, लेकिन इसे मैं अपनी प्राप्ति मानता हूँ। उर्दू से प्रेम मुझे इलाहाबाद के दिनों से रहा है। मुसलमानों

से दोस्ती करना अच्छा लगता है। ज़्यादा दोस्त यों नहीं बन पाए, क्योंकि एक सीमा के आगे उनकी कट्टरता आड़े आ जाती है। धर्म का ताल्लुक हमारी अन्तरात्मा से होना चाहिए...मन्दिर-मस्जिद, कम्यूनिटी द्वारा थोपी गई पाबन्दियों को हमें अपने ऊपर नहीं चढ़ने देना चाहिए। मैं जनेऊ नहीं पहनता, तिलक नहीं लगाता...धोती सिर्फ़ धार्मिक आयोजनों के वक़्त पहनता हूँ, नॉनवेज भी जब-कब खा लेता हूँ...शराब का तो शौक़ीन ही हूँ। भारतीय मुसलमानों में शराब से परहेज, टोपी-हिजाब-दाढ़ी वग़ैरह जो है वह शायद अपनी कम्यूनिटी से उन्हें जो डर रहता है...उसकी वजह से है, अपने निजी विश्वासों की वजह से इतना नहीं। जितनों के मैं क़रीब आ पाया, उससे मेरी यह धारणा बनी है कि हिन्दुस्तान के मुसलमान डरे-डरे रहते हैं—एक अपनी कम्यूनिटी से दूसरे अपनी ग़रीबी से। मैंने यह भी देखा है कि जहाँ धन्धे या अपनी आर्थिक स्थिति को सुधारने की बात हो, मुसलमान अपनी कट्टरता छोड़ भी देते हैं। चूनाभट्टी मोहल्ले में शफीक लक्ष्मी मन्दिर के बग़ल में ही अपनी 'मोटर वर्कशौप' चलाते हैं...नाम रखा है 'लेकव्यू ऑटोमोबाइल्स'। वे न दाढ़ी रखते हैं, न गोल टोपी पहनते हैं, तम्बाकू खाते हैं। उन्होंने अपने यहाँ सरदार-हिन्दुओं को भी मुलाजिम रखा हुआ है। मुझ जैसे उनके ज़्यादातर ग्राहक हिन्दू हैं, वे अपनी वर्कशॉप इतवार को नहीं मंगलवार को बन्द रखते हैं। मैंने एक बार उनसे कार इंश्योरेंस कराने वाले किसी एजेंट का पता माँगा तो उन्होंने मुसलमान का नहीं, एक तिवारी जी का पता दिया था।

शफीक जैसों को देखकर लगता है कि अगर मुसलमानों की जीवनचर्या अर्थोपार्जन से जुड़ जाए तो कई लोगों की कट्टरता पीछे छूट जाएगी। हम सभी भारतीय एक-जैसे हो सकते हैं...लेकिन बजरंग दल, हिन्दू परिषद वाले कैसे बदलेंगे...बुख़ारी कैसे बदलेंगे। 'ख़िलाफ़त' लिखने के दौरान मैंने एक बार ऑटो चालक मुसलमान भाई से पूछा था कि यह जो मिडिल ईस्ट में मुसलमान ही मुसलमानों को मार रहे हैं...इस बाबत वह क्या सोचता है, सिगरेट का सुट्टा मारते हुए उसने कहा था...बेवकूफ़ लोग हैं...ज़िन्दगी इतनी फुर्सत कहाँ देती है...कमाने और अपने परिवार का पेट पालने से...

अगर आने वाले दिनों में भारत में कोई ऐसी सरकार आ जाए जो लोगों को काम, आर्थिक सुरक्षा देने की तरफ़ ध्यान देने लगे...तो सब जाति-धर्म छोड़कर उसमें लगकर एक हो जाएँगे...लेकिन क्या करें...राजनैतिक पार्टियाँ ही जाति-धर्म के भेदों को ख़त्म नहीं होने देतीं, क्योंकि वे उनके वोट-बैंक हैं। मैं जब सर्विस में आया था, तब अपने सहकर्मियों की जाति-धर्म का ख़याल नहीं रहता था। वह क्रम चलता रहता तो आज़ादी के इतने सालों बाद वे भेदभाव शायद ख़त्म भी हो जाते...लेकिन आरक्षण, वोट बैंकों की सियासत ने उन्हें और गहरा दिया है। डर है कि आगे चलकर आरक्षण कहीं देश में 'सिविल वार' की भूमिका न तैयार कर बैठे। आरक्षण जितना जल्दी हो जाति पर आधारित न होकर आर्थिक स्थिति पर आधारित कर दिया

जाना चाहिए। जाति आधारित रहा तो हर बार कभी गुर्जर, कभी जाट, कभी पटेल... आरक्षण माँगेंगे...कितनों को सन्तुष्ट कर सकेंगे आप? ये आपस में लड़ने लगेंगे।

गए कुछ सालों में मैंने अपने कई आत्मीय खोये।

ज़िन्दगी कैसी बेशरम कि हर बार ही मैं धूल झाड़ उठ पड़ता हूँ, यों चलता चला जाता हूँ जैसे कुछ हुआ ही न हो। हरीश श्रीवास्तव एम.ए. में मेरे साथ इलाहाबाद विश्वविद्यालय में थे। वे किसी हॉस्टल में नहीं रहते थे। उन्हें अक्सर विश्वविद्यालय के मुख्य गेट पर विचारों में खोये वाली मुद्रा में सिगरेट का सुट्टा लगाते देखा जाता था। वे आयकर विभाग में मुझसे सीनियर थे, लेकिन आगे एक-दो बार उनकी पदोन्नति नहीं हुई तो वे सीनियरटी में मुझसे नीचे खिसक गए। मुम्बई में हम साथ थे। रिटायर होने के कुछ सालों बाद उन्हें धुन चढ़ी कि वे बारी-बारी से अपने सभी आत्मीयों से मिल आएँ। मधुमेह के रोगी, अब तक वे बीमार भी रहने लगे थे, लेकिन आवाज़ वैसी ही खरखरी और वे वैसे ही महफ़िलबाज...शायरी हर जुमले से झरती थी। फ़ोन आया—'अब वे वहाँ जाते हैं जहाँ अगर उन्हें कुछ हो गया तो संस्कार सम्बन्धी सारी जिम्मेदारी मेजबान सँभाल सकें, तुम कर सकोगे?' जैसे उन्हें इल्म था कि उनके पास अब कम दिन बचे हैं। मैंने हामी भर दी। वे भोपाल आए, मैंने एयरपोर्ट से उन्हें लिया, आयकर गेस्ट हाउस में ठहराया...क्लब ले गया। दो दिन जमकर एक नहीं, कई नशिस्त जमी। वापसी पर उन्हें हवाई जहाज़ पर चढ़ा आया। इसी क्रम में वे अपने छोटे बेटे से मिलने आस्ट्रेलिया पहुँच गए। वहाँ से ख़बर मिली कि 'किसी ऑपरेशन के लिए उन्हें हस्तपाल ले जाया गया था, उनका डायबेटिक शरीर औपरेशन नहीं झेल पाया।'

भारत भारती सम्मान (2011) लेने मैं लखनऊ गया था, रणजीत को उस सम्मान की ख़बर दी थी। रणजीत वाराणसी से बस में बैठकर लखनऊ आया, दिन में सम्मान समारोह में बैठा...एक रात मेरे साथ रुका। दूसरे दिन उसे बस से ही लौट जाना था क्योंकि पूरे परिवार के साथ जम्मू-यात्रा के लिए रेल पकड़नी थी। मैंने शिकायत की कि क्या ज़रूरत थी आने की—बस में पूरा दिन का सफर, फिर वैसे ही दूसरे दिन लौट जाना। उसने प्रतिवाद किया—'वाह! क्यों न आता, मुझे लग रहा था कि यह मेरा सम्मान है जो हो रहा है।' इतना बड़ा दिल! रात को सोते समय बोला—'यार लगता है जीवन के पाँच वर्ष ही हैं जो बचे हैं।' मैंने झिड़का—कोई बीमारी नहीं है तुम्हें, दुबले-पतले हो...बस इस तरह की भागमभाग मत किया करो। हमने तय किया कि कुछ दिनों वह सपत्नीक मेरे घर भोपाल आकर रहेगा। मुश्किल से दो वर्ष गुज़रे होंगे कि भाभी जी ने ख़बर दी कि एक शाम अचानक तबीयत ख़राब हुई, हस्पताल में भर्ती किया और...बीमारी भी कोई उसकी तरह साधारण ही। उन्होंने बताया कि अन्तिम दिनों मेरे साथ कुछ दिन भोपाल रहने की बात वह उनसे अक्सर किया करता था...

सर सुन्दरलाल हॉस्टल से शुरू हुआ हमारा साथ...अतर्रा में साथ...फिर अपनी-अपनी कैरियर-यात्राओं में हम अलग-अलग खो गए। वह डिग्री कॉलेजों की प्रिंसिपली की तरफ़, मैं आयकर विभाग की चेयरमैनी की तरफ़। उसने कभी अपनी किसी परेशानी का ज़िक्र तक मुझसे नहीं किया। मैं ही अक्सरान जब किसी द्वंद्व में फँस जाता उससे पूछता था। वह कोई न कोई श्लोक सुनाकर रास्ता इंगित करता, मैं आश्वस्त हो जाता था। जब हम इलाहाबाद और अतर्रा में साथ थे, तब कई बार मैं उसके पास अपनी प्रेमिका के साथ हुआ...हमारे सुख के लिए वह हर तरह से प्रस्तुत रहता था, मेरे पद, साहित्य में प्रतिष्ठा...किसी को लेकर उसमें कोई ईर्ष्याभाव नहीं! दोस्ती की स्वाभाविकता में वह तो बहता ही था, मुझे भी बहा ले जाता। दोस्ती, मेरे विचार से शुद्ध पानी है तो प्रेम शरबत है। प्रेम के रंग को लेकर प्रेमियों में खींचातानी होती रहती है...हर बार वे आपस में बहस करते हैं कि उनका सम्बन्ध आख़िर है क्या...प्रेम के कई शेड्स कहे जाते हैं। दोस्ती पानी की तरह स्वाभाविकता का रंग लिए हमेशा बहती रहती है, हमेशा एक-सी, दूसरे को 'पजेस' करने, अपना रंग उस पर चढ़ाने...ऐसी कोई कोशिश नहीं।

लखनऊ में अमिताभ पांडे रणजीत को बस स्टॉप लेने-छोड़ने गया था। वह जीवन बीमा निगम का अधिकारी था, रिटायर होकर लखनऊ आ बसा, साहित्य प्रेमी। मेरी उसकी दोस्ती बम्बई में हुई थी। जब मैं मॉरीशस गया था, वह वहाँ तैनात था। दोनों बार अमिताभ ने मुझे बड़े उत्साह से मॉरीशस घुमाया...पहली बार सरकारी काम ख़त्म होने पर मैं दो-तीन दिन उसके घर भी रुका था। दूसरी बार उसने रौडरिग्स द्वीप दिखाने का कार्यक्रम बनाया...आगे बढ़-बढ़कर ख़र्च करता था। बम्बई में उसकी सलाह थी कि मैं नौकरी से जितना जल्दी हो सके छुट्टी पाकर पूर्णकालिक साहित्यकार हो जाऊँ। हम दोनों के रिटायर होने के बाद मैं लखनऊ जब भी जाता, अमिताभ पूरे समय मेरे साथ रहता था। कहीं की यात्रा का कार्यक्रम बनाओ, झट से तैयार हो जाता था। एक बार गोरखपुर के एक कार्यक्रम से बेहद थका मैं लखनऊ पहुँचा, मन हुआ कि दुधवा के जंगल में एक-दो दिन रहकर अपनी थकान धोऊँ। उसने गोमतीनगर स्टेशन से मुझे लिया और उसके घर में तैयार होकर हम दुधवा के लिए निकल पड़े। अपनी कार ख़ुद चलाते हुए वह ले गया। दुधवा में सरकारी टूरिस्ट बँगलों में वह शान्ति नहीं थी, जो मैं ढूँढ़ रहा था...तो पता कर वह पन्द्रह किलोमीटर अन्दर वन विभाग के पुराने गेस्ट हाउस में ले गया। गेस्ट हाउस खस्ता-हाल था, वन क्षेत्र था तो बिजली नहीं, दो ही कमरे, अमिताभ ने मुझे अच्छा वाला कमरा दिया, पास के आदिवासी गाँव से हम ज़रूरी चीज़ें लाए। उसने चौकीदार को खाना वग़ैरह बनाने के लिए पटा लिया। हम आनन्द से एक दिन एक रात वहाँ रहे। दरभंगा मुझे राजा दरभंगा मेमोरियल लेक्चर देने जाना था, मैंने उसे साथ चलने के लिए कहा...वह अपने ख़र्चे से लखनऊ से पटना रेल

से आया, पटना एल.आई.सी. गेस्ट हाउस में ठहरा और अगले दिन मेरा स्वागत करने पटना एयरपोर्ट पर हाजिर। आयोजक लोग थे ही। हम सब आयोजकों की कार से दरभंगा पहुँचे। अमिताभ को फ़ोटोग्राफ़ी का शौक़ था, मॉरीशस में भी उसने ख़ूब फ़ोटो खींचे थे, दरभंगा कार्यक्रम के दौरान भी इतने फ़ोटो लेता रहा जितने आयोजकों ने भी अपने ट्रस्ट कार्यालय के लिए न लिए होंगे। लौटते समय कार में हम लोग तो बातों में व्यस्त थे, अमिताभ मेरे आग्रह पर 'धूल पौधों पर' का मेरा किया हुआ अंग्रेज़ी अनुवाद देखता और पेंसिल से जहाँ-तहाँ निशान लगाता रहा। ऐसा नि:स्वार्थी! मैं सीधा हवाई अड्डे पहुँचा, अमिताभ की लखनऊ के लिए ट्रेन रात को थी। मेरे साथ मेरे मित्र टी.एस. ठाकुर भी थे जो पटना रहते थे। मैंने अमिताभ को ट्रेन पर चढ़ाने का जिम्मा उन पर छोड़ा, ठाकुर भी वैसे ही प्रेमी स्वभाव के जैसे अमिताभ। एक महीने बाद ही मुझे अमृतलाल नागर शताब्दी कार्यक्रम में लखनऊ जाना था, वह बताने के लिए मैंने अमिताभ को फ़ोन किया। भाभी जी ने उठाया, रोते हुए ख़बर दी कि अमिताभ कोमा में, हस्पताल में हैं। सब्ज़ी लेने दुपहिए से पास ही गया था कि एक कार ने टक्कर मार दी और ब्रेन हैमरेज! घर में कार होते हुए भी वह स्कूटर से क्यों गया!

मैंने अमिताभ से रणजीत के देहान्त के बारे में बताया था। यह भी कि कैसे वह पाँच साल बचे हैं की बात करता था और चला गया! अमिताभ ने कभी अपने बारे में ऐसा कुछ नहीं कहा, वह शायद महसूस भी नहीं करता था। उन दोनों का आपसी परिचय और साथ थोड़े समय का—दोनों ही संत...आसपास यों चले गए। अमिताभ की ख़बर सुनकर मैंने ख़ुद को बड़ा असहाय महसूस किया, लखनऊ जाता भी तो वह तो कोमा में था। एक ही काम कर सकता था, जो मैंने किया—'धूल पौधों पर' का अंग्रेज़ी अनुवाद 'डस्ट ऑन प्लांट्स', जो हमारी अन्तिम मुलाक़ात में अमिताभ देखता रहा था...उसे उसकी स्मृति को समर्पित करूँ!

भोपाल—जो मेरे लिए साहित्य समुदाय के बाहर अपरिचित जगह ही थी, वहाँ कुछ दोस्त बने तो क्लब के प्रांगण से ही। मैं यहाँ नया था तो मेरे मन में भी दोस्ती के लिए उत्साह था और यहाँ के लोगों में मुझे लेकर उत्सुकता। क्लब में पंड्या और किशोर मोराब मेरे क़रीबी हुए। हमने कई वनों की यात्राएँ साथ-साथ कीं। पंड्या में थोड़ी-बहुत ख़ासियत अमिताभ वाली थी—वह मेरे साथ किसी कार्यक्रम, किसी यात्रा में जाने को तैयार हो जाता था—कभी-कभी पारिवारिक कारणों से पीछे हटता था, जो अमिताभ कभी नहीं करता था...पर उसका कारण यह भी हो सकता है कि हम एक ही शहर में थे, जबकि अमिताभ लखनऊ में था। अमिताभ से मिलना कभी-कभी हो पाता था, पंड्या से मिलना रोज़ का था। किशोर मोराब और पंड्या दोनों ही चले गए। उनका ज़िक्र यात्रावृत्तों में आया है। पंड्या का विस्तार से 'शरीके मै' में है तो किशोर मोराब पर कहानी है—'क़ैद!'

रणजीत की तरह का जज़्बा ढूँढ़ने चलता हूँ तो इलाहाबाद और सर सुन्दरलाल हॉस्टल ही हो सकता है। हॉस्टल के ही मेरे साथी—वी.पी. शर्मा...वी.पी. विज्ञान के विद्यार्थी थे। भीतर-बाहर झक्क साफ़ इनसान। मैं दिल्ली जब रहा तब उसके यहाँ आना-जाना ख़ूब रहा...उसके घर जाकर सर सुन्दरलाल हॉस्टल स्टाइल में होली खेलना, दीवाली में तीन-पत्ते खेलना। आगे चलकर उसी के इकलौते लड़के से 'फैनेला' की लड़की की शादी हुई। मलेरिया अनुसंधान के क्षेत्र में वी.पी. ने काफ़ी काम किया, नाम भी हुआ, पद्मश्री मिली...उसके बाद किडनी की बीमारी ने उसे पकड़ लिया। हर हफ़्ते डायलिसिस कराने हस्पताल में भर्ती होना पड़ता। 2013 में जब मुझे सरस्वती सम्मान मिला, उसे बताया तो...उसने डायलिसिस वाली परेशानी बताई। बावजूद इसके वह आयोजन में आया...मैंने झिड़की दी कि इस बीमारी को ढोते हुए क्यों आया, वह भी अकेले, तो बोला...भाग्य से आज डायलिसिस का दिन नहीं था...तुम्हारा सम्मान दिल्ली में हो और मैं न आऊँ? भाभी जी ने मना किया होगा...वह नहीं माना; गुस्से में वे नहीं आई होंगी...तो पट्ठा अकेला चला आया। एक़दम रणजीत स्टाइल! भोपाल में ख़बर मिली कि वह नहीं रहा।

ऐसे मेरे दोस्त...मेरे लिए ऐसा महसूस करने वाले...मैं ही कभी उनके लिए कुछ न कर सका। हो सकता है कि यह पुरानी—हॉस्टल के वक़्त की—दोस्ती थी...तो ऐसी निःस्वार्थी, ऐसी जज्बाती, ऐसी पुख़्ता!...लेकिन अमिताभ तो बाद के समय का था। अब वैसे दोस्त नहीं बनते। पहले दोस्ती हर तरह की विरोधी चीज़ों के बावजूद चल जाती थी, अब उसे बचाए रखने के लिए थोड़ी दूरी बनाए रखनी पड़ती है। कुछ क्या...काफ़ी कुछ मेरी क़मियाँ हैं जिनकी वजह से मैं अब बहुत दोस्त नहीं बना पाता। मैं क़रीबियों में अपनी जैसी चीज़ें ढूँढ़ता हूँ जैसे कि बीवी के कहने पर न चलो, किताबें पढ़कर सोचने-समझने वाले बनो, दुनियादारी से परहेज रखो, सतही ख़ुशियों में झूमते न फिरो...वग़ैरह। हर व्यक्ति अपने ढंग से जीवन में ख़ुशी ढूँढ़ता है, उसे जीता है। सब मेरे ढंग से ऐसा करें...यह मैं मानता तो नहीं, लेकिन हक़ीक़त में ऐसा व्यवहार कर बैठता हूँ।

समय भी अब दूसरा है। दोस्ती...सिर्फ़ दोस्ती की ख़ातिर हो तो रणजीत, वी.पी., अमिताभ जैसे सम्बन्ध बनते हैं...जहाँ एक की दूसरे से कोई अपेक्षा नहीं, साथ होना...जितने भी दिन, जैसी भी परिस्थिति में; दूसरे की सफलता में ख़ुद की सफलता महसूस करना...कोई ईर्ष्या-द्वेष नहीं। ये नहीं मिलते अब। अपने श्रम और जन्मजात प्रतिभा के बल पर आपको कुछ मिले, हम उससे सन्तुष्ट हों...इसकी जगह अब लोग हर क़रीबी का इस्तेमाल कर आगे बढ़ने का सोचते हैं, उस आधार पर उसका मूल्यांकन करते हैं। कामयाब हम अपनी सीमाओं की वजह से नहीं होते, लेकिन दोष क़रीबियों को देते हैं—उसने हमारे लिए कुछ किया नहीं!

महिलाओं का आकर्षण...कह सकते हैं मेरी सबसे बड़ी कमज़ोरी रही है—'सँभाला होश तो मरने लगे हसीनों पर'...वाली बात। चरखारी में बिट्टी प्रसंग, बाँदा में सरस्वती, सविता प्रसंग ('कोहरे में क़ैद रंग')...आदि। उसकी वजह से कई जगह झिड़कियाँ खाईं। लड़की थोड़ी-सी भी ख़ूबसूरत हुई...थोड़ी आत्मीयता—भले ही उसके अपने स्वभाव की मजबूरी में—वह छलका गई...और गोविन्द बाबू पतंग की तरह कटते चले गए। अब मी टू के चलते अपनी दिलफेंकू तबीयत ख़तरे से ख़ाली नहीं है...यह ख़ुद को बराबर समझाते हुए मैं अपने को थोड़ा खींचकर रखने की कोशिश करता हूँ। इसके पीछे मेरा हाल का एक अनुभव भी है।

एक लिटरेचर फेस्टिवल में जाना हुआ था। वहाँ एयरपोर्ट से उतरने से लेकर होटल तक आयोजकों की तरफ़ से कोई मेरी अगवानी के लिए नहीं मिला था, जबकि मुझे मिन्नतें कर-करके बुलाया गया था। होटल में उनकी तरफ़ से एक लड़की मिली—बीस-बाईस साल की...मुसलमान, थोड़ा सुन्दर भी। उसने मेरी मदद की, कहाँ क्या हो रहा है, कहाँ खाने का इन्तज़ाम है...मेरी एस्कॉर्ट की तरह हो गई। जहाँ मेरी भागीदारी थी, वहाँ न केवल ले गई, मुझे बैठकर सुना भी, मेरे भाषण की एक छोटी-मोटी बौद्धिक की तरह तारीफ़ की। मैं अपनी एक-दो किताबें ही लेकर गया था और जैसी कि मेरी आदत है—मेरा मन उसे अपनी एक किताब गिफ़्ट करने का हुआ। दूसरे दिन मैं किताब लिए निकला, वह शाम को कहीं दिखी नहीं। उसका फ़ोन आया तो उसने बताया वह दूसरी ड्यूटी में लगी हुई थी, मैंने वह किताब किसी को दे तो नहीं दी? मैंने कहा, नहीं...अब तो नीचे आऊँगा नहीं, थका हूँ...तुम चाहो तो कमरे से किताब ले जाओ। वह आई...मैंने जैसे अपने और पाठकों से बात करता हूँ, उससे बातें कीं, किताब पर उसका नाम और शुभकामनाएँ लिखकर दी, उसे कमरे में अन्दर आदर के साथ सोफ़े पर बिठाया...जिससे कि वह एक साधारण कार्यकर्ता है...इसे लेकर हीन महसूस न करे। दूसरे दिन दो मुटल्ली महिलाओं ने मुझे घेर लिया...'आपने उसे कमरे में बुलाया, उससे अन्तरंग बातें कीं...!' एक लेखक और उसकी पाठिका के बीच जो लम्बा स्वाभाविक-सम्बन्ध बन सकता था, उस पर कुल्हाड़ा चला दिया। मेरी कहानी 'हिफ़ाज़त' इसी पर है।

भोपाल जैसे छोटे शहर में बाक़ायदे गैंग काम करते हैं। किसी महत्त्वपूर्ण अफ़सर को कोई लड़की आगे बढ़ाकर घेर लेंगे...फ़ोटो वग़ैरह खींच लेंगे...बाद में उसे ब्लैकमेल करेंगे। हाल 'हनी ट्रैप' चर्चा में आया है, जिसके तार इन्दौर के एक प्रसिद्ध होटल से जुड़े निकले हैं...कई दिनों तक अख़बारों में घमासान हुआ। यह रोग अब इतना आगे बढ़ गया है कि सुप्रीम कोर्ट के चीफ़ जस्टिस गोगोई को भी नहीं छोड़ा...एक महिला ने उनके ख़िलाफ़ यौन शोषण की मुहिम चला दी। उन्होंने कहा कि कुछ शक्तियाँ इस साजिश के पीछे हैं, क्योंकि आने वाले दिनों में उन्हें कुछ संवेदनशील मुक़दमों पर फ़ैसला लेना है। सुप्रीम कोर्ट में अब अपने ही चीफ़

जस्टिस के ख़िलाफ़ आरोप लगाने वाली महिला से सम्बन्धित कार्यवाही चल रही है। एक से एक महत्त्वपूर्ण मसलों से सम्बन्धित मुक़दमे पड़े हैं...और सुप्रीम कोर्ट का समय बरबाद हो रहा है एक महिला के बेकार के लांछनों पर...अच्छा हुआ... मैं इस नए वक़्त के आने के पहले रिटायर हो गया। आज अध्यक्ष होता...और मेरी दिलफेंकू तबीयत...नौकरी तो जाती ही, शायद जेल में होता।

यह सही है कि महिलाओं से मेरी मित्रता जल्दी हो जाती है। उनका शरीर नहीं... महिला होना ही मुझे मोह लेता है। मैं और मेरी भावी महिला मित्र—दोनों बूढ़े हों...तो भी, मैं खिंचा चला जाऊँगा, माने कि युवावस्था और शारीरिक सौन्दर्य मुख्य चीज़ नहीं है। आत्मीयता, बातें, साथ...वहाँ लिपटी नारी-सुलभ कोमलता...ये असली चीज़ें हैं। युवावस्था में भी नारी का शरीर मेरे लिए अलग से आकर्षण की चीज़ नहीं रहा, जैसे मेरी रचनाओं में भाषा अलग से नहीं आती। आत्मीयता की ललक मुख्य रही है...तो वह अभी भी किसी बूढ़ी महिला से मिले तो दोस्ती...शायद प्रेम भी उग आए...लेकिन यह सम्भव नहीं हुआ। दूसरी तरफ़ भी आत्मीयता के लिए प्यास चाहिए। बूढ़ी होतीं महिलाओं को तृप्ति उनके सन्तानों, नाती-पोतों से मिल जाती है। कहीं ख़ाली बैठे बूढ़े पति की बन्दिश होती है, कहीं जिन्होंने उनको उपकृत किया है, पद, पैसा दिया है...उन्हें न छोड़ने की मजबूरी है। दोस्ती में सुविधा है कि जब पास आए तो ख़ूब अन्तरंगता से साथ रहे...जब दूर तब तटस्थ निकटता। औरतों के साथ सम्बन्ध में यह तटस्थता नहीं रह पाती...इसलिए शायद वह सम्बन्ध लम्बा नहीं चलता। यों महिलाएँ तो मेरे जीवन में कई आईं, लेकिन ख़ुशबू की तरह आईं, चली गईं। गहरा सम्बन्ध सिर्फ़ चार से बना—'उतरती हुई धूप' की नायिका जो पहले सरस्वती ('कोहरे में क़ैद रंग') थी, वह 'शाम की झिलमिल' में 'पूर्व-प्रेमिका' है, उसकी ही तरह दूर हो गई। 'तुम्हारी रोशनी में' की सुवर्णा 'शाम की झिलमिल' में फिर आती है, 'उछाल' (कहानी) में चली जाती है। रेवा—सरस्वती का आधुनिक विस्तार है—'कोहरे में क़ैद रंग' में आसमान से उतरती है, 'शाम की झिलमिल' में रहस्यमयी रहते-रहते खो जाती है। 'धूल पौधों पर' की...'वह' 'शाम की झिलमिल' में नुकीली है...

आत्मकथा में अब लिखने को क्या बचा...'हो चुकी ग़ालिब बलायें सब तमाम!' मैंने कई बार ख़ुद को यह कहते हुए सुना है कि अगर ज़िन्दगी दोबारा जीने को मिले और मुझसे पूछा जाए कि कैसी चाहोगे, तो मैं कहूँगा—जैसी गई, वैसी ही... सिर्फ़ दो चीज़ों को छोड़कर जो ख़ुदा न दे तो बेहतर था—एक ज़बरदस्ती वाली शादी, हालाँकि उसमें ख़ुदा की ग़लती उतनी नहीं जितनी मेरी थी। ख़ुदा की इतनी कि मुझे ग़लत समय में पैदा किया। आज के समय में करता तो आज के जैसा विवाह हुआ होता। प्रेमिकाओं का आना-जाना, उनके जाने की पीड़ा...वह चलेगा क्योंकि मोहब्बत भी तो मिली। उस अनुभव से तो गुज़र लिए। जिगर मुरादाबादी

का शे'र है—'तेरी ख़ुशी से अगर ग़म में भी ख़ुशी न हुई, वो ज़िन्दगी तो मोहब्बत की ज़िन्दगी न हुई...'

दूसरी चीज़ जो मैं अपने जीवन में नहीं चाहूँगा...वह है पिता के सामने सन्तान की मृत्यु। इससे अच्छा होगा कि ईश्वर सन्तान ही न दे। इन दो चीज़ों को छोड़कर जीवन ठीक-ठाक रहा। आजकल रोज़ सुबह ध्यान में ईश्वर से प्रार्थना किया करता हूँ कि वह उसके दिए हुए इस शरीर पर कृपा बनाए रहे...पराश्रित, लाचार न बनाए...जैसा मैं अपने कई मित्रों—पूना के मोर, अहमदाबाद के अशोक पुरोहित को देखता हूँ। करुणा जो दूसरों के लिए मेरे व्यवहार में उगती चली आ रही है...वह फैलती चली जाए...पत्नी के लिए भी उग आई है, ग़रीबों की पैसे से मदद करने की बात—भीख नहीं, काम के रास्ते, अपने क़रीबियों की जब-तब आर्थिक सहायता...ये सब चीज़ें आगे बढ़ें तो शेष जीवन को मकसद ही मिलेगा।

अपनी कमियाँ देखने चलूँ तो कितनी और भी गिना सकता हूँ, लेकिन क्या फ़ायदा? अब यहाँ पहुँचकर ख़ुद को सुधारूँ? तो इस उम्र में क्या ख़ाक मुसलमां होंगे! हाँ पाठक (वे चाहें तो) सीख ले सकते हैं...लेकिन उनका समय, नज़रिया... ये अब इतने बदल गए हैं कि जिन्हें मैं अपनी कमियाँ कहूँगा, उन्हें वे कमियाँ जैसी लगे ही नहीं—मसलन, महिलाओं के लिए मेरी कमज़ोरी को ही लें। योगवाशिष्ठ/गीता भले ही वैराग्य की बात करते रहें, लेकिन हमारे कृष्णदत्त पालीवाल ही कहा करते थे—राग बनी रहनी चाहिए, नहीं तो आदमी जियेगा कैसे—जिजीविषा कहाँ से आएगी...तो 'शाम की झिलमिल' के अन्त में बूढ़े का कश्मीरी लड़की से मिलना... और बूढ़ा फिर चल पड़ता है।

दूसरी अपनी कमज़ोरी—कंजूसी। आज की पीढ़ी इसे ज़रूर दुर्गुण मानेगी। मैं अभी भी अपनी पन्द्रह साल पुरानी आल्टो खींचे जा रहा हूँ, दवाइयों पर ख़र्च न हो तो सी.जी.एच.एस. से दवाइयाँ लेने लगा। सोचता हूँ रुपया जो बचेगा वह कहीं, किसी के काम आ सकता है, फेंकना नहीं चाहिए। और नहीं तो वह आपके पुत्र-पुत्री, नाती-पोतों के काम आएगा। "आप बेवकूफ़ हैं..." आज के लोग कहेंगे—"इसके लिए, उसके लिए रुपए क्या छोड़ना, वे अपना देखेंगे...तुम अपने पर ख़र्च करो। बढ़िया लग्जरी कार लो, चला नहीं सकते तो ड्राइवर रखो...खाने-पीने पर ख़र्च करो...पाँच सितारे होटलों में जाओ...विदेश यात्राएँ करो...लेटेस्ट फ़ैशन के कपड़े खरीदकर पहनो...नौकर-चाकर की फ़ौज रखो..."

यह सब करने के लिए मैं ख़ुद को अक्षम पाता हूँ। ईश्वर ने यह जो उम्र बनाई है...उसमें उतार पर बहुत चीज़ों से हाथ स्वत: खिंचने लगते हैं...अच्छे-अच्छे अमीरों के भी। भोग के सामान भरे पड़े हैं पर आप भोग ही नहीं सकते—'भोगा: न भुक्ता वयमेव भुक्ता!' उम्र के अलावा मेरा साहित्यकार वाला स्वभाव जो तब भी ऐसा था...जब इन चीज़ों के लिए उम्र थी। आज अपने पर ख़र्च करूँ तो किस

चीज़ पर...अपने स्वभाव और अपनी ज़रूरतों के हिसाब से...सब तो है मेरे पास... कपड़े, शराब, क्लब, खाना। भोजन की मेरी ही क्षमता कम हो रही है, बैठने-उठने की बहुत जगहें नहीं हैं, जो हैं, वहाँ अपने स्वभाव की वजह से मन नहीं रमता। युवा लेखक-लेखिकाओं के बीच अच्छा लगता है लेकिन उनका दिमाग़ी स्तर बहुत नीचा पाता हूँ। उन्हें वह शिक्षा नहीं मिली जो मुझे मिली। अब भी ख़ूब पढ़ता हूँ, उन्हें इसमें दिलचस्पी नहीं, उनके पास समय भी नहीं। तो उनका साथ बहुत आगे नहीं जा पाता। कपड़ों पर ख़र्च...तो मेरा ज़्यादा समय कुर्ता-पायजामा में कटता है, बाक़ी इतने कपड़े रखे तो हैं...पहले वही फट लें। यात्राएँ...विदेश यात्रा...तो हवाई जहाज़ की लम्बी यात्रा सोचकर ही थकान महसूस करने लगता हूँ...वीसा के लिए दौड़-प-दौड़ के लिए ख़ुद को तैयार नहीं कर पाता। अपने देश में ही कितनी जगहें हैं जहाँ जाने से रह गया, अब जा सकता हूँ तो 'घायल' पत्नी की जिम्मेदारी महसूस करता हूँ, घर में क़ैद हूँ क्योंकि कठोर नहीं हो सकता। कभी-कभी उभरते हुए लेखक-लेखिकाओं के लिए वर्कशॉप कराने का मन होता है...पर मेरे जैसे लेखन के लिए प्रतिबद्ध लेखक-लेखिकाएँ चाहिए...वे कहाँ। घूम-फिरकर अपने पर ही लौट आता हूँ...सादा जीवन, अपनी दिनचर्या, सतत चलता लेखन...बराबरी से अच्छा पढ़ना...मेरे लिए इससे बेहतर कुछ है...शायद नहीं। शाम काटना मुश्किल पड़ता है तो संगीत...क्लासिकल, ग़ज़लें हैं।

मेरे लिखने का दूसरों पर असर...यह देखने को मिलता रहा है...रज़िया ख़ान, जिसने उज्जैन में अपने पति से मिलाते समय उनसे मेरा परिचय यों कराया था—'इनकी वजह से आज मैं जीवित हूँ...' या हर्ष जैन का वह ख़त—जिसमें उन्होंने लिखा कि अमेरिका में स्लीपिंग पिल्स का ओवरडोज़ लेने जा रही थी कि 'कोहरे में क़ैद रंग' की 'नानी' उनके सामने प्रकट हो गईं...और उन्होंने ललकारा—'तेरे पास तो बहुत कुछ है, मेरे पास तो कुछ नहीं था, लेकिन मैं भागी नहीं।' हर्ष जैन भारत लौट आईं और अपने बल पर जीवन नए सिरे से शुरू किया। वे बच गईं। 'मार्मिक', 'हृदयस्पर्शी' जैसे सर्टिफिकेट तो मुझे कई पाठकों से कई रचनाओं के लिए मिले हैं...पर मेरे लेखन का मुझ पर ही क्या प्रभाव पड़ा? चीज़ों को थोड़ा फैलाकर देखने, परिप्रेक्ष्य सामने रखने का सलीका तो आया है, लोगों के लिए ख़ासतौर से निम्न वर्ग के लिए सहानुभूति का जज़्बा बढ़ा है...लेकिन नई पीढ़ी का निकम्मापन, मूल्यहीनता, माँ-बाप के दम पर ऐश करना...सरकार चाहे जितनी स्वच्छता की बातें करे...गन्दगी फैलाना, उसी में रहना...राजनेताओं और उनके पिछलग्गुओं में अशिक्षा, असभ्यता, चापलूसी के साक्षात् दर्शन...कितनी ऐसी चीज़ें हैं जिनकी वजह से आज के आदमी से नफ़रत भी होती है। बहुत पहले किसी साक्षात्कार में मैंने कहा था कि शायद मेरा लेखन आदमी से प्रेम और नफ़रत के द्वंद्व में से ही, कहीं से निकलता है। मैं अपने लेखन का अपने पर प्रभाव की बात कर रहा था...तो यह तो हुआ है कि किसी

की मदद करने से ख़ुद को रोकना नहीं...कोशिश करता रहता हूँ...लेकिन वहाँ भी जहाँ पैसे की बात आती है, रोकता हूँ ख़ुद को कि कहीं वह शख़्स मुझे बेवकूफ़ तो नहीं बना रहा! ऊपर ज़िक्र किया ही है कि 'घायल' कहानी लिखने के बाद पत्नी के साथ मेरा व्यवहार अधिक सहानुभूतिपूर्ण हुआ है...उसकी तरफ़ से तरह-तरह से घृणा-क्रोध पैदा करने के बावजूद।

एक दिन भाई कमलकिशोर गोयनका का फ़ोन आया—'भाई साहब, अब आपकी रचनावली आ जानी चाहिए।' मेरी शंका थी कि रचनावली तो लेखक के मरणोपरान्त आती है। उन्होंने समाधान किया—'अब वह समय नहीं रहा जब आपके परिवार का कोई, या आपके बाद की पीढ़ी का कोई लेखक आपके साहित्य को ढूँढ़ने, एकत्र करने का समय ही निकाल पाएगा।' मुझे उनकी बात दुरुस्त लगी। नन्दकिशोर आचार्य सम्पादन करने को तैयार थे, मैंने उनकी मदद की...तो वाक़ई कितनी चीज़ें एकत्र की जा सकीं...जो मेरी नामौजूदगी में खो गई होतीं। मेरे मित्रों का जज़्बा...सत्यव्रत जी और उनके यहाँ काम कर रहे भाई अवधकिशोर का उत्साह...किताबघर प्रकाशन से बारह खंडों में आई रचनावली सबके सहयोग से संग्रहणीय कृति बन सकी। ऐसे ही साहित्य अकादेमी के अभिलेखागार के लिए मुझ पर डॉक्यूमेंटरी भी बन सकी थी। रचनावली प्रकाशित होने के बाद मैं सचमुच हल्का हुआ—कि अब अपने लिखे हुए की हिफ़ाज़त की चिन्ता न रहेगी—किताबें तो आउट ऑफ़ प्रिंट होते ही खो जाने के क्रम में आ जाती हैं, रचनावली कहीं-न-कहीं, किसी-न-किसी लाइब्रेरी में रहेगी।

मेरी अपनी सोच...मेरे अपने लिए और बाहर भी मेरी छवि स्वतंत्र साहित्यकार की है। मार्क्सवादी मुझे दक्षिणपंथी मानते रहे (वे शैलेश मटियानी और निर्मल वर्मा के लिए भी यही प्रचार करते थे)...बी.जे.पी. वाले मुझे विरोधी न सही, अपना हिमायती तो नहीं ही मानते। वैसे मैं नाचीज़ उनकी या इनकी गणना में आता ही कहाँ हूँ, साहित्यकार ही कहाँ आता है! वह तो हम साहित्यकार ही हैं जो अपने को फुलाए रखते हैं, ज़रूरत से ज़्यादा अपने को महत्त्व देते हैं...इस पक्ष के हों या उसके—इसे ही लेकर आपस में लड़ते रहते हैं...जबकि राजनेताओं के लिए तुम पिद्दी न पिद्दी का शोरबा! मैं अपने पिद्दीपन को समझता हुआ, अपने में सिमटा रहता हूँ। मैं अपने लिए कहता रहा हूँ कि मैं मार्क्सवादी, भगवावादी की बजाय साहित्यवादी क्यों नहीं हो सकता। साहित्यकार वाली अपनी बिरादरी के लिए भी मेरा सोचना है कि जब दोनों तरफ़ लूटने वाली पार्टियाँ हों तो आप किसी की तरफ़ हों, उस पार्टी की लूट में आप भी शामिल हैं। मार्क्सवादी/प्रगतिवादी कहते हैं कि तुम्हें दूसरी पार्टी के विरोध में खड़ा होना चाहिए। मैं यह करूँ अगर एक को दूसरे से बेहतर मानूँ। अगर भगवा वाली पार्टी से लेखकीय स्वतंत्रता को ख़तरा है तो कम्यूनिस्ट-तानाशाही क्या थी...सोल्जेनित्सिन का साहित्य, डॉ. जिवागो जैसी कृतियाँ गवाह हैं। जहाँ गांधी जैसे कोई परिवर्तन नहीं ला सके, द्वारका में यादवों की आपसी लड़ाई स्वयं कृष्ण

नहीं रोक सके, वहाँ मैं क्या कर लूँगा? तीसमारख़ाँ बने बैठे भले रहो कि हमने 'हस्तक्षेप' किया। मैं सोचता हूँ—सियासत के लोग अपनी सियासत में ही एक दूसरे को मारते रहेंगे...यह खेल चलता रहेगा। ग़ालिब का समय तो और कठिन था...वे कहते हैं—"बाजीचि-ए-अत्फाल है दुनिया मेरे आगे, होता है शब-ए-रोज़ तमाशा मेरे आगे।" मैं भी तमाशा देखता हूँ, जो चीज़ ज़्यादा कोंचती है, उसे अपनी तरह से लिख देता हूँ, अपने लेखन और जो भी मेरे पाठक हैं उनके बीच ख़ुश हूँ। हाँ...जो मन में आएगा उसे लिखने से कभी नहीं रोकूँगा ख़ुद को। हाल ही में एक प्रभावशाली नेता के पुत्र (जो स्वयं विधायक हैं) ने क्रिकेट के बल्ले से नगर निगम के एक अधिकारी को सरेआम पीटा...इस पर मेरी कहानी 'बल्लेबाजी' 'इंडिया टुडे' की वार्षिकी में आई है। लिखना ही मेरे बस का है, आगे समाज जाने। जितना, जो भी मैंने लिखा समाज को सौंप दिया...अब वह जाने। चाहे तो कूड़े के ढेर में फेंक दे। वह फिंकेगा भी देर-सवेर। जिस समाज में उनके पेड़-पर्वत, नदी-तालाब की क़द्र नहीं, वे मेरे साहित्य की क़द्र क्या करेंगे...मेरा साहित्य इन चीज़ों से तो बढ़कर नहीं।

फिर भी भवभूति की तर्ज पर (उत्पस्यते कोऽपि समान धर्मा:, कालोह्यं निरवधि:, विपुला च पृथ्वी) यह विश्वास है कि भीड़ में दो-चार तो ऐसे ज़रूर निकलेंगे जो कूड़े के ढेर में से मेरा पूरा लेखन न सही...अपने लायक थोड़ा-कुछ निकाल ही लेंगे।

भोपाल के इस छोटे से घर में सिमटे, साहित्य-कर्म में लगे हुए, ऋषि का जीवन...यही है जो अब मुझे प्राप्य लगता है...लेकिन ऋषि के स्वभाव से ही अभी कोसों दूर पड़ा हूँ...एक क्रोध ही नहीं जीत पाया, करुणा का दायरा उतना व्यापक नहीं हो पाया...कितनी और चीज़ें...

कोशिश कर रहा था...

...कि जैसे कोई बादल फटा...

चीन के वान वुहान में कोरोना वायरस ख़ामोशी से प्रकट हुआ। उसे वहाँ दबाने-छिपाने की कोशिश की गई, लेकिन वह तेज़ी से चीन के बाहर संसार-भर में फैलता चला गया। वायरस की पकड़ में जो आया, मरा। देखते-देखते मरने वालों की संख्या लाखों तक पहुँच गई। इटली, स्पेन, योरुप, अमेरिका को अपनी चपेट में लेता हुआ वायरस भारत भी आ पहुँचा...जैसे बिजली गिरी एक जगह पर तनतनाती हुई लहरियों में इधर-उधर कहीं भी फैलती चली गई। पूरे विश्व को भौचक्का कर दिया...बुद्धि, शोध, तकनीक, आविष्कार का घमंड करने वाली सभ्यता को। अन्तिम रूप से आज तक नहीं कहा जा सका कि यह वायरस किस चीज़ से निकला, कैसे फैलता है, कैसे थम सकता है...कैसे और कब तक जाएगा। एक से एक आविष्कार करने वाली सभ्यता के पास छिपे हुए इस वायरस का कोई इलाज नहीं! शोध हो रहा है, क्लोरोक्विन जैसी मलेरिया की दवाएँ आज़माई जा रही हैं! दूसरे देशों के अनुभव से इतना पता चला कि यह हवा से नहीं, आदमी आदमी के सम्पर्क से फैलता है...

आदमी को ख़तरा आदमी से ही! बचाव—मास्क, सोशल डिस्टैंसिंग, लॉकडाउन... घर में बन्द रहो...आदमी से बचो!

20 मार्च को जनता कर्फ़्यू का बिगुल फूँका गया...उसके बाद महीना, पन्द्रह-पन्द्रह दिनों के लॉकडाउन। भारत बन्द—रेल, बसें, हवाई जहाज़, स्कूल-कॉलेज, सिनेमाघर, माल, होटल, रेस्तराँ, जिम क्लब वग़ैरह...सब बन्द। धार्मिक-सांस्कृतिक कार्यक्रमों की मनाही, आन्दोलनों पर रोक। शादी-ब्याह में पचास से ज़्यादा लोग नहीं, श्मशान-यात्रा में दस से ज़्यादा नहीं।

लॉकडाउन एक से लगाकर चार तक तो हम आ गए हैं। केन्द्रीय/प्रान्तीय सरकारें लगी हुई हैं...कभी कुछ खोलतीं, कभी कुछ बन्द करती हैं। लॉकडाउन की वजह से रोज़ कमाई से गुज़ारा करने वालों/मज़दूरों पर भुखमरी की आफत आ गई तो बड़े शहरों से उनका अपने घरों की तरफ़ कूच हुआ। उन्हें वहाँ पहुँचाने की समस्या...और वहाँ भी जीविका के लिए क्या है। गांधी कहते रहे...गाँवों में ही सब-कुछ लाओ-लगाओ, वहीं सब उपलब्ध हो। हमने नहीं सुना...लोग शहरों की तरफ़ दौड़ते रहे। आज वे लौट रहे हैं तो वहाँ क्या है उनकी आजीविका के लिए? क्या अब भी इस महावापसी का फ़ायदा उठाकर सरकारें गाँवों, ग्राम संकुल में जीविका के साधन खड़ा कर इन लोगों को वहीं रोकने की कोशिश करेंगी?

फ़िलवक़्त तो यही हुआ है कि गाँवों में जहाँ संक्रमण नहीं था...वहाँ भी फैलना शुरू हो गया। लॉकडाउन (एक से चार तक) में संक्रमित लोगों की, मौतों की संख्या घटने की बजाय बढ़ती चली गई। नेताओं की बयानबाजी—सियासत, अफ़सरों की नाक़ाबिलियत और हम भारतीयों की विचित्रताएँ...सब मिलाकर स्थिति को सँभलने नहीं दे रहीं, उलटे और जटिल बना रही हैं। सरकारें कोशिश-दर-कोशिशें किए जा रही हैं...रेड जोन, ओरेंज जोन, ग्रीन जोन। कन्टेनमेंट, सील्ड, हौट स्पौट। जिनमें संक्रमण दिखा उन्हें क्वारनटाइन में चौदह दिनों के लिए अलग रख दो। जो अपनी प्रतिरोधक क्षमता से बच गए, वे स्वस्थ होकर जाने वाली संख्या में और जो मर गए वे मौत के आँकड़े में जुड़ गए। हस्पताल, होटल, स्कूल वग़ैरह क्वारनटाइन के लिए दाएँ-बाएँ अधिगृहीत किए जा रहे हैं, फिर भी संक्रमण और मौत की संख्या बढ़ती ही जा रही है, तो अब सरकारें भी रामभरोसे पर आ गई हैं...आर्थिक व्यवस्था भी तो देखना है! भीतर मौन स्वीकृति है कि अब तो प्रकृति ही समेटेगी, जब समेटे।

जनता कर्फ़्यू से शुरू कर पूरे एक माह मैंने भी पाबन्दियों का मुस्तैदी से पालन किया—घर में कोई बाई नहीं आएगी, खाना ख़ुद बनाएँगे, झाड़ू-पोंछा, बर्तन धोना... सब ख़ुद करेंगे। पत्नी कमज़ोर...शक्तिभर साथ देती। पूरे माह घर से बाहर नहीं निकला—65 से ज़्यादा उम्र वालों को सख़्त मनाही है, हम गर्भवती महिलाओं और बच्चों के ग्रुप में हैं! एक माह सख़्ती से बन्द रहा तो घबड़ाहट उठी...सबसे पहले घर से बाहर निकलने की कसमसाहट...दम घुटने लगा था। तो बम्बई से बच्चों की

सख़्त हिदायत को धता बताते हुए सुबह की सैर को निकलने लगा। कोई रोकेगा तो कहूँगा...'तुम लोग घर में बन्द करके मुझे बचाना चाहते हो, मैं तो वहाँ बन्द-बन्द ही मर जाऊँगा...इस तरह सुबह घूमकर बचा ही रहा हूँ ख़ुद को।' फिर खाने-पीने की तरफ़ ध्यान गया—डबलरोटी, खिचड़ी, दलिया-दूध के सहारे, रोटियों को तरसते हुए एक माह तो अधभूखे रहकर निकाल दिया...और एक्सलैंस कॉलेज के हमारे प्रोफ़ेसर मित्र तो सरकारों से भी ज़्यादा सख़्त हैं—बाहर से सब्ज़ी, दूध...यहाँ तक कि अख़बार भी घर के अन्दर न आने दो, मत छुओ...

मौत का ऐसा डर...जैसे वह खूँखार बाहर सड़क पर बैठी है, निकले कि दबोच लेगी। पड़ोसियों/परिचितों को अपनी जान की वह फिकर कि ख़ुद को घरों में बन्द किए बैठे हैं जैसे बनिया नगदी को तिजोड़ी में बन्द करके रखता है। वैसे हममें से अधिकांश जो जीते हैं तो क्या करते हैं...अपनी ज़िन्दगी का—खाना-पीना, हगना-मूतना, सोना, बच्चे पैदा करना...और यह सब करने के लिए कमाना। फिर मैं ख़ुद का सोचने लगा—सब चीज़ें तो तुम्हारी हो गईं बड़े भाई—रचनावली, डॉक्यूमेंटरी, पुरस्कार...अब बाक़ी क्या है। तो डरना क्या...बचे भी रहे तो क्या करते दिखोगे... पत्नी की सेवा, उतनी ही उसकी गालियाँ खाते...आगे है ही क्या तुम्हारे लिए अब!

और मैं चल पड़ा—वापस अपनी पटरी पर। कोई तकलीफ़ उठाने की ज़रूरत नहीं है...खाना बनाने वाली, बर्तन धोने वाली को आने दो...तुम्हारे और पत्नी के बस का नहीं है। सरकारें भी कह रही हैं—हमें कोरोना के साथ जीना सीखना होगा। घर में ज़रूर रहो...जो सामने है वह करते चलो—आत्मकथा, नया उपन्यास वग़ैरह। मज़ेदार बात यह कि मध्यवर्ग के हम सभी आज अपने-अपने एकान्त में एक जैसे हो गए हैं—सब अपने घरों में पत्नी-परिवार के साथ क़ैद...उनसे लड़ते-झगड़ते, निपटते-सुलझते और गिरते-पड़ते घरों के काम ख़ुद करते हुए। सबकी कारें—नई-पुरानी, छोटी-बड़ी-लग्जरी एक तरफ़ धूल खा रही हैं!

प्रकृति ने जैसे बाएँ हाथ से झापड़ मार सबको एक ही स्थिति में ला दिया है। लॉकडाउन के दौरान नदियाँ निर्मल हो गईं, सुबह ज़्यादा उजली। चिड़ियों की चहक सुनाई देने लगी। उत्तरी भूभागों से हिमालय क़रीब दिखने लगा। दिल्ली वालों को आसमान दिखाई देने लगा...इन चीज़ों से इस बात की पुष्टि होती है कि आधुनिक सभ्यता के आदमी ने पिछले कई वर्षों से प्रकृति पर जो अत्याचार किए हैं...तो प्रकृति ने भी अब अपनी भृकुटी टेढ़ी की है। मैं जो हमेशा कहता-लिखता रहा हूँ... वही तो है सामने...तो अगर मैं भयभीत न भी होऊँ तो अचम्भित भी क्यों होता हूँ...

कैसी विडम्बना कि अब जब हवा में प्रदूषण-मुक्त ऑक्सीजन ही ऑक्सीजन है तब मास्क लगाए रहने की मजबूरी है। जब बुज़ुर्ग सड़कों को बिना किसी ख़तरे के पार कर सकते हैं...तब उन्हें घरों में ही रहने को कहा जा रहा है।

आत्मिक शक्ति के लिए मैंने 'कामायनी' पढ़ना शुरू किया—

हिमगिरि के उत्तुंग शिखर पर, बैठ शिला की शीतल छाँह
एक पुरुष भीगे नयनों से देख रहा था प्रलय-प्रवाह।

प्रलय-प्रवाह ही तो है यह...कोरोना। मैं 'कामायनी' पढ़ता और सुल्तानपुर में बैठे प्रो. डॉ. रामजी तिवारी से रोज़ फ़ोन पर समझता—पूरे पैंतालीस मिनट। एक वक़्त उन्हें पूरी 'कामायनी' कंठस्थ थी, क्लास में 'कामायनी' पढ़ाते भी थे। मेरा भाग्य कि मुझे अनुभवी गुरु बैठे-ठाले मिल गया। स्कूल-कॉलेजों में भी 'ऑनलाइन टीचिंग' चल रही है इन दिनों...

डॉ. रामजी तिवारी से परिचय यों तो तब से था जब वे मुम्बई विश्वविद्यालय में हिन्दी विभाग के अध्यक्ष थे। संस्कृत, हिन्दी, अंग्रेज़ी—तीनों भाषाओं के ज्ञाता... विद्वान। जब कार्यरत थे तो अपने विभाग में स्तरीय साहित्यिक संगोष्ठियाँ कराते, बाहर से प्रसिद्ध साहित्यकारों को बुलाते थे। दो-तीन में मैं भी गया था। आज मुम्बई में क्या किसी विश्वविद्यालय में वैसे आयोजन देखने को नहीं मिलते। क्या इसलिए कि डॉ. रामजी तिवारी जैसे विभागाध्यक्ष अब विरल हैं? वह भी है...लेकिन वजहें कुछ दूसरी हैं। ज़्यादातर आज के विभागाध्यक्ष बाहर से उन्हें ही बुलाते हैं जो उनसे कमतर हों, जिससे कि उनकी प्रतिष्ठा प्रतिष्ठित रहे। वे उन्हें ही बुलाते हैं, जो अपने यहाँ इन्हें बुलाते हैं...'परस्परं हि प्रशंसन्ति'...वाली बात, विशुद्ध व्यावहारिक बुद्धि। फलत: विद्यार्थियों का साक्षात्कार आर-पार विश्वविद्यालयों के प्रोफ़ेसरों से ही रहा आता है। तिवारी जी जो साहित्यकारों को बुलाते थे तो उससे उनमें कोई हीन-भाव नहीं पैदा होता था। एक समर्पित शिक्षाविद् के रूप में उन्हें यह लगता था कि उनके छात्र जो साहित्यकारों पर एम.फ़िल. पीएच.डी. कर रहे हैं...करेंगे...वे साहित्यकारों को साक्षात् देखें-सुनें भी। कैसे इनकी बोलने की भाषा अलग है, व्यवहार अधिक अनौपचारिक, आत्मीय। तो विद्यार्थी समाज के बीच उन चन्द दिनों एक अलग तरह की बयार बहती थी।

सम्मेलनों-सेमिनारों का क्या...मैं कितनों में गया...सब हवा में उड़ जाते हैं (किताबें ही हैं जो रहती हैं) लेकिन हाँ, विद्यार्थियों के लिए वे यादगार घटनाएँ हो जाती हैं। कितनों को शायद उनके जीवन में फिर जैनेन्द्र, अज्ञेय, निर्मल वर्मा जैसे साहित्यकार देखने को ही न मिलें। कुछेकों को किसी की कही कोई बात ऐसी मिले, जो उनके भीतर जीवनभर को ठहर जाए, किसी का व्यक्तित्व उन्हें भीतर तक प्रभावित कर बैठे।

डॉ. रामजी तिवारी से मेरी आत्मीयता हुई जब हम दोनों ही अवकाश-प्राप्त थे, जब मैंने उन्हें क़रीब से देखा, उनके व्यक्तित्व को पहचाना। महत्त्वाकांक्षा-विहीन, अपनी विद्वत्ता को हल्के से ओढ़े हुए, शान्त स्वभाव, हर तरह के जमावड़े में खप जाने वाले, बाहर मिठास छलकाने वाले। मेरे लिए...विशेष संशयों के बीच मेरे

मार्गदर्शक—जैसे कि रणजीत था—शास्त्रसम्मत, उद्धरणों के साथ परामर्श देने वाले। उन्हें मैं ब्रह्मर्षि कहता हूँ, जैसे अपने दूसरे विद्वान मित्र डॉ. विश्वनाथ प्रसाद तिवारी को राजर्षि।

'कामायनी' के 'क्लास' के साथ-साथ, मौजूदा समय कोरोना को लेकर मेरी अपनी उधेड़-बुनें भी चल रही थीं। लड़कों-बच्चों को क्या अब कभी स्कूल-कॉलेजों के प्लेग्राउंड नसीब नहीं होंगे? बस्तियों में सामाजिक जीवन? मैं किसी के यहाँ जाने की इच्छा उससे प्रकट करता हूँ तो वह घबरा जाता है...इस या उस बहाने मना कर देता है। कार्यालय...वे क्या मोबाइल, लैपटॉप, वीडियो कॉन्फ्रेन्सिंग से ही चलेंगे, घरों में बैठकर? और जो मैं यह आत्मकथा, नया उपन्यास...लिख रहा हूँ...ये अब क्या प्रकाशित भी हो सकेंगे, पाठकों तक पहुँच भी सकेंगे...क्योंकि बाहर काम करने वाले तो अपने कार्यालय आ ही नहीं रहे। साहित्य ही बचा रह सकेगा क्या... सरकारों की वरीयताओं में पहले ही वह नहीं है, दो-चार जो प्राइवेट प्रतिष्ठान हैं... मन्दी के चलते वे क्या बन्द नहीं हो जाएँगे...एक-एक करके। प्रकाशन व्यापार ही ठप्प नहीं पड़ जाएगा?

लॉकडाउन-4 के बाद जब सरकारों को पता चल गया कि कोरोना वायरस थमने वाला नहीं...तो उन्होंने धीरे-धीरे लोगों की पुरानी गतिविधियाँ खोलना शुरू कर दीं... अनलॉक। सरकारी कार्यालय पहले जैसे काम करें, प्राइवेट भी खुलें...रेलें-बसें-हवाई जहाज़ चलें, ऑटो-टैक्सियाँ भी सड़क पर आएँ...

तो अब लोग क़तरा रहे हैं। सरकार ने भले छूट दे दी हो, जान तो उनकी अपनी है—वह और ख़तरे में आ गई है। उसे बचाए घरों में दुबके बैठे रहो।

घरों में क़ैद, निष्क्रिय बैठे लोग मानसिक रूप से बीमार होते जा रहे हैं। जिसे फ़ोन करो वह लम्बी बात करता है, बात करता चला जाता है...कोरोना की बात न भी करना चाहो तो ज़्यादा समय वही बातें होती हैं। भीतर से सब डरे हुए हैं, जैसे उन्हें मालूम है कि आज नहीं तो कल वे मर जाने वाले हैं। यह तो पहले भी सभी को मालूम था—'जायते हि ध्रुवो मृत्युः—तो फ़र्क़ क्या पड़ा है।' फ़र्क़ यों कि पहले पता तो था कि जो पैदा हुआ है वह मरेगा ज़रूर...पर कब, कैसे, कहाँ...यह किसी को नहीं मालूम था, वह एक तरह की सुरक्षा थी। अब जैसे सबको मालूम है—किसी भी क्षण किसी संक्रमित के सम्पर्क में आए...और गए। संक्रमित व्यक्ति को पहचाना भी नहीं जा सकता कि दूर रहकर उससे बचा जा सके। मृत्यु जैसे छिपी हुई, झपट्टा मारने को बैठी है।

अपने मरने को लेकर मुझे कोई विषाद या भय नहीं है...इसलिए कि जीवन जो बचा भी...वह पहले से बेहतर तो होने वाला है नहीं—न पहले जैसा खाना मिलेगा, न पहले जैसा स्वास्थ्य...सामाजिकता...कुछ भी तो पहले जैसा नहीं होगा। अगर अलग-थलग इस या उस बीमारी से गए तो उससे तो अच्छा है यह सबके साथ

मरना—सामुदायिक मृत्यु! हस्पताल में तिल-तिल अकेले घुलते हुए मर जाने से बेहतर है यह—फटाक से खलास, जैसे रमेशदत्त या मेरी माँ लुढ़क गए थे।

तो ज़िन्दगी जाने का ग़म नहीं। अच्छा यह नहीं लग रहा कि जीवन जो मैं अपने पीछे छोड़ जाऊँगा वह शून्य होगा। कोई साहित्य-वाहित्य, दोस्ती-वोस्ती नहीं। बच्चे खेलकूद से महरूम होंगे। पतझर जैसा यौवन होगा...जिसमें कोई युवक प्रेम की शुरुआत स्पर्श की भाषा से करने को ललचाता ही रह जाएगा—सोशल डिस्टैंसिंग! मास्क...चुम्बन की इच्छा को ही लौटा देगा। ज़िन्दगी घरों में क़ैद होकर रह जाएगी। पृथ्वी ज़रूर थोड़ा हल्की हो जाएगी—कहते हैं जब किसी जीव की तादाद बहुत बढ़ जाती है तो प्रकृति उसे एकबारगी ख़त्म भी करती है...क्या पता पृथ्वी पर मनुष्यों का बोझ इतना बढ़ गया है कि प्रकृति उसे इस तरह हल्का करने को निकली हो...

मनुष्य तो रहेंगे...ज़िन्दगी ज़रूर नहीं होगी।

नैराश्य में डूबा चला जा रहा था कि 'कामायनी' के दूसरे सर्ग 'आशा' का यह पद सामने लहराया—

यह क्या मधुर स्वप्न-सी झिलमिल, सदय हृदय में अधिक अधीर
व्याकुलता-सी व्यक्त हो रही, आशा बनकर प्राण समीर।

और वह एक काया में रूपान्तरित होने लगा—'झिलमिल'...तो मुझसे मुलाक़ात के पहले उसने मेरा उपन्यास 'शाम की झिलमिल' पढ़ा था। 'व्याकुलता'...तो एक रोज़ सचमुच मैं बहुत व्याकुल था...बहुत कुछ कहना चाहता था, यही पता नहीं कि क्या कहना चाहता हूँ और किससे! अपनी परेशानी उसे बताई कि मैं एक लेखक... लिखकर क्यों नहीं ढूँढ़ सकता कि क्या कहना चाहता हूँ...और किससे? तो इसकी क्या ज़रूरत—काग़ज़ है न। लानत मेरे इतने वर्षों के लेखकीय अनुभव को...

उसने कहा—'नहीं, मनुष्य तो चाहिए।'

उससे परिचय साहित्य के माध्यम से हुआ था...और 'कामायनी' से यह रूपान्तरण...साहित्य की पर्तों में अवगुंठित वह...आशा...।

कोरोना के 'प्रलय प्रवाह' के बाद जो जीवन आएगा, वह अच्छा ही होगा... यह आशा।

31 मई, 2020
भोपाल

✪✪✪